Malachy Tallack

60° Nord

Von der Faszination des Nordens und der Suche nach einem Zuhause

Aus dem schottischen Englisch
von Klaus Berr

btb

INHALT

NACH HAUSE GEHEN

Ich erinnere mich noch gut an den Tag: ein silbergrauer Himmel, schwer von Regen. Es war Frühwinter, und ich war eben siebzehn geworden. Den Vormittag hatte ich krank und schlaflos im Bett verbracht, aber gegen Mittag trieb mich die Langeweile heraus. Ich stand auf, zog mir einen Bademantel über die Schultern und schlurfte zum Fenster. Das Haus, in dem ich meine Teenagerjahre verbrachte, schaute nach Osten auf den Hafen von Lerwick, der Hauptstadt Shetlands. Von meinem Zimmer im Obergeschoss sah ich hinunter in unseren kleinen Garten mit der grünen Picknickbank und dem Spalier am niedrigen Mäuerchen. Dahinter sah ich Fischerboote am Pier und die blau-weiße Fähre, die zwischen Lerwick und der Insel Bressay hin- und hertuckerte.

Shetland liegt sechzig Grad nördlich des Äquators, und die Weltkarte an unserer Küchenwand hatte mir gezeigt, dass ich, wenn ich nur weit genug sehen könnte, von diesem Fenster aus über die Nordsee nach Norwegen und Schweden, dann über die Ostsee nach Finnland, nach St. Petersburg und dann nach Sibirien, Alaska, Kanada und Grönland schauen könnte. Wenn ich weit genug sehen könnte, würden meine Augen mich schließlich wieder zurückbringen, quer über den Atlantik zu dem Punkt, wo ich jetzt stand. Ich dachte über diese Reise nach, als ich, halb angezogen und bibbernd, auf den Hafen hinunterschaute. Obwohl ich auf dieser Breite noch nie irgendwohin gereist war, stellte ich mir vor, dass ich diese Orte von oben sehen konnte. Ich fühlte mich um den Breitengrad getragen, wie von einem Draht angehoben und gezogen. Die Welt drehte sich, und ich drehte mich mit ihr, umkreiste sie von zu Hause wieder zurück nach Hause, bis ich schließlich, unvermeidlich, auf meinen eigenen Hinterkopf traf. Ein Schwindel stieg in mir auf wie ein Schwall Bläschen, mir wurde kurz schwarz vor Augen, und ich landete, mit einem Ruck, auf den Knien auf dem Schlafzimmerboden. Erschöpft stemmte ich mich wieder hoch und schleppte mich ins Bett, wo ich einschlief und meinen Weg um den Breitengrad noch einmal träumte. Der Traum dieses Tages hat mich nie mehr verlassen.

Ein paar Monate zuvor war mein Vater gestorben. Er setzte mich eines Morgens an einem See in Sussex ab, ganz in der Nähe seines Wohnorts, und ich vertrieb mir die folgenden Stunden mit Fischen in der Augustsonne. Es war einer dieser stillen, gewöhnlichen Tage, an denen eigentlich nichts Außergewöhnliches passieren sollte. Aber es passierte etwas. Als der Nachmittag in den Abend überging und ich mich allmählich fragte, warum er noch nicht zurückgekehrt war, war er bereits tot – getötet bei einem Autounfall auf dem Weg zum Krankenhaus, wo er meine Großmutter besuchen wollte. Während ich dort alleine wartete, klammerte ich mich an die Hoffnung, so lange es ging, hatte mir aber bereits das Schlimmste vorgestellt. Und auch wenn ich irgendwann wegging, um jemanden zu suchen, der mir sagen konnte, was passiert war und wo ich die Nacht verbringen konnte, blieb doch ein Teil von mir an diesem See. Ein Teil von mir hat nie aufgehört zu warten.

An diesem Abend fanden alle Pläne, die ich hatte, ein Ende, und in der folgenden Woche kehrte ich ohne jede Aussicht nach Shetland zurück. Meine Eltern hatten sich schon vor Jahren getrennt, und während ich mit Mutter und Bruder in Shetland lebte, war mein Vater im Süden Englands, am anderen

Ende der Britischen Inseln. In diesem Sommer hatte man mir einen Studienplatz in Musik an einer Schule für darstellende Kunst in Südlondon angeboten, deshalb zog ich zu meinem Dad. Ich hatte einen Weg gefunden und folgte ihm. Mit Dads Tod kurz vor Beginn des ersten Semesters war diese Richtung für immer verloren. Ich hatte keine andere Wahl, als wieder in den Norden zu gehen, und dort hatte ich dann keine Ahnung, was ich tun sollte. An dem Tag, als ich am Fenster stand und vom Breitengrad träumte, war ich bereits seit Monaten gestrandet, verloren und fast ausgehöhlt vor Trauer. Ich suchte nach etwas Sicherem. Ich suchte nach einer Richtung.

Im Lauf der Jahre hat Shetland viel Aufhebens um seinen Breitengrad gemacht. Als ich noch in der Highschool war, hieß unser Jugendclub 60 Nord. Später gab es eine Fischerei-Zeitung mit demselben Namen. Und einen Radiosender für Touristen. Und ein Online-Magazin. Und einen Container-Verleih. Und ein in Lerwick gebrautes Bier.

Diese Allgegenwart ist zum Teil zurückzuführen auf mangelnde Fantasie, zum Teil auf eine Art Markenmentalität: Wir verkaufen unseren nördlichen Exotismus, so in der Richtung. Aber ich glaube, es steckt noch mehr dahinter: Sechzig Grad nördlicher Breite ist eine Geschichte, die wir erzählen, sowohl uns selbst als auch anderen. Es ist eine Geschichte darüber, wo – und vielleicht auch wer – wir sind. »Shetland liegt auf gleicher Höhe wie St. Petersburg«, erfahren Touristen, »und wie Grönland und Alaska.« Und man sagt ihnen das, als würde es etwas bedeuten. Es scheint zum Beispiel mehr zu bedeuten als die Tatsache, dass Shetland auf demselben Längengrad wie Middlesbrough oder auch Ouagadougou liegt. Auf sechzig Grad Nord zu sein bedeutet, verbunden zu sein mit einer Welt, die interessanter und geheimnisvoller ist als die Welt, mit der man die Inseln normalerweise in Beziehung setzt. Damit betont man, dass Shetland nicht nur ein vergessener Zipfel der Britischen Inseln ist, sondern auch zu etwas anderem, etwas Größerem gehört. Einst war es das geografische Herz eines nordatlantischen Reichs, ins Nordische verwebt auf eine Art, die auch jetzt noch Nostalgie hervorruft, mehr als fünfhundert Jahre nachdem der König von Dänemark und Norwegen die Inseln an Schottland verpfändete. Im Gegensatz zu politischen oder kulturellen Geografien ist der sechzigste Breitengrad etwas Sicheres und Entschiedenes, immun gegen die Launen der Geschichte. Shetland gehört zum Norden, liegt auf dieser Linie, da gibt es keine Winkel, in die man es schieben könnte. Auf sechzig Grad nördlicher Breite ist Shetland so zentral wie jeder andere Ort.

Aber was ist mit diesen Orten, die wir für die Touristen aufzählen? Was haben wir mit ihnen gemeinsam, über den Breitengrad hinaus? Was genau ist dieser Club, zu dem wir mit einer solchen Begeisterung gehören? Wenn man auf die Karte schaut, könnte man behaupten, dass der sechzigste Breitengrad eine Art Grenze ist, an der der Fast-Norden und der Norden aufeinandertreffen. In Europa durchquert er die äußerste Spitze der Britischen Inseln und den unteren Rand von Finnland, Schweden und Norwegen. Diese Linie streift die untere Spitze Grönlands und das südliche zentrale Alaska. Sie schneidet die große Weite Russlands in zwei Hälften, und in Kanada tut sie dasselbe, markiert die offizielle Grenze zwischen den nördlichen Territorien und den südlichen Provinzen. Entlang des Breitengrads liegen Regionen, deren Bewohner in gewisser Weise herausgefordert sind von den Orten, in denen sie leben. Sie sind herausgefordert vom Klima, von der Landschaft, der Abgeschiedenheit. Und doch haben diese Bewohner sich entschieden zu bleiben. Sie machen ihren Frieden mit den Inseln und den Bergen, der Tundra und der Taiga, dem Eis und den Stürmen, und sie bleiben. Die Beziehungen zwischen Mensch und Ort – die Spannungen und die Liebe und die Formen, die diese Spannungen und diese Liebe annehmen können – sind das Hauptaugenmerk dieses Buchs.

Es dauerte mehr als ein Jahrzehnt nach diesem Tag am Fenster, als ich meinen Weg um die Welt erträumte, bis ich mich wirklich zu dieser Reise aufmachte. Die Hälfte dieser Jahre hatte ich außerhalb von Shetland verbracht. Ich war auf der Universität gewesen, in Schottland und in Kopenhagen, dann hatte ich in Prag gelebt und gearbeitet. Ich hatte neue Richtungen gefunden und sie verfolgt. Und dann war ich zurückgekommen, endlich aus freien Stücken und nicht aus Notwendigkeit. In diesen Jahren dazwischen hatte ich so oft über den Breitengrad nachgedacht, mir die Linie vorgestellt und neu interpretiert, dass ich, als ich schließlich beschloss, ihr zu folgen, kaum innehielt, um mich zu fragen, warum. Doch jetzt glaube ich, die Gründe zu kennen.

Zunächst war da die Neugier. Ich wollte den Breitengrad erkunden und diese Orte sehen, mit denen mein eigener Ort verbunden war. Ich wollte mehr darüber erfahren, wo ich war und was es bedeutete, dort zu sein. Ich wollte, beladen mit diesem Wissen, zurückkehren und es niederschreiben.

Dann die Ruhelosigkeit, dieser brodelnde Druck im Innern, der meine Sehnsucht weckt – nach allem, was woanders ist, nach allem, was weit weg ist. Diese Ruhelosigkeit, zugleich Segen und Fluch, die ich fast mein ganzes Leben lang kenne, bringt Unbehagen, wenn ich zufrieden sein sollte; sie bringt Zufriedenheit, wenn mir unbehaglich sein sollte. Sie schickt mich hinaus in die Welt, fast gegen meinen Willen.

Doch letztlich war es Heimweh, was mich gehen ließ – das vielleicht mächtigste Motiv. Es war der Wunsch, dorthin zurückzukehren, wo ich hingehörte. Mein Verhältnis zu Shetland war immer angespannt und von meiner eigenen Vergangenheit geprägt gewesen, und irgendwie stellte ich mir vor, dass mein Aufbruch – meine Expedition entlang des Breitengrads um die Welt – dies ändern könnte. Eine solche Reise zu unternehmen, deren letztes Ziel die Heimat sein musste, war ein Akt der Treue. Es war eine Verpflichtung, die ich, zum ersten Mal in meinem Leben, einzugehen bereit war.

Und so zog ich los, besuchte ein Land auf dem sechzigsten Breitengrad nach dem anderen. Ich reiste nach Westen, mit der Sonne und mit den Jahreszeiten, nach Grönland im Frühling, Nordamerika im Sommer, Russland im Herbst und die nordischen Länder im Winter. Doch ich fing damit an, die Linie zu suchen.

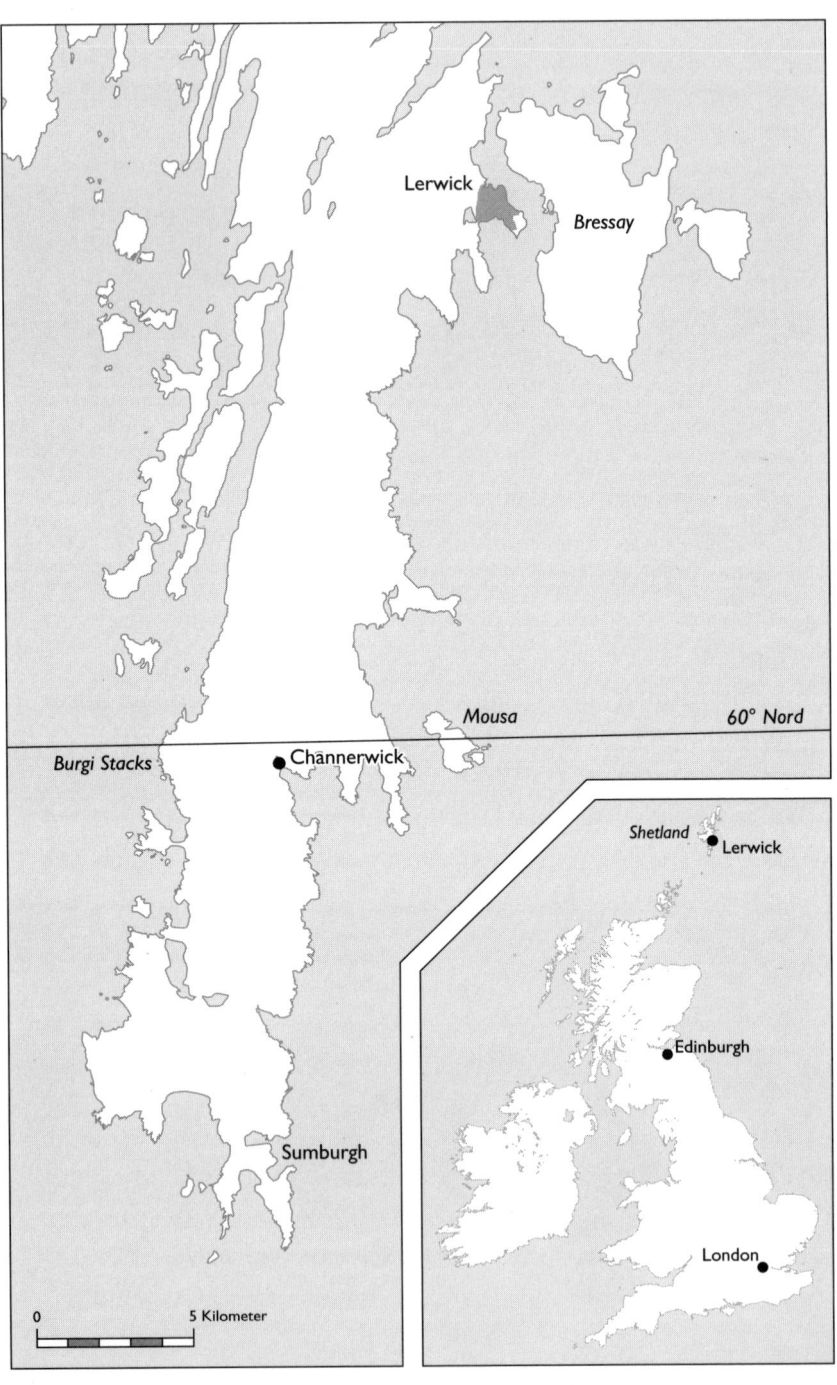

Lerwick

Bressay

Mousa

60° Nord

Burgi Stacks

Channerwick

Sumburgh

Shetland

Lerwick

Edinburgh

London

0   5 Kilometer

SHETLAND
zwischen dem Hügel und dem Meer

Auf der Fahrt durch die Dörfer von Bigton und Ireland am Südende der Hauptinsel Shetlands war die Sonne eisig strahlend und der Himmel ein poliertes, kaum von Wolken getrübtes Blau. In einer halben Meile Entfernung lag der Atlantik da wie eine Wüste, der Horizont war eine weiche, stumpfe Grenze, die einen Blick unterbrach, der ansonsten um die ganze Erde hätte reichen können. An Tagen wie diesem ist es schwer, ans Weggehen zu denken. Tage wie dieser löschen alle anderen Tage aus.

Die schmale Straße, auf der ich fuhr, senkte sich zur Küste hin und ging dann über in einen unbefestigten Weg. Etwa eine Meile hinter dem letzten Haus hielt ich an, parkte das Auto und stieg aus. Die Luft war ruhig und still und so warm, dass ich meine Jacke zurücklassen konnte. Es fühlte sich gut an, hier zu sein, den Tag zu bewohnen. Irgendwo an diesem Küstenstreifen verband der sechzigste Breitengrad den Ozean mit der Insel, verlief unmarkiert zwischen Land und Wasser. Nach ein paar Meilen in östlicher Richtung würde er wieder auf den Ozean treffen und Shetland mit Norwegen verbinden. Als ich die Klippenkuppe erreichte, zog ich die Karte aus meiner Tasche und faltete sie auf, um den Raum zwischen dem Ort, wo ich war, und dem, wo ich sein wollte, zu erkunden. Die Linien auf der Karte waren solide und klar und trennten das blaue Wasser vom weißen Land. Alles auf der Seite war seiner selbst gewiss, aber die Welt direkt vor mir war nichts dergleichen. Ich brauchte einen Augenblick, um diese zwei Bilder zusammenzubringen, sie zu verschmelzen und mir vorzustellen, wie sie miteinander versöhnt werden könnten.

Ich stand auf dem Klippenrand einer Bucht mit steilen Flanken, einem *geo*, vielleicht dreißig Meter über dem Wasser. Von hier aus fiel das Land nahezu senkrecht zu einem felsbestreuten Strand ab und dann zum Wasser, wo eine dicke Matte Seetang vom Rückfluss der Ebbe verwirbelt wurde. Ein halbes Dutzend Seehunde verließen, aufgeschreckt von meiner Silhouette, ihre Plätze auf den Felsen und schleppten sich zurück ins Wasser. Sobald sie in Sicherheit waren, drehten sie sich um, um sich diese Gestalt hoch über ihnen genauer anzuschauen, unfähig, ihre Neugier zu zügeln. Knapp vor der Küste lagen drei Schären, übersät mit Kormoranen, die ihre schwarzen Flügel streckten, während um sie herum das Meer im Sonnenlicht zitterte und schwappte. Weit dahinter im Nordwesten lag die Insel Foula wie eine große Welle am Horizont. Wenn ich meinen Kartenlesefähigkeiten trauen konnte, waren diese Schären die Billia Cletts, also befand ich mich ein paar Hundert Meter weiter südlich der Stelle, wo ich sein wollte. Während ich vorsichtig am Klippenrand entlangging, waren die Seehunde unter mir noch sichtbar, ihre dicken Körper dunkel im klaren Wasser. Ich setzte einen Fuß vor den anderen, auf grauen Felsen, die strotzten vor Farben; jeder Stein war mit gelb-orangen Flechten gesprenkelt, in jedem Riss und jeder Spalte prangten rosafarbene Grasnelken.

Die Klippen an diesem Küstenstreifen sind durchlöchert von Höhlen, Grotten und *geos,* extrem schmalen Einbuchtungen. Im Winter spürt diese Seite Shetlands die volle Wucht des Atlantiks und der südwestlichen Stürme, die über das

Meer donnern. Wellen, die ihr Leben Tausende Meilen entfernt begannen, finden den Weg an diese Küsten und werden unterwegs größer und mächtiger. Wasser gräbt sich ins Land, wirft riesige Felsbrocken die Klippen hoch wie Murmeln. Bei der Betrachtung der vielen zerklüfteten Küsten dieser Welt schloss Rachel Carson in ihrem Buch *Geheimnisse des Meeres:* »Es ist unwahrscheinlich, dass irgendeine Küste wütender von den Wellen des Meeres heimgesucht wird als die der Shetlands und der Orkneys.« Sommergäste mögen denken, dass diese Inseln nur ein zaghafter Norden sind, ein Ort, der geschützt ist vor den klimatischen Härten anderer nordischer Länder. Aber bringt man diese Besucher mitten in einem Wintersturm zurück, würden sie ganz anders empfinden. Dies ist einer der windigsten Orte Europas, und das Erzählen von Geschichten vergangener Stürme ist eine der Lieblingsbeschäftigungen der Insulaner. Da war zum Beispiel der »Hogmanay-Hurrikan« von Silvester 1991, in dem Böen von 173 Meilen pro Stunde aufgezeichnet wurden, bevor der Windmesser aus dem Boden gerissen wurde. Dann ist da noch der Januar 1993, der rekordverdächtige fünfundzwanzig Tage lang Stürme brachte und den Öltanker *Braer* an der Küste knapp südlich des Breitengrads verunglücken ließ. Wind ist das dominante und extremste Element des Shetland-Klimas. Manchmal kann er so absolut unnachgiebig sein, dass die Luft selbst zu einer körperlichen Präsenz wird, solide wie eine geballte Faust. Und an den seltenen ruhigen Tagen kann sein Fehlen schockierend und wunderbar sein.

Diese Gewalt des Winds und des Meers und seine Gletschervergangenheit machen Shetlands Küstensaum zu dem, was er ist: eine zerklüftete, fraktale Form. »Man kann sich kaum etwas vorstellen«, schrieb John Shirreff im Jahr 1814,

»das unregelmäßiger ist als der Umriss dieser Insel.« Nach der Ordnance Survey, der topografischen Karte, umfasst Shetlands Küstenlinie mit 1700 Meilen 16 Prozent von Schottlands gesamter – und ein Blick auf die Karte zeigt, warum. Die größte der Inseln – als Mainland, Hauptinsel, bekannt – ist von Süden nach Norden fünfzig Meilen lang und von Westen nach Osten maximal nur zwanzig Meilen breit. Aber nirgendwo ist man weiter als drei Meilen vom Meer entfernt. Das südliche Ende ist eine Halbinsel, fast dreißig Meilen lang und kaum drei breit, die wie ein Finger von der Faust des zentralen Mainland nach unten ragt. Weiter nördlich ist die Küste eine Ansammlung von Stränden, schmalen Einbuchtungen, steilen Klippen und engen Meeresarmen, *voes* genannt. Diese *voes* sind wie Minifjorde, tiefe Täler, die nach der letzten Eiszeit vom steigenden Meer geflutet wurden. Sie fressen sich ins Land, erzeugen Entfernung und machen den Ozean immer und überall unentrinnbar.

Als Shetland vor 12 000 Jahren aus dem Eis auftauchte, war es ein leerer Ort. Es gab keine Vegetation, keine Vögel, keine Säugetiere, überhaupt kein Leben. Es war ein kahler Raum, der darauf wartete, gefüllt zu werden. Und als das Klima sich stetig verbesserte, setzte dieser Füllungsprozess ein. Flechten, Moose und niedrige Sträucher waren die ersten Kolonisten, gefolgt von Seevögeln, die das überreiche Nahrungsangebot des Nordatlantiks nutzten. Immer mehr Vögel kamen, und sie brachten die Samen anderer Pflanzen mit sich, an ihren Füßen und in ihren Mägen.

Die ersten Landsäugetiere in Shetland waren Menschen, die vor etwa 6000 Jahren ankamen. Die Inseln, die diese ersten Einwanderer antrafen, sahen ganz anders aus als die heutigen Inseln. Niedrige Wälder dominierten – Birke, Wacholder, Erle,

Eiche, Weide – wie auch hohe Kräuter und Farne, vor allem in Küstennähe. Es war ein üppiger, grüner und milder Ort, und der Mangel an jagdbaren Landtieren, Rotwild vor allem, wurde mehr als wettgemacht durch das Fehlen von Raubtieren und anderen Konkurrenten. Es gab weder die Wölfe noch die Bären, die die Siedler in Schottland zurückgelassen hatten. Hier fanden sie eine Überfülle von Vögeln, die Fleisch und Eier lieferten, wie auch Seehunde, Walrösser, Wale und Fische.

Die frühe Besiedelung Shetlands fiel zusammen mit den späteren Phasen einer bedeutsamen Veränderung der Lebensweise im nördlichen Europa. Die Landwirtschaft, die im »Fruchtbaren Halbmond« des Nahen Ostens ihren Anfang genommen hatte, breitete sich immer weiter nach Westen und nach Norden über den Kontinent aus, da sich das Klima verbesserte und stabilisierte. Land, das einst vom Eis blank gescheuert und vernarbt worden war, verwandelte sich unter den Händen der Menschen. Wälder wurden gefällt und verbrannt, und der frei gewordene Raum wurde Haustieren übergeben. Die frühen Shetlander waren auch frühe Bauern, und es ist schwer, von ihren Leistungen nicht beeindruckt zu sein. Dass es ihnen gelang, die gefährlichen Gewässer zwischen Britannien und den Inseln in ihren zerbrechlichen mit Häuten bespannten Booten zu überqueren, und zwar in ausreichender Zahl, um größere Siedlungen zu bilden, ist erstaunlich genug. Aber dass sie es auch schafften, beträchtliche Mengen Vieh mitzunehmen – Schweine, Schafe, Ziegen und Rinder –, ist doppelt beachtlich. Diese Tiere sowie die Menschen, die sie mitbrachten, sollten sich als der wichtigste Faktor in der Veränderung und Umgestaltung des Landes nach Rückzug des Eises erweisen.

Für die Siedler lag Shetland am äußersten Ende der Welt. Es

war so weit nördlich, wie man von Britannien aus nur kommen konnte, und die Leute, die sich dafür entschieden, gingen enorme Risiken ein. Warum machten sie sich die Mühe? Was zog sie nordwärts? Konnte es sein, dass es die reine Abenteuerlust war – dass die Klippen Shetlands, die von Orkney aus am Horizont gerade noch sichtbar waren, die Leute so sehr reizten, dass sie nicht länger widerstehen konnten? Wollten da Menschen ganz einfach nur die Grenzen des Möglichen erkunden?

Es ist verlockend zu vermuten, dass es so gewesen sein könnte. Aber es gibt Alternativen. Da ist vor allem die Möglichkeit, dass die Entwicklung der Landwirtschaft selbst die Siedler weitergetrieben haben könnte. Veränderungen der Landnutzung im nördlichen Britannien übten Druck auf den verfügbaren Raum aus und erzeugten Spannungen und Konflikte zwischen benachbarten Stämmen. Eine Gesellschaft ohne Mauern oder Grenzen entwickelte sich zu einer, in der sie wesentlich waren. Vielleicht war es genau diese Spannung, die die Leute in den Norden nach Shetland trieb.

Jetzt wehte eine leichte Brise, sie stieg die Klippen hoch und blies über den Rand, Sturmvögel klammerten sich daran und ritten wie Karussellpferde auf der flirrenden Luft auf und ab. Ein Vogel stieg höher, fast bis zu meinem Kopf, und hing einen Augenblick lang im Wind. Er schien dort beinahe zu schweben, und als ich ihm zusah, war ich mir sicher, dass er den Blick direkt erwiderte. Einige Sekunden lang betrachteten wir einander fasziniert: ich seine erhabene Missachtung der Schwerkraft, er meine plumpe Masse und das merkwürdige Verhaftetsein an der Erde. Sturmvögel müssen die wissbegierigsten aller Seevögel sein. Sie scheinen Klippenwanderer nicht ignorieren zu können, belästigen sie mit ihrem neugierigen Vorbeifliegen und demonstrieren ihre akrobatischen Fähigkeiten. Sie sind anmutig, verströmen aber auch eine gewisse Bedrohlichkeit. Irgendetwas an ihnen – vielleicht ihre lodernden schwarzen Augen, vorne verschattet, mit einem Komma-Flackern dahinter, oder ihre knolligen, stumpfen Schnäbel – gibt ihnen einen unheimlichen Ausdruck. Die Erscheinung wird noch verstärkt vom scharfen Gackern dieser Vögel, wenn sie in ihren Nestern hocken, und ihrer Gewohnheit, eine übelriechende ölige Substanz auf diejenigen zu spucken, die das Pech haben, ihnen zu nahe zu kommen.

Ein Stückchen weiter an der Klippe entlang erreichte ich den Burn of Burgi Stacks, einen Bachlauf, an dem Steinschmätzer aufflatterten, als ich mich näherte, alle klackernd wie Kiesel in einem Rupfensack. Während ich weiterging, blieben sie auf Distanz, hüpften bei jedem Schritt, den ich machte, ein Stückchen weiter weg. Der Bach hier sprang eilig zum Meer hinab, einen felsigen Hang hinunter und dann über einen kurzen Wasserfall, gesäumt von triefendem grünem Moos. Jenseits des Bachs lagen die Burgi Stacks selbst. Und dann war ich, nach der Karte, fast schon am Breitengrad.

Ich blieb stehen und schaute mir die Konturen der Landschaft eingehend an. Es war schwerer, als ich erwartet hatte, einen Punkt vom anderen zu unterscheiden und genau zu wissen, wo ich war. Die Karte zeigte eine Höhle, die meine Linie zu überqueren schien, aber von meinem Standpunkt aus war die Höhle nicht zu sehen. Ich ging nach Norden, bis ich mir sicher war, den Breitengrad überschritten zu haben, und kehrte dann denselben Weg zurück. Als ich über die Kante eines steilen Geröllhangs spähte, zerbrachen die klaren Linien der Karte zu Steinen und Gras und Wellen. Der Winkel der Klippe und die vorspringenden Felsen verhinderten jede Art von Sicherheit.

Nun war ich in Versuchung, den Hang zum Wasser hinunterzuklettern, weil die Dinge dort vielleicht klarer waren. Wie es aussah, gab es eine gangbare Route nach unten. Aber sie würde mich in die Nähe von zwei fetten Sturmvogelweibchen bringen, die sich zweifellos die Chance nicht entgehen lassen würden, ihre Spuckkünste zu trainieren. Es war eine blöde Idee, und ich ließ es sein. Stattdessen setzte ich mich ins kühle Gras, faltete die Karte auf und fuhr die Linien mit dem Finger nach.

Ich schwitzte und war durstig, und ich ärgerte mich über mich selbst, weil ich kein GPS mitgenommen hatte, mit dem es einfacher gewesen wäre. Einen Augenblick lang wirkte alles willkürlich und sinnlos, so konnte es keine wirkliche Sicherheit geben. Aber ich wollte noch immer einen festen Punkt, einen Startblock, von dem ich loslaufen konnte. So schaute ich noch einmal auf diesen Bogen Papier, las jedes Wort der näheren Umgebung: der Süden, die Burgi Stacks, die Höhle, dann der Seat of Mandrup und der Sheep Pund im Norden. Genau östlich war das Green of Mandrup, die Wiese hinter mir.

Und dann sah ich ihn: Fast völlig verdeckt von diesen Wörtern – »Green of Mandrup« –, doch zu beiden Seiten gerade noch herausragend, zeigte die Karte eine solide gerade Linie. Ein Zaun. Seine gesamte Länge bis zum Klippenrand stimmte mit dem Breitengrad überein. Ich stand auf, drehte mich nach Osten und entdeckte die Pfosten, die durch die Wiese und auf den Hügel führten, schaute dann zurück zu der Stelle, wo der Zaun in einem Gewirr aus Draht und Holz endete, das über den Klippenrand hing. Das war es also: 60 Grad nördlich des Äquators. Das war meine Startlinie.

Geografie beginnt an dem einzigen Punkt, dessen wir uns ganz sicher sein können. Sie beginnt in unserem Inneren. Und dort, im Inneren, erhebt sich eine einzige Frage: Wo bin ich?

Stellen Sie sich vor, Sie stehen auf einem Hügel. Oder besser, stellen Sie sich vor, Sie stehen auf einem hohen Hügel auf einer kleinen Insel, und der Horizont ist in allen Richtungen sichtbar – eine perfekte, undurchbrochene Linie. Von frühmorgens bis spätabends stehen Sie da. Sie sehen die Sonne auf der einen Seite der Insel aufgehen, sich ihren Weg über den Himmel bahnen, sich langsam und vorhersehbar bewegen, bis sie den gegenüberliegenden Horizont erreicht, hinter dem sie dann langsam verschwindet. Während ihr Licht schwindet, sprenkeln Sterne die tiefer werdende Dunkelheit. Auch sie drehen sich um Sie, auf einer Achse, die am Polaris, dem Nordstern, verankert ist. Diese große Arena von Nacht und Tag scheint über die stillstehende Welt zu rollen und sie mit ihrer Bewegung zu umfassen. Und diese Frage erhebt sich: Wo bin ich?

Das Universum, das wir sehen können, ist ein Ort der Spiegel und Illusionen, Augen- und Verstandestäuschungen, und man muss schon viel wissenschaftlichen Glauben aufbieten, um mit den Fakten, wie wir sie kennen, zurechtzukommen: dass nichts stillsteht; dass sowohl unser Universum und unser Planet unaufhörlich in Bewegung sind. Nach oben zu schauen und sich dies einzugestehen, bedeutet, mit seiner Vorstellungskraft einen schwindelerregenden Satz zu machen. Es bedeutet, überwältigt zu sein von Gefühlen nicht nur der Bedeutungslosigkeit, sondern auch der Angst, der Verletzlichkeit und der Heiterkeit. Bei all dieser Bewegung, dieser unermesslichen Entfernung erscheint es irgendwie unmöglich, dass wir überhaupt irgendwo sein können.

Aber unser Begriff davon, wo wir auf dieser Welt sind, entstand nicht, weil wir diese Himmelsbewegung im Sinn hatten. Seit die Menschen anfingen, die Sonne und die Sterne als Navigationshilfen zu benutzen, haben sie es getan, indem sie diese desorientierenden Fakten entweder nicht kannten oder ignorierten. Dass der Nordstern kein fixer Punkt im Universum ist, ist unwichtig, solange er als fixer Punkt erscheint. Dass die Sonne sich nicht um die Erde dreht, macht nichts, solange es weiterhin so aussieht, als würde sie es tun, und ihr Auftauchen vorhersehbar ist. Denn die Wurzeln dieser Frage – wo bin ich –, sind nicht so sehr philosophisch oder unbedingt wissenschaftlich, sie sind zweckorientiert. Wo wir sind, ergibt nur dann wirklich einen Sinn, wenn es in Beziehung steht dazu, wo wir waren und wo wir sein wollen. Um sich auf zielgerichtete Art zu bewegen, um zu vermeiden, dass wir Zeit verschwenden oder unser Leben riskieren, müssen wir uns ein Bild unseres Aufenthaltsorts machen, ein Bild davon, wo wir in unserer Umgebung stehen. Wir müssen Karten zeichnen.

Ich schaute hinaus auf den ruhigen Ozean, auf die Tidenlinien, verflochten wie Strähnen weißer Haare. Ich schaute zum Horizont – Blau mit Blau verbunden – und dahinter zu unsichtbaren Orten: nach Grönland, nach Nordamerika, nach Russland, Finnland, Skandinavien und dann über die Nordsee hierher zurück. Mehrere Minuten schaute ich in die Ferne, dann war ich bereit zu gehen. Ich drehte mich um und ging den Hügel hoch, am Zaun entlang. Von meinem Startpunkt am Klippenrand ging ich am Breitengrad den langen Weg zurück, froh, wieder in Bewegung zu sein.

Bald wich das üppige Grün, das die Küste gesäumt hatte, niedrigem Heidekraut und dunkler torfiger Erde. Das Land ebnete sich zu einem Plateau aus Dunkelrot und Oliv, zerfurcht und terrassiert, wo man den Torf abgebaut hatte. Weiße

Büschel Wollgras lagen auf dem Hügel verstreut. Flache Pfützen mit schwarzem Wasser stauten sich unter den Torfreihen und in den schmalen Gräben dazwischen. Ich sprang von Insel zu Insel festen Bodens und versuchte, meine Füße trocken zu halten, während über mir lautstark eine Lerche schwebte, getragen von der Leichtigkeit ihres Lieds.

Nach nur etwa zehn Minuten ging ich schon wieder hügelabwärts, hinein in das üppige Tal, das den Loch of Vatsetter und den Burn of Maywick umgibt, flankiert von leuchtend gelben Schwertlilien. Das dichte Heidekraut wich einem helleren, lichteren Grün, und der Gegenhang war eine Wiese, gestreift von geschnittener Silage. Ein Schwarm Goldregenpfeifer flog plötzlich vom Boden auf und wand sich durch das Tal. Zwei Kiebitze kreuzten ihren Weg über dem Loch und flatterten mit linkischer Anmut aufs Meer zu. Ich schaute den Vögeln nach, bis sie nicht mehr zu sehen waren, und ging dann weiter zu dem Bach unter mir.

Der steile Abstieg bedeutete einen ebenso steilen Wiederanstieg, auf einem Kiespfad, der laut Karte den Breitengrad ein paarmal kreuzte, bevor er sich im Nichts verlor. Ich ging weiter und war bald wieder mitten im Torf. Der Hügel stieg 200 Meter scharf an, ich schwitzte vom Marschieren, aber es war die Mühe wert. Als ich die Kuppe erreichte, weitete sich ohne Vorwarnung die Luft, und ich konnte von einem Ende Shetlands zum anderen sehen: den Atlantik hinter mir und die Nordsee vor mir. Über mir wurden Büschel Zirruswolken über einen prächtigen Himmel gekämmt, der so weit war, wie ich ihn noch nie gesehen hatte.

Menschen haben sich schon immer von hier nach dort bewegt, von einem Ort zum anderen, mit einer Mischung aus Erinnerungen, erlerntem Wissen und Neugier. Meistens haben wir innere Karten benutzt – erinnerte Routen von einem wichtigen Punkt zu einem anderen: ein Ort zum Essen, ein Ort für Obdach, ein Ort der Gefahr. Elemente dieser Karten wurden von einer Generation zur nächsten weitergegeben, in Liedern und Geschichten. Sie wurden ausgeschmückt, aktualisiert und wenn nötig auch verworfen. Das sind lebendige Karten, in denen Ort und Richtung abgeschottet und von der Außenwelt getrennt wurden. Sie können so verschachtelt und geheimnisvoll sein wie die Liedzeilen der australischen Aborigines oder so einfach, wie sich zu erinnern, wie man von der eigenen Haustür zum nächsten Laden kommt.

Um sich ein konkreteres Bild davon zu machen, wo wir sind, war es nötig, unsere Karten zu externalisieren, sich Bilder von der Welt zu machen. Die ersten sichtbaren Karten waren die der Sterne, wie die an den Wänden der Höhlen bei Lascaux in Frankreich, die vor mehr als 16 000 Jahren gezeichnet wurden. Aber es ist einfach, in den Himmel zu schauen. Ein Bild zu zeichnen, das einen speziellen Ort auf Erden umfasst oder sogar den ganzen Planeten, ist eine viel größere Herausforderung. Der Kartenmacher ist gezwungen, ein anderer als er selbst zu werden, sich die Vogelperspektive vorzustellen. Der Kartenmacher muss von oben herabschauen und gottgleich werden, indem er seine eigene Welt neu erschafft.

Im Gegensatz zu internen oder »Erzählungs«-Karten waren frühe Weltkarten gedacht als wissenschaftliche oder philosophische Übung und weniger als Navigationshilfen. Ihre Praxistauglichkeit wurde durch zwei wichtige Faktoren beschränkt. Zum Ersten hatten die alten Griechen als Pioniere der Kartografie nur beschränkte geografische Kenntnisse. Deren Karten konzentrierten sich auf den Mittelmeerraum und reichten in östlicher Richtung nur bis Indien, im Westen war die Meerenge von Gibraltar die Grenze. Die Welt jenseits dieser Grenzen war mehr oder weniger unbekannt, doch Spekulationen über die grotesken Barbarensiedlungen in Nordeuropa und in Afrika waren weit verbreitet. Das andere große Problem der griechischen Kartenmacher war ihr Mangel an praktischen Mitteln zur präzisen Darstellung von Entfernung und Form. Was dazu nötig war, war eine Art Maßstab oder Raster, das nicht nur auf die kugelförmige Oberfläche der Erde anwendbar war, sondern potenziell auch auf einen Globus oder eine flache Karte. Ein solches Raster stand erst ab dem zweiten Jahrhundert vor Christus zur Verfügung, als Hipparchos von Nicäa das System entwickelte, das wir auch heute noch benutzen: die Vermessung der Welt in Bogengraden. Auch wenn ähnliche Methoden schon früher von den Babyloniern vorgeschlagen wurden, bestand Hipparchos' Leistung darin, einen Kreis in 360 Bogengrade zu unterteilen und damit den Grundstein für die Trigonometrie zu legen.

Ein Grad war das Maß eines Winkels im Zentrum eines Kreises, zwischen einem Radius und dem anderen, wie die Zeiger einer Uhr. Wenn es drei Uhr ist, ist der Winkel zwischen den Zeigern 90 Grad: ein Viertel eines ganzen Kreises. Die beiden Punkte, wo die Radii, oder Zeiger, den Außenrand des Kreises treffen, sind nach Definition ebenfalls 90 Grad voneinander entfernt. Dieses Maß kann des Weiteren auf Kugeln wie die Erde angewandt werden, wobei der nord-südliche Winkel mit einem Maß – dem Breitengrad – und der ost-westliche Winkel mit einem anderen – dem Längengrad – bezeichnet wird. Nun war es, zumindest theoretisch, möglich, Koordinaten für jeden beliebigen Ort auf der Erde anzugeben, und diese Information konnte darüber hinaus benutzt werden, um geografischen Raum präzise auf einer Karte darzustellen.

Das war ein revolutionärer Schritt für die Navigation und die Kartografie.

Während Längengradlinien, oder Meridiane, von gleicher Länge sind, durch beide Pole laufen und den Planeten unterteilen wie in Segmente einer Orange, sind die Kreise der Breitengrade parallele Linien, die fortschreitend an Größe abnehmen, vom vollen Planetenumfang am Äquator zu einzelnen Punkten an den Polen. Sie sind dargestellt als Winkel bis zu 90 Grad nördlich oder südlich des Äquators. Bei 60 Grad nördlicher Breite, wo ich stand, ist die Parallele nur halb so lang wie die am Äquator und verläuft bei zwei Drittel des Abstands bis zum Pol.

Für die Griechen kam der Höhepunkt ihrer kartografischen Tradition Mitte des zweiten Jahrhunderts nach Christus im römischen Alexandria. Dort schuf Claudius Ptolemäus seine *Geographia,* eine Arbeit, die das geografische Wissen der Griechen und der Römer zusammenfasste. Ptolemäus gab Koordinaten für 8000 Orte an, die sich zwischen seinem Nullmeridian bei den Glücklichen Inseln (vermutlich Cap Verde) im Westen, nach China im Osten, Zentralafrika im Süden und Shetland, das er Thule nannte, im Norden erstreckten. Das war die bekannte Welt, die in der Länge 180 Grad und 80 in der Breite erreichte, und Shetland lag an ihrem äußersten Rand. Auch wenn dieses Buch für mehr als tausend Jahre so gut wie in der Versenkung verschwand, war sein Einfluss letztendlich immens.

Um heute etwas über unseren Aufenthaltsort zu erfahren, müssen wir nur in eine Karte schauen oder auf unserem Handy oder mobilen GPS-Gerät einen Knopf drücken, dann erfahren wir unsere Länge und Breite in Graden, Bogenminuten und -sekunden. Dennoch fühlt sich diese Frage noch immer irgendwie unbeantwortet an, nagt an unserer Gewissheit. Wo bin ich?

Es ist ein merkwürdiger Ort hier oben, diese Landschaft aus Torf und Heidekraut. Oft verallgemeinernd einfach nur »der Hügel« genannt, bildet er den Kern Shetlands, der mehr als fünfzig Prozent des Landes bedeckt. Von dieser Stelle aus könnte ich vierzig Meilen in den Norden der Hauptinsel gehen, ohne den Hügel wirklich zu verlassen. Es ist ein Ort, der getrennt ist von den Orten der Menschen, ein halbwildes Moorland, durch Zaun und Deich vom Ackerland darunter abgesetzt. Außerdem war es – und ist es in vielen Teilen Shetlands immer noch – ein gemeinsam genutzter Ort, eine Allmende, mit Weide- und Torfstechrechten für alle Kleinbauern der umliegenden Gemeinden.

In Beschreibungen des Hügels durch Reisende tauchen gewisse Begriffe häufig auf: öde, einsam, gesichtslos. Man betrachtet das Land, als würde ihm etwas fehlen, sowohl an ästhetischem Reiz wie an landschaftlichem Nutzen. Die *Encyclopaedia Britannica* von 1911 beschrieb Shetlands Inneres als »kahl und trist, bestehend aus baumlosen und öden Flächen aus Torf und Felsen«. Es ist wogendes, welliges Terrain ohne die Dramatik einer Gebirgslandschaft oder die Stille eines Tals. Es ist ein Ort, der weder zahm noch wild genug ist, um als wertvoll betrachtet zu werden. In vielerlei Hinsicht ist es ein Zwischenland. Auf der Karte ist wenig zu sehen außer Höhenlinien und das sich schlängelnde Gekrakel der Bäche, in denen schwarzes Wasser aus der Trägheit des Moors seewärts gluckst. Wenn man sich umsieht, sucht das Auge Stellen, an denen es innehalten, auf die es sich konzentrieren kann, aber nichts unterbricht das schwere Wogen des Landes. Der Hügel zeigt eine Fläche des Immergleichen, die den Wanderer in sich hineinzieht und ein Gefühl des Abgeschiedenseins von der Welt darunter erzeugt. Da ist leerer Raum, eine Weite, die bei einem so eng umgrenzten Land irgendwie überraschend ist. Die Torflandschaft öffnet und entfaltet sich in »aktiver Ausdehnung«, wie Robert Macfarlane es nennt. Der Horizont, die Kuppel des Himmels und die Klarheit der Luft, all das wird Teil von Maß und Masse des Landes. Zusammen erzeugen sie in dieser Arena eine Illusion von Entfernung und machen Shetland zu einem größeren Ort, einem Ort, in dem man sich verirren kann. Hier kann man sich selbst als abgeschieden von anderen Menschen fühlen und alleine dasitzen, inmitten einer unvertrauten Stille.

Wie Menschen, die im Schatten der Berge wohnen, leben Shetlander mit der beständigen Präsenz des Moors und des Hügels. Es ist eine Präsenz, so glaube ich, die für den Charakter der Insulaner so zentral ist wie für die Inseln. Denn so, wie wir in der Landschaft wohnen, wohnt die Landschaft in uns, im Denken, in den Mythen und in der Erinnerung; und irgendwie lädt die Offenheit des Landes uns dazu ein, uns zugehörig zu fühlen, oder anders, es macht sich uns zugehörig. Unser Verständnis von Raum und unsere Beziehung zu diesem Raum sind betroffen, und damit auch unser Verständnis von Zeit.

Wir sind es gewohnt, uns Zeit als feststehende Dimension vorzustellen, durch die wir uns stetig und unerschrocken bewegen. Aber es gibt Orte, an denen diese Vorstellung unangemessen wirkt, wo die Zeit selbst sich in einem anderen Tempo zu bewegen scheint. Es gibt Orte, an denen wir die Augenblicke vorbeieilen spüren, ungehindert, so schnell und so dicht hintereinander, dass wir ihren Atem spüren, wenn sie vorbeirasen. Und dann wieder gibt es Orte, wie etwa hier auf dem Hügel, wo die Zeit sich zu sammeln scheint, sich zugleich zusammenzieht und ausdehnt. Hier ist die Vergangenheit näher. Wir finden ihr Andenken in die Erde eingebettet, wie die so unheimlich erhaltenen Leichen, jahrhundertealt, die in ganz Europa aus Torfmooren gezogen werden, Kleidung, Haare und Haut intakt. Oder der Torf selbst, ein biologisches Tagebuch der Geschichte der Inseln. Hier bewegen sich die Dinge langsamer. Der Wandel wird stur, feierlich aufgezeichnet. Will man das Land genauer untersuchen und dabei sein eigenes Leben und das Leben auf ihm und mit ihm berücksichtigen, sieht man sich einer Vielzahl von anderen Zeiten und anderen Welten gegenüber. Hier auf dem Hügel, wo Land und Himmel sich öffnen, tun Vergangenheit und Gegenwart das Gegenteil, sie ziehen sich eng in sich zusammen. Hier herrscht ursprüngliche Zeitlosigkeit.

Es ist deshalb kaum überraschend, dass der Hügel in der Mythologie der Inseln eine so wichtige Rolle gespielt hat. Vor allem ist er seit Langem, und wird es bleiben, die Heimat des »Hügelvolks«, der Trows. Es sind nächtliche trollähnliche Wesen, manchmal gutmütig und manchmal Schabernack treibend, und die bekanntesten Geschichten über sie erzählen von Musikern, die in die Erde unter dem Heidekraut gelockt werden. Dort müssen sie in einer Welt auftreten, in der das menschliche Maß der Zeit nicht mehr zutrifft. Der Geiger unterhält seinen Gastgeber am Abend, bekommt Essen und Getränke, vielleicht sogar einen Schlafplatz angeboten; doch wenn er dann nach der nächtlichen Vorführung wieder auftaucht, kann es sein, dass seine Kinder erwachsen sind und seine Frau tot oder wieder verheiratet. Ein unglücklicher

Geiger, Sigurd o' Gord, verlor unter dem Hügel ein ganzes Jahrhundert. Mit einem neuen Lied, das er unter der Erde gelernt hatte, »Da Trows' Spring«, kehrte er nach Hause zurück, musste aber erkennen, dass sich in seiner Abwesenheit alles verändert hatte; sein Zuhause gehörte jemand anderem, seine Familie war längst nicht mehr.

Die Popularität dieser Geschichten schwindet nicht. Sie werden endlos wiederholt, aufgenommen und veröffentlicht, sie überschatten so gut wie jede andere einheimische Folklore, und ich bin mir sicher, es gibt immer noch einige Shetlander, die behaupten, einem dieser Wesen bei einer Wanderung über den Hügel begegnet zu sein. Ein Trow kann plötzlich aus dem Nebel auftauchen oder hinter einem Felsen hervorspringen, er kann aber auch aus dem Fels selber herauswachsen. Sie sind, so scheint es, ein wesentlicher Bestandteil der Landschaft, in der sie leben, und ihre sture Beharrlichkeit als Einzelwesen und als Art muss zum Teil zumindest an der ebenso sturen Beharrlichkeit ihres Habitats liegen. Ich glaube, sie sind auch eine Manifestation der andauernden Ambivalenz unserer Beziehung zu diesem Habitat, eine Ambivalenz, die ihren deutlichsten Ausdruck in den Debatten findet, die jahrelang über den Bau von Windparks im zentralen Mainland gewütet haben.

Das Unbehagen, das die Torflandschaften auslösen können, hat tiefe kulturelle Wurzeln. Die menschliche Gesellschaft in Shetland entwickelte sich mit und nicht nur neben dem Hügel, und diese Entwicklung zeigt sich in der Beziehung zwischen den beiden. Als die ersten Menschen auf die Inseln kamen, hatte sich der Torf noch nicht über große Flächen ausgebreitet. Er existierte an isolierten, schlecht entwässerten Stellen, aber das flächendeckende Moor, das sich jetzt über weite Teile des Lands erstreckt, war einfach noch nicht da.

Die Ankunft der Menschen in Shetland fiel jedoch mit einer Verschlechterung des Klimas zusammen. Die Temperaturen sanken, Regenmengen schwollen an, und in einer durchfeuchteten, sauren Erde, in der Pflanzenmaterial sich nicht richtig zersetzen konnte, sammelte es sich stattdessen als Torf an. Der Prozess war zwar primär ein natürlicher, aber anhaltende Entwaldung und die landwirtschaftliche Entwicklung spielten eine wichtige Rolle. Eine weitere Klimaverschlechterung beschleunigte das Torfwachstum und verbreitete das Moor über neue Gebiete. Mehr und mehr waren die Shetlander gezwungen, ehemals nützliches Land aufzugeben, da es gesättigt, sauer und unfruchtbar geworden war, und sie wurden in einem dünnen bewohnbaren Keil zwischen Hügel und Meer zusammengepfercht. Vor zweitausend Jahren sah das Land vermutlich ganz ähnlich aus wie heute.

Doch paradoxerweise sollte die Entwicklung des Torfs letztendlich die Mittel liefern, dank derer die Menschen diesen Klimawandel überleben konnten. Denn die Zerstörung der Wälder hatte zwar mit Sicherheit zum Wachstum der Moore beigetragen, doch der Baumbestand war noch nie sehr umfangreich gewesen. Der Brennstoff, der den Leuten zur Verfügung gestanden hatte, sowohl von heimischen Bäumen wie von Treibholz, wurde wahrscheinlich genau zu der Zeit knapp, als sich genügend Torf in der Tiefe gebildet hatte. Und es ist Torf, der – gestochen, getrocknet und verbrannt – die Menschen auf diesen Inseln am Leben gehalten hat. Die Gemeinden ohne Zugang zu Torf hatten zu kämpfen, und manchmal schafften sie es nicht, zu überleben. Er war bis vor Kurzem ein wesentliches Element des Lebens in Shetland.

Heute haben Strom, Gas, Kohle und Öl den Torf in den Inselhäusern zum größten Teil ersetzt. Aber von einigen wird er noch immer gestochen, aus Gewohnheit oder Nostalgie oder weil der Geruch brennenden Torfs eine Wärme und ein Aroma hat, das von anderen Brennstoffen nicht kopiert werden kann. Sein dichter blaugrauer Ruch ist einladend und beschwörend, er umhüllt ein Haus mit Wärme und Erinnerungen an Wärme. Aber er wird nicht mehr dringend benötigt, und hier auf der Hügelkuppe scheint es, als wäre auch das Leben des Torfs selbst bald vorüber. Auf den Hängen um mich herum ist viel davon bis zum Muttergestein erodiert, er trocknet aus und zersetzt sich. Und als ich mich wieder an den Abstieg machte, auf Channerwick zu, sah ich weiter unten überall breite Schneisen aus Schwarz und Grau, Narben in Erde und Stein. Im Herbst 2003, nach zwei trockenen Sommern und einem trockenen Winter, sorgte eine einzige Nacht heftigen Regens dafür, dass etwa an der Stelle, wo ich jetzt stand, Tausende Tonnen Torf den Hang hinabrutschten, eine Straße bedeckten, eine Brücke und Mauern zerstörten und viele Schafe töteten. Seitdem ist es auch an anderen Stellen auf den Inseln zu Erdrutschen gekommen, und da das Klima sich kontinuierlich verändert – mit steigenden Temperaturen und zunehmenden Dürren und Stürmen –, dürfte die Illusion von Stabilität auf dem Hügel immer öfter zerstört werden.

Ich blieb knapp über der Hauptstraße stehen, wo ein kleines gelbes Schild den Breitengrad bestätigte. Vor mir lagen Hoswick und Sandwick, versteckt hinter der Kuppe des nächsten Hügels, und dahinter lag das Meer und die Insel Mousa. Hier gibt es keine Deckung, keine Zuflucht, keinen Schutz. Alles ist ausgesetzt wie nackte Felsnarben. Eine gewisse Melancholie hatte sich über mich gelegt, als ich das Moor durchquerte, aber ich zögerte noch, weiterzugehen und den Hügel hinter mir zu lassen. Ich setzte mich aufs Heidekraut und schaute in den Himmel, wo einige träge Wolken nach Osten aufs Meer hinaustrieben. Kurz legte ich mich hin und schloss die Augen und träumte, ich wäre genau da, wo ich war.

Shetland besuchte ich zum ersten Mal mit etwa fünf Jahren in den Ferien mit meinen Eltern. Der ältere Bruder meiner Mutter war Ende der Sechziger wegen der Arbeit von Belfast auf die Inseln gezogen, hatte eine Shetlanderin geheiratet und eine Familie gegründet. Mein anderer Onkel war ihm gefolgt und geblieben, und wir besuchten sie einige Male. Schon vor meiner Geburt hatten meine Mutter und mein Vater überlegt, in den Norden zu ziehen. Beide fühlten sich von den Inseln angezogen, weit weg vom Süden Englands, wo ich meine ersten Jahre verbracht hatte, doch erst nach ihrer Trennung wagte meine Mutter den Schritt. Meine Erinnerungen an diese ersten Reisen sind vage und haben sich vermischt mit Fotos aus dem Familienalbum, die sie zwar konkreter, aber kaum verlässlicher machen. Sie sind eher Bilder als wirkliche Erinnerungen, Schnappschuss-Augenblicke, die kaum Gewicht haben. Ein Junge an einem Strand, der in der Sonne spielt und schwimmt; Spiele und Tränen in der Straße in Lerwick, wo mein Onkel lebte.

Als wir dauerhaft in den Norden zogen, meine Mutter, mein Bruder und ich, war ich zehn Jahre alt. Meine Eltern hatten sich einige Zeit davor getrennt, aber das Familienleben in Sussex war ansonsten so weitergegangen, wie ich es immer gekannt hatte. Ich war zu jung, um die Bedeutung ihrer Trennung wirklich zu verstehen, und außerdem war ich immer von Liebe umgeben. Die Idee eines Umzugs fühlte sich nach einem Abenteuer an, wie alles für ein Kind. Schon als das erste Mal darüber gesprochen wurde, war ich aufgeregt und bereit zu gehen. Doch die Wirklichkeit war anders, so als würde man in Urlaub fahren und dort dann feststellen, dass man nie mehr nach Hause kann. Dass die Hälfte meiner Familie bei mir war, änderte nichts an dem Gefühl, man hätte mich hochgehoben und an einem fremden Ort wieder abgesetzt, einem Ort, der nicht mein Zuhause war und auch nicht sein konnte. Das Wort dafür ist, glaube ich, Entwurzelung – man fühlt sich mitsamt den Wurzeln aus dem Heimatboden gerissen. So kam es mir vor. Meine Vergangenheit war woanders, meine Kindheit war woanders, meine Freunde, meine Großeltern, mein Vater waren woanders.

Dieses Gefühl der Trennung und Spaltung grub sich tief in mich ein. Das Gefühl, dass mein Ich, meine Persönlichkeit und meine Bedürfnisse nicht hier waren, sondern irgendwo anders, wuchs in mir und wurde immer stärker. Dieses Gefühl entwickelte sich im Lauf der Zeit zu der Ruhelosigkeit, die mich auch heute noch verfolgt und die zum Teil der Grund für diese Reise war. Es entwickelte sich zu einem unerschütterlichen Gefühl von Exil und Heimweh und dem entsprechenden Drang, es zu tilgen: verbunden zu sein, zu etwas zu gehören, ein Teil von einem Ort und nicht länger abseits zu sein. Es war, was Scott Russell Sanders »die Sehnsucht, ein Bewohner zu werden« nannte, intensiviert und verzerrt durch meinen Widerwillen, den Ort zu bewohnen, an dem ich leben musste.

Meine Distanzierung von Shetland war, wie ich dachte, für andere ebenso offensichtlich wie für mich. Und ich glaubte, dass meine Ablehnung erwidert wurde. Nach den beiden Säulen der Inselidentität – Akzent und Abstammung – war ich ein Außenseiter und würde es immer bleiben. Als Heranwachsender in Lerwick betrachtete ich mich als unfähig, mich je wirklich einzugliedern. In der Schule war ich oft unglücklich, manchmal wurde ich drangsaliert, und natürlich waren es genau diese Unterschiede, auf die sich die Drangsalierer stürzten. Zum ersten Mal entdeckte ich, dass ich Engländer war, nicht weil ich mir das ausgesucht hatte, sondern weil es das Etikett war, das man mir um den Hals gehängt hatte. Eine Weile trug ich es mit Stolz wie ein Ehrenabzeichen, letztendlich aber schien es nicht zu mir zu passen. Meine Unruhe in diesen frühen Jahren, mein Gefühl von Exil und Sehnsucht, fanden keine positive Richtung bis zu meinem sechzehnten Geburtstag, als ich beschloss wegzugehen, um Musik zu studieren und bei meinem Vater zu leben. Diese Entscheidung zu treffen – den Ort zu wählen, wo ich sein wollte –, war enorm wichtig. Und dann kam der Unfall, und die Wahl war nichtig.

Shetland ist, wie andere abgelegene Teile Schottlands, vernarbt von den Überresten der Vergangenheit, von Geschichte, die sich in der Landschaft verfestigt hatte. Steine tragen, wenn sie verrückt und neu arrangiert werden, die Schatten der Menschen, die sie bewegt haben. Sie sind das Gedächtnis der Inseln. Von den uralten Felddeichen und Grenzmäuerchen, den bronzezeitlichen Burnt Mounts und uralten Forts bis zu den bröckelnden Kleinbauernhäusern, verlassen von den Tausenden, die Ende des neunzehnten Jahrhunderts emigrierten, ist das Land Zeuge jeder Veränderung, aber an Verlust wird am deutlichsten erinnert. Für einige riechen diese Steine nach Sterblichkeit. Ihre Formen sind die bedrückende Mahnung, dass auch wir kaum etwas hinterlassen werden. In »Der

Broch von Mousa« schrieb der Dichter Vagaland: »In den Inseln Dämm'rung fällt/ Auf verlass'ne Häuser und zerstörte Mauern; Die Flut des Lebens weicht zurück.« Menschen sind auf diese Inseln gekommen und wieder gegangen, und mit ihnen sind vergangen »ihre Sitten, ihre Gedanken, ihre Lieder;/ zur Erde sind sie zurückgekehrt«. Was uns bleibt, ist nur das Gedächtnis der Steine.

Die Insel Mousa war einst ein Ort der Menschen. Sie war einst das Zuhause von Familien, Fischern und Bauern, die dort lebten und gestorben sind. Aber jetzt sind die Menschen verschwunden und ihre Häuser verlassen. Die Insel wurde den Schafen, den Vögeln und den Robben hinterlassen, sowie zumindest im Sommer den Touristen. Am Tag meines Besuchs waren wir fünfzehn – Briten, Skandinavier und Nordamerikaner – bei der Überfahrt auf der kleinen Fähre *Solana IV,* die zwischen April und September Passagiere befördert. Es ist nur eine kurze Fahrt vom steinernen Pier in Sandwick zu dem Anlegesteg auf der Insel, und während wir über den grauen Sund galoppierten, schaute ich mir die anderen Passagiere an. Einer, ein Mann in beiger Kampfhose, kariertem Hemd und roter Baseballkappe, stierte während der kompletten fünf Minuten der Überfahrt nur auf sein mobiles GPS-Gerät. Er hob nie den Kopf, schaute aufs Wasser hinaus oder zu dem langsam näher kommenden Land, starrte immer nur den kleinen Monitor vor sich an. Es war eine merkwürdige Art, diese Reise zu erleben, aber ich war neidisch auf sein Spielzeug und die Präzision, die es versprach. Ich wollte sehen, was er sehen konnte.

Eine abgelegene Insel von nur eineinhalb Quadratmeilen scheint eine ungewöhnliche Touristenattraktion zu sein, aber die Leute kommen aus mehreren Gründen nach Mousa. Zum einen ist das die Möglichkeit, eine früher bewohnte, jetzt verlassene Insel zu erkunden (was man den St.-Kilda-Faktor nennen könnte). Dann hat man hier auch die Chance, Vögel und Robben zu sehen, die das Fehlen von Menschen nutzen, um sich in großer Zahl zu vermehren. Doch hauptsächlich kommen die Leute wegen des Brochs. Mousa ist nur eine von hundert bekannten Stätten dieser eisenzeitlichen Rundtürme in Shetland und mehrerer Hundert in ganz Schottland, aber dieser Turm hier sieht fast noch genauso aus wie zur Zeit seiner Erbauung vor über zweitausend Jahren. Allein wegen dieser Tatsache könnte Mousa schon eindrucksvoll sein, hat der Turm doch nicht weniger als zwei Jahrtausende menschlicher und klimatischer Grausamkeiten überstanden, doch nicht weniger eindrucksvoll als seine Langlebigkeit ist der Bau selbst mit seinen immer noch 13 Metern Höhe: das höchste prähistorische Gebäude in Großbritannien. Von der Form her sieht er eher aus wie der Kühlturm eines Kraftwerks. Am Sockel mit seinem Durchmesser von etwa 15 Meter leicht ausgestellt und sich dann verjüngend, läuft er nach oben hin in einem strikt vertikalen Zylinder aus. Komplett aus flachen Steinen erbaut, wird er durch nichts anderes zusammengehalten als das Gewicht der Steine und das Geschick seiner Erbauer. Er ist eine herausragende architektonische Leistung. Im Inneren befindet sich ein Hof, von der Außenwelt getrennt durch eine Doppelwand mit mehr als drei Metern Dicke. Und zwischen den Mauern windet sich eine Treppe, die den Zugang zu Kammern auf mehreren Ebenen ermöglicht, bis ganz nach oben auf den Turm, von dem Besucher auf die Insel hinausblicken könnten, die sich unter ihnen erstreckt.

Will Self nannte den Mousa Broch »einen meiner heiligen Orte. Für mich vergleichbar mit den Pyramiden.« Und dieser Vergleich ist verständlich. Der Broch ist wunderschön und mysteriös, imposant und aufreizend intakt. Und doch wissen wir fast nichts über die Menschen, die – zur gleichen Zeit, als Ptolemäus Shetland auf eine Karte zeichnete – beschlossen, dieses Gebäude zu errichten. Man kann jedoch sicher annehmen, dass die Architekten von Schottlands Brochs ein militarisiertes Volk waren, denn die Verteidigungsqualitäten des Turms sind offensichtlich. Aber dieser Broch hat etwas, das auf mehr verweist als nur Verteidigung. Seine massive Größe scheint überflüssig zu sein, und seine schiere Extravaganz deutet darauf hin, dass er, falls Sicherheit das Hauptanliegen war, in einem Zustand extremer Paranoia errichtet worden sein musste. Wahrscheinlicher ist deshalb, dass die Brochs nicht nur zur Verteidigung gebaut wurden, sondern auch als Akte der Selbstverherrlichung eisenzeitlicher Häuptlinge. Sie waren Statussymbole, entstanden aus Angeberei; ganz ähnlich wie die Wolkenkratzer des zwanzigsten Jahrhunderts, die von einer Mischung aus Funktionalität und Prahlerei zeugen.

Dass dieses spezielle Beispiel so perfekt erhalten so lange überlebt hat, ist zum Teil eine Folge seiner Abgeschiedenheit, zum Teil aber auch, weil niemand das Bedürfnis hatte, es niederzureißen. Während andere uralte Gebäude im Verlauf der Jahrtausende geplündert wurden, um nützliches Material zu erhalten, sind Mousas Strände noch immer übersät von perfekten flachen Steinen, die all das Material liefern, das die Inselbewohner je brauchten. Die Steine, die halfen, ein so außergewöhnliches Bauwerk zu erschaffen, sind immer noch so reichlich vorhanden, dass sie sein langes Leben gewährleisten. Und heute beschützen diese Steine auch andere Lebewesen. Legen Sie Ihr Ohr an die Mauer des Brochs, und sie hören das leise Zirpen und Grunzen der Sturmschwalben, dieser winzigen Seevögel, die Tag für Tag über den Wellen flattern, um abends in die Sicherheit ihrer Nester zurückzukehren. Siebentausend Sturmschwalben – acht Prozent der britischen Population – nisten auf dieser Insel, auf den Stränden und im Broch selbst. Das Gebäude scheint fast zu atmen vor Leben, das sich in ihm versteckt: Vergangenheit und Gegenwart verborgen, beschützt zwischen den Steinen.

Die Menschen, die diesen Broch erbauten, die in ihm und in seiner Umgebung lebten, scheinen für uns heute unerreichbar, ein Rätsel. Archäologen und Historiker untersuchen die vorhandenen Indizien sorgfältig und geben Bewertungen, Hypothesen ab. Aber in unserem Bestreben, alles Geheimnisvolle aus der Geschichte zu tilgen und diese Menschen kennenzulernen und zu verstehen, vergessen wir einen wesentlichen Punkt. Wir übersehen das wahre Geheimnis. Während ich vor dem Broch auf dem Gras saß und zum Mainland schaute, kratzte ich mir die Handgelenke und wischte die Mücken aus dem Gesicht. Es war windstill, und die Insekten nutzten diese Gelegenheit zum Fressen. Die Wolken hingen tief über dem Sund und drapierten sanft die Hügel jenseits des Wassers. Was mir in dem Augenblick auffiel, als ich mit dem Rücken an der uralten Steinmauer lehnte, war nicht die große Entfernung und der Unterschied zwischen jetzt und damals, auch nicht die Tragödie in allem, was wir nicht wissen. Was mir auffiel, war das Gefühl der Kontinuität und die feste Entschlossenheit der Menschen, hier zu leben.

Rebecca West schrieb einmal, dass gewisse Orte »jedem Bewohner, den die Geschichte bringen mag, denselben Stempel aufdrücken, auch wenn die Landnahme eine Bevölkerung weg- und eine andere hereinspült, die in Rasse und Philosophie ganz anders ist«. Dieser Stempel ist das, was Lawrence Durrell »die unsichtbare Konstante« nannte; es ist der Faden, der die Geschichte eines Ortes zusammenhält, das Gefühl der Gleichheit, das sich durch die Vergangenheit gräbt wie eine Furche durch ein Feld.

In Shetland entwickelte sich die menschliche Gesellschaft sowohl allmählich wie auch in plötzlichen Sprüngen. Einige hundert Jahre lang bauten Menschen Brochs, und dann hörten sie auf. In den beiden Jahrtausenden, die folgten, fanden viele andere Veränderungen statt. Jetzt kamen Menschen, die eine neue Sprache und eine neue Religion mit sich brachten, bevor auch sie verschwanden, als Ende des achten Jahrhunderts die Wikinger auftauchten. Doch trotz dieser Veränderungen, trotz allem, was kam und ging, war es immer das Land, das die Mittel des Überlebens diktierte. Die Nordmänner kamen als Wikinger, aber sie wurden Shetlander. Sie wurden Fischer und Bauern, wie die Pikten es gewesen waren, wie die Broch-Erbauer es gewesen waren und alle vor ihnen. Feldfrüchte wurden angesät und geerntet, Schafe und Kühe wurden gehalten und getötet. Das Land zeichnete die Menschen, so wie die Leute im Gegenzug das Land zeichneten. Wenn es eine »unsichtbare Konstante« oder Identität gibt, die ein Land seinen Bewohnern verleiht, dann ist sie nur hier zu finden, in dieser Beziehung, in der Beschäftigung mit dem Land. Sie ist nicht ererbt, sondern verdient.

Während ich langsam zum Boot zurückging, stieg eine Wolke Küstenseeschwalben – in Shetland *tirricks* genannt – wie ein Rauchsignal vom Strand direkt vor mir auf. Einige der Vögel flogen nach Süden, stießen dann herab und schwebten über mir wie kleine Kruzifixe am Himmel. Alles an den Küstenseeschwalben ist scharf – Schnabel, Flügel, Schwanz –, sogar ihre Schreie sind gezackt. Und ihre winzigen Umrisse täuschen über eine Aggressivität hinweg, die den unachtsamen

Spaziergänger erschrecken kann. Wie die braunen oder die großen Raubmöwen greifen *tirricks* ohne Zögern jeden an, der ihre Nistplätze zu bedrohen scheint. Ihr Angriff zeigt keine Raffinesse. Sie kreisen im Schwarm am Himmel und stoßen dann einzeln herab, im Sturzflug schreiend. Nur ein zu allem entschlossener Störenfried lässt sich davon nicht abschrecken. Fast zu spät merkte ich, dass ich ganz vergessen hatte, warum ich auf der Insel war. Die Abfahrtszeit der Fähre näherte sich, aber ich zog die Karte aus meiner Tasche und suchte auf dem Papier den Breitengrad. Ich war nur etwa hundert Meter von der Linie entfernt, so schien es zumindest, und so rannte ich los. Doch als ich um die nächste Ecke bog, blieb ich stehen, denn genau dort, wo ich hinwollte, stand der Mann mit der roten Baseballkappe und starrte auf sein GPS. Offensichtlich suchte auch er nach dem Breitengrad. Der Mann ging ein paar Schritte zurück und schaute mit gesenktem Kopf wieder auf sein Spielzeug. Inzwischen war er nur noch etwa zehn Meter entfernt und merkte schnell, dass ich dastand und ihm zuschaute. Er drehte sich um, wie um mich zu fragen, was ich da tat. Ich zeigte ihm das beste Lächeln, das ich aufbringen konnte, was wahrscheinlich eher schwachsinnig als freundlich wirkte. Er lächelte nicht zurück. Ich wusste nicht so recht, was ich tun sollte. Ich hätte ihn ansprechen und ihm sagen können, dass wir beide dasselbe suchten, aber irgendwie vergingen die Sekunden, wir standen einfach weiter da, und jeder hoffte, dass der andere weggehen würde. Ich hatte kein besonderes Verlangen danach, mich zu erklären, und ihm, so schien es, ging es genauso. Es war ein verlegener Augenblick, und am Ende war ich es, der aufgab. Ich nickte, senkte den Kopf und ging zur Anlegestelle, wo das kleine Boot schon wartete.

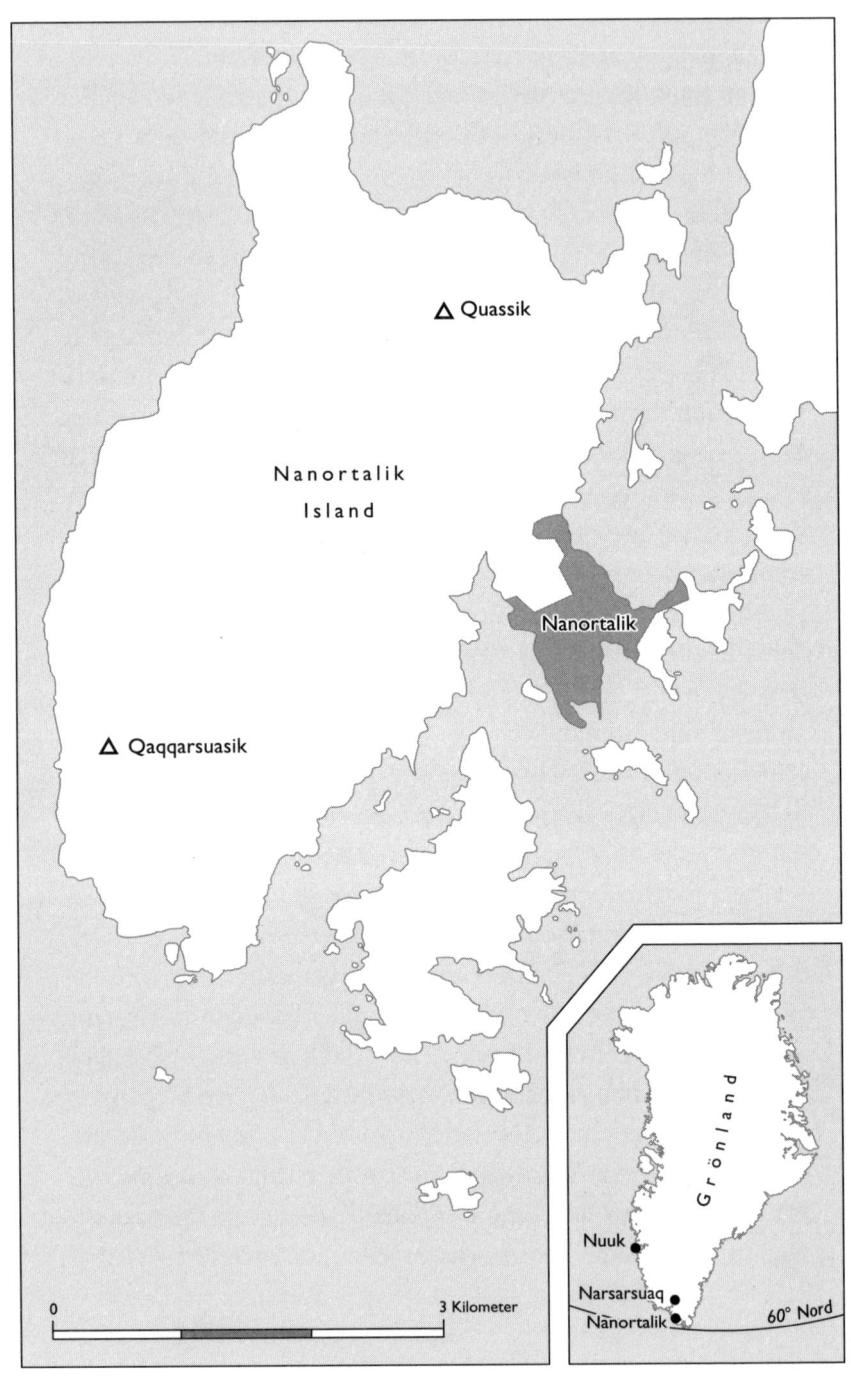

Quassik

Nanortalik
Island

Nanortalik

Qaqqarsuasik

0   3 Kilometer

Grönland

Nuuk

Narsarsuaq
Nanortalik

60° Nord

GRÖNLAND
am Rande

Um Grönland von Shetland aus zu erreichen, musste ich einen Umweg in die völlig falsche Richtung machen, durch Schottland und über Amsterdam nach Dänemark. In Kopenhagen nahm ich eine Maschine zurück über den Atlantik, der mich wieder fast direkt über Shetland führte und mich schließlich nach Narsarsuaq brachte, einen winzigen Flughafen, der zwischen Grönlands südwestlicher Küste und seiner Eiskappe klebt. Mein Zielort war Nanortalik, ein noch südlicher gelegenes Dorf, aber auf dem Weg dorthin ließ ich mir Zeit und genoss die Gelegenheit, eine Gegend zu erkunden, die ich nie wiederzusehen meinte.

Der öffentliche Verkehr in Grönland findet per Boot oder Hubschrauber statt – zwischen den Gemeinden gibt es keine Straßen –, im Frühling größtenteils Letzteres. Bei meinem letzten Flug, von Qaqortoq nach Nanortalik, hoben wir sanft vom Asphalt ab, donnerten dann hoch und über den Fjord, im Tiefflug über kahle Täler und Hügel, über Tundra, Seen, Felsen und Schnee. Unter uns erstreckte sich das Land als Patchwork aus Braun und Grün, gesprenkelt von Splittern aus Weiß, Blau und Grau. Und dann plötzlich das Meer.

In meinen Reisen entlang der Küste nach Süden hatte ich viel Eis gesehen. In Narsaq war ich über mit Eisbergen übersäte Strände gelaufen, die in der warmen Frühlingssonne tauten. Sie hatten tausend Formen: einige spitz, mit scharfen Fingern und Splittern; andere glatt, wie die Wölbungen von Muskeln und Fleisch bei einem Tier. Einige waren so groß wie Wohnwagen oder Pkw, andere konnte ich aufheben und in der Hand halten: winzige Fragmente, vergangen zu fast nichts. Ich war zwischen diesen Formen herumgeschlendert, hatte ihr stilles Schwinden beobachtet und dabei eine eigentümliche Trauer gespürt. Hier war eine schwierige Präsenz, fast lebendig und fast unwirklich, wie Stoff gewordener Schatten oder kristallines Erstaunen. Draußen auf dem Wasser waren die Eisberge größer, aber trotzdem irgendwie gefährdet. Im Sonnenschein wirkten sie so fehl am Platz, neben der Farbe der Stadt und unter der Schwärze der Berge. Leuchtend blau-weiß vor dem gläsernen Zittern des Wassers, das Eis wie Wolken, die in der Fantasie Form geworden waren. Zurückgelehnte Badende, Schiffe, Pilze, Wale und Kajakfahrer. Sie schienen gefangen in beständigem Ungleichgewicht zwischen zwei Welten.

Doch jetzt, durch das Fenster des Hubschraubers von Air Greenland, sah ich etwas völlig anderes. Unter uns erstreckte sich bis zum Horizont und darüber hinaus ein Teppich aus Meereis, ein dichtes Mosaik flacher weißer Platten wie verrücktes Pflaster auf dem dunklen Wasser. Ich fühlte mich wie eingetaucht. So weit der Blick reichte, lag das zerbrochene Eis dicht an dicht. Flächige Stücke, groß wie Tennisplätze und noch größer, drängten sich aneinander und dazwischen kleinere Fragmente in jeder denkbaren Form. Das war *storis*, Packeis aus dem arktischen Meer östlich von Grönland. Jeden Winter treibt ein breites Band davon auf dem Ostgrönlandstrom südwärts, umrundet in den ersten Monaten des Jahres Kap Farvel, bewegt sich dann langsam die südwestliche Küste entlang und löst sich dabei auf. Die ganze Szene war unfassbar. Das Auge hatte nichts, woran es sich festhalten konnte;

es fehlte jeglicher Maßstab. Hier und dort ragte ein Eisberg hervor, aber man konnte unmöglich sagen, wie groß er war. Als wir im Tiefflug über ein Frachtschiff knatterten, das sich durch den soliden Ozean rackerte, wirkte es viel zu klein, wie ein Spielzeug, verzwergt von der rissigen Fläche aus Weiß und Eisblau um es herum. Ich holte die Kamera aus meiner Tasche und hielt sie ans Fenster.

Dieses Foto hängt jetzt über meinem Schreibtisch. Eine Decke aus zerbrochenem Eis erstreckt sich bis zum Horizont, aufgebläht von einem blauschwarzen Fleck, der das klare Wasser dahinter reflektiert. Beim Schreiben kehre ich immer wieder zu dem Bild zurück, als würde ich etwas suchen, von dem ich weiß, dass es da ist, das ich aber nicht erkennen kann. In diesem Foto ist genau das enthalten, weswegen ich nach Grönland kam. Es ist ein Bild des Nordens: hell und spröde, furchteinflößend und ungemein schön. Wenn ich es jetzt anschaue, dehnt sich die Entfernung zwischen mir und diesem eisschweren Bild und wird zu einer unvorstellbaren Kluft. Ich habe versucht, eine Verbindung zu schmieden, eine Brücke dazwischen, aber das Bild bleibt schockierend, auch lange nachdem ich es dort aufgehängt habe.

Der Hubschrauber setzte auf einer holprigen Landepiste bei Nanortalik auf, der südlichsten von Grönlands größeren Siedlungen. Sie präsentiert sich in nordskandinavischer Uniform, die Holzhäuser rot, gelb, lila, grün, sogar pink, einige in blassen Pastelltönen, andere so leuchtend wie Kinderfarben. Das Dorf ist die Heimat von etwa 1300 Menschen, samt einiger Weiler, die an den umliegenden Fjorden verstreut liegen. Es liegt auf einer der vielen Inseln, die diese Küste sprenkeln, ist aber deswegen keineswegs isoliert. Die Herberge, die meine Unterkunft sein sollte, lag vom Heliport aus am anderen Ende des

Orts, jenseits der Häuser und der Hauptstraße, am alten Hafen mit seiner weißen Bretterkirche und den Holzhäuschen. Die meisten Gebäude in der Umgebung des Hafens wurden vom Stadtmuseum genutzt, aber ein kleiner roter Bungalow diente als Herberge, in der ich der einzige Gast war.

Ich warf meine Tasche ins Wohnzimmer, in dem sich zwei Stockbetten vor einem Gasfeuer drängten, und ging wieder nach draußen, um mich aufs Vordertreppchen zu setzen. Der Vormittag war klar und ein bisschen wärmer geworden, vom Meer her kam allerdings eine schneidende Brise. Die Bucht vor der Herberge war locker mit Eisschollen bedeckt, gerade noch frei genug, damit die Boote es in und aus dem Hafen schafften. Als ich so dasaß und schaute, spürte ich eine langsame Bewegung in allem, fast wahrnehmbar, und hin und wieder war ein dröhnendes Krachen zu hören, wenn ein Eisberg abbrach und ins Wasser fiel. Der Blick von der Tür aus ging nach Südwesten, aufs Meer hinaus, doch er umfasste auch die geduckte Masse des Qaqqarsuasik, des höchsten Punkts der Insel. Vom Treppchen aus sah ich Raben um die dunklen Hänge kreisen, nur Silhouetten, wenn sie über die Kuppe stiegen, dann wieder fast unsichtbar vor der Schwärze des Felses. Ihre Schreie, ihr Klicken und Plappern hallten durch die Bucht, durchstachen die Stille, wie sie im Flug die Luft durchstachen. Ein Schauer von Geräuschen – irres Glucksen und Unterwasserbellen – regnete auf mich herab, während ich dasaß, lauschte und schaute, bis der Hunger mich zum Gehen überredete.

Geformt wie eine Speerspitze, die vom Pol aus nach Süden geschleudert wurde, ist Grönland die größte Insel der Welt, sie reicht vom Kap Morris Jessup, 83 Grad nördlich des Äquators, bis zum Kap Farvel, knapp südlich des sechzigsten Breitengrads. Seit ihrem ersten ungewissen Auftauchen auf Landkarten war sie immer ein weißer Fleck, eine große Leere, in die Jahrhunderte europäischer Ängste, Mythen und Missverständnisse gegossen wurden. Das ist ein Land konzentrierter Nördlichkeit, in dem kindliche Vorstellungen von Eskimos und Eisbären, Eis und Einsamkeit zusammenkommen. Es ist ein paradoxer Ort, sowohl ungemein fremd wie tief vertraut. Geografisch und kulturell ist es ein Treffpunkt zwischen Europa und der amerikanischen Arktis, wo Nord und Süd ungelenk zusammenkommen. Hier spielen sich die Spannungen und die Konflikte dieser beiden Welten ab, Tag um Tag.

Aber diese Situation ist alles andere als neu, denn vor mehr als tausend Jahren trafen Europäer und Amerikaner hier zum ersten Mal aufeinander, und hier wurden zwei Visionen des Arktischen und zwei sehr unterschiedliche Auffassungen von Örtlichkeit geprüft und ziemlich heftig ausprobiert. Die vertraute Geschichte Grönlands ist die europäische: das westliche Vorrücken der Nordmänner am Ende des ersten Jahrtausends nach Christus. Mit ihrem sich ausbreitenden Imperium, von Shetland und Orkney südlich nach Britannien, Irland und noch weiter, und von den Färöern aus nördlich nach Island, waren die Wikinger scheinbar nicht zu stoppen. Sie gediehen in diesen nördlichen Ländern – Länder, von denen man zuvor glaubte, sie lägen jenseits des bewohnbaren Rands der Welt –, und es sollte nicht lange dauern, bis sie sich noch weiter wagten, zu Orten, die noch kein Europäer je betreten hatte.

Aber in gewisser Weise ist diese Geschichte anders als andere koloniale Geschichten. Zum einen ist da die ziemlich eigentümliche Tatsache, dass die Kolonisten vor den Kolonisierten ankamen; die Wikinger erreichten die Insel vor der Ankunft der Inuit. Als Erik der Rote 982 in Grönland ankam, irgendwo nicht weit vom heutigen Nanortalik, war die Insel von einem ganz anderen Volk bewohnt, den Dorset – Teil einer breiteren, die Tuniit genannten Kultur, die inzwischen ausgestorben ist –, aber deren kleine Population beschränkte sich auf die entfernte nordwestliche Küste. Dies wäre für Erik, hätte er es gewusst, wohl eine Überraschung gewesen, denn obwohl der Isländer bei seiner Erkundung der westlichen Fjorde niemanden antraf, fand er doch Hinweise auf Menschen. Es war klar, dass er nicht der erste Mensch war, der diesen Ort erreicht hatte. Alte Siedlungen waren noch sichtbar, die Überreste von Feuerstellen und Häusern unübersehbar. Aber mehr als tausend Jahre lang war an dieser Küste kein Feuer mehr angezündet worden. Die Stämme, die hier gewesen waren – die Saqqaq, von 2400 v. Chr. an, und die frühen Dorset, von 900 v. Chr. an – waren schon längst ausgestorben oder hatten sich nordwärts zurückgezogen.

Indem er dieses Land Grönland, »Grünland«, nannte – denn er meinte, dass die Leute eher versucht wären, dorthin zu gehen, wenn es einen ansprechenden Namen hätte, wie es in der *Grœnlendinga Saga* heißt –, schaffte Erik der Rote es, so viele seiner isländischen Landsleute zu überreden, ihm in das neue Land zu folgen, dass zwei größere Siedlungen gegründet werden konnten. Die größere der beiden, als Östliche Siedlung bekannt, lag an der südwestlichen Küste; die andere war weiter nördlich, wo jetzt Nuuk, Grönlands Hauptstadt, liegt.

Ursprünglich lebten die Nordmänner ziemlich genau so, wie sie in Island und anderswo gelebt hatten, als Bauern. Ihre Möglichkeiten waren etwas beschränkt, weil es nicht genug brauchbaren Boden für Ackerwirtschaft gab, aber das Klima war gut, und die Kolonie hatte Erfolg, mit genug Ziegen, Schafen und Rindern, die auf den wohlhabendsten Höfen im Süden gezüchtet wurden. Die Nordmänner jagten auch und nutzten die reichlich vorhandenen Robben zur Ergänzung ihres Speiseplans. Schon bald entwickelte sich ein Handel mit nördlichen Waren – Walross-Elfenbein, Pelze, Eisbären und die Stoßzähne von Narwalen oder »Einhörnern« – zwischen Grönland und Bergen in Norwegen. Es war ein ertragreicher Handel. Elfenbein und Pelze waren im Süden Luxusgüter, und die Stoßzähne von Narwalen konnten mehr als ihr Gewicht in Gold einbringen. König Christian V. von Dänemark ließ später einen kompletten Thron aus diesen Zähnen anfertigen, und Königin Elizabeth I. hätte für den Preis, den sie für einen einzelnen verzierten Stoßzahn bezahlte, ein ganzes neues Schloss errichten können. Doch die Nordmänner sahen vermutlich nur sehr wenig von diesem Geld; Münzen hätten ihnen in Grönland auch nicht viel geholfen. Sie tauschten ihre arktischen Schätze gegen Eisen, Holz und andere notwendige Materialien. Und nicht weniger wichtig: Dieser Markt erlaubte es ihnen, den Kontakt zwischen der Kolonie und Europa aufrechtzuerhalten, ein Teil der skandinavischen, christlichen Welt zu bleiben. Sie hatten weder das Wissen noch den Wunsch, ohne diese Beziehung zu überleben.

Im Verlauf der weiteren Erkundung der Region kamen die Siedler auch in Kontakt mit anderen Völkern, die sie *skrælingar,* Halunken, nannten. Trotz dieses allumfassenden Worts waren es mindestens drei unterschiedliche Gruppen, die mit den Nordmännern zusammentrafen. Die erste waren die Tuniit, auf die die Wikinger bei Jagdausflügen in den Norden gestoßen sein dürften. Die zweite waren die Algonquin, die an der Ostküste Nordamerikas lebten und deren gewaltsamer Widerstand, wahrscheinlich mehr als jeder andere Faktor, der westlichen Expansion der Wikinger ein Ende setzte. Die letzte Gruppe, denen die Nordmänner begegneten, waren die Thule, die Vorfahren der heutigen Inuit, die zwischen 1200 und 1300 n. Chr. in Grönland ankamen, als die Kolonien am stärksten waren. Die Thule, eine sehr anpassungsfähige und erfolgreiche marine Kultur, tauchten zuerst in der Bering-Region des heutigen Alaskas auf. Zusätzlich zum Jagen und Fischen hatten sie außerdem gelernt, Hundeschlitten zu benutzen und Boote und Kajaks zu bauen, von denen aus sie Wale mit eisernen Harpunen jagten. Während der mittelalterlichen Warmzeit, als die Nordmänner westwärts über den Nordatlantik drängten, wagten die Thule einen ähnlichen Vorstoß ostwärts durch die Arktis. Sie wussten, wie man in dieser Umgebung überlebt, sie waren in der Landschaft zutiefst verwurzelt. Aber auch sie waren Händler, und der Nachschub an Eisen für die Herstellung ihrer Werkzeuge war wesentlich für ihren Erfolg. In Alaska war dieses Eisen am wahrscheinlichsten durch einen Austausch mit Völkern in Ostasien zu erreichen, aber auch im Osten gab es reiche Eisenquellen, bei Einschlagstellen von Meteoren im nördlichen Grönland und in den Händen der nordischen Siedler.

Jüngste archäologische Funde deuten darauf hin, dass die Wanderung der Thule durch die Arktis nicht nur von nomadischer Neugier verursacht sein könnte oder als Teil einer natürlichen Expansion ihrer Heimat, sondern weil sie vom Vorhandensein von Eisen – und den Nordmännern selbst – erfahren hatten. Tatsächlich waren die Inuit vermutlich alles anders als eine insulare und isolierte Gesellschaft, wie sie lange dargestellt wurden, es könnte sein, dass ihre Entwicklung als Kultur wesentlich mitbestimmt wurde durch ihren Kontakt mit anderen Völkern, sowohl aus dem Westen wie aus dem Osten.

Als die Nordmänner schließlich den Thule begegneten, im dreizehnten oder vierzehnten Jahrhundert, fanden die beiden Kulturen zu einem prekären Gleichgewicht. Höchstwahrscheinlich vertrauten sie sich gegenseitig nicht – aus verständlichen Gründen. In ihrer ganzen Zeit in Grönland erwiesen sich die Wikinger als extrem ungeschickt in der Beziehungspflege. Ihre primäre Herangehensweise bei der Begegnung mit fremden Völkern war die Gewalt, und zweifellos schwelten auch in ihren Geschäftsbeziehungen mit diesen neuen Nachbarn Spannungen. Doch letztendlich war es nicht Feindseligkeit oder Misstrauen, was das Gleichgewicht zwischen diesen Völkern störte. Es war etwas viel Banaleres, und mit unerwartet dramatischen Konsequenzen. Es war das Wetter.

In den Jahrhunderten der Wikinger-Expeditionen und der nordischen Siedlungen genoss der Norden ein mildes Klima und freundliche Sommer. Die Temperaturen erreichten ihren Höchststand etwa zu der Zeit, als Erik in Grönland ankam, einer Zeit, als, so *Njals Saga,* auf isländischen Höfen Weizen wuchs. Aber diese Fruchtbarkeit sollte nicht ewig währen. Ab dem späten vierzehnten Jahrhundert gab es in Europa und der Arktis eine signifikante Abkühlung des Klimas. Die Winter wurden länger und härter, die Sommer weniger berechenbar. Es war ein Trend, der sich fortsetzen sollte. In Grönland wurde der Ackerbau sofort viel schwieriger. Es kam zu Missernten, was bedeutete, dass weniger Tiere gehalten werden konnten, und bald sahen sich die Nordmänner in Schwierigkeiten. Es kann sein, dass die Robbenjagd verstärkt wurde, um die Verluste von Fleisch aus der Tierhaltung auszugleichen, aber es scheint, dass die Bauern sich nur langsam anpassten. Sie hielten an ihrer Lebensweise fest, auch als die allmählich unmöglich wurde, so als könnte die Vertrautheit selbst ihnen eine Art Schutz gewähren.

Es gab andere Folgen dieses kühleren Wetters. Das Meereis wuchs an, so dass Handelsschiffe aus Norwegen ihren Verkehr, der bereits nach dem Ausbruch des Schwarzen Tods und dem Aufstieg der Hanse stark eingeschränkt war, komplett einstellten. Das war ein schwerer Schlag, sowohl materiell wie psychologisch. Die Nordmänner sahen sich unvermittelt von Europa isoliert, und alle Handelsbeziehungen mit den Thule wurden plötzlich notwendigerweise eingestellt. Das kam mit Sicherheit nicht gut an. Ein solider Eisennachschub war wichtig für die Jäger wie für die Bauern, und es ist wahrscheinlich, dass sie es sich, da es durch Handel nicht mehr zu beschaffen war, mit Gewalt nahmen.

Im Lauf der Jahre sind viele Theorien entstanden, die zu erklären versuchen, warum die nordischen Kolonien in Grönland letztendlich scheiterten. Seuchen, Inzucht, Piratenangriffe. Jared Diamond argumentierte, dass die Übernutzung des Landes und das Tabu des Fischverzehrs die entscheidenden Faktoren gewesen sein könnten. Doch vielleicht ist für diesen speziellen Sarg kein letzter Nagel nötig, denn die Fakten selbst reichen für eine Erklärung. Das Klima änderte sich; der Ackerbau wurde immer schwieriger und an gewissen Orten unmöglich; der Handel mit Norwegen und den Thule wurde eingestellt; die Beziehungen zwischen den Gruppen verschlechterten sich, und es kam zu Konflikten wegen der knappen Ressourcen. Die Drohung einer Hungersnot musste über den Kolonien gehangen haben wie ein Damoklesschwert. Einige haben vielleicht versucht, ostwärts nach Island zu fliehen, andere möglicherweise westwärts. Diejenigen, die blieben, starben. 1350 fand man die Westliche Siedlung menschenleer, die wenigen verbliebenen Tiere streiften frei herum. Vor dem Ende des fünfzehnten Jahrhunderts waren alle Nordmänner verschwunden. Während die

Inuit weiter wuchsen und gediehen und ihre Reichweite auf den amerikanischen Norden ausdehnten, waren die Europäer völlig ausgelöscht worden. Für die stolzen, zähen Skandinavier war das furchtbar. Die kriechende Kälte, die erstickende Angst, das unvermeidliche Ende: Es war ein langsamer arktischer Albtraum, der sich in kommenden Jahren vielfach wiederholen sollte. Ein Jahrhundert lang, vielleicht sogar weniger, hatten die Inuit die amerikanische Arktis für sich. Doch die europäische Erkundung sollte bald ernsthaft neu beginnen, und nur wenig später waren die Skandinavier zurück in Grönland, um nun zu bleiben.

Am Morgen nach meiner Ankunft saß ich am Küchentisch und trank Kaffee, als vor dem Fenster ein Gesicht auftauchte, die Hände seitlich um die Augen gewölbt. Der Besucher sah mich anfangs nicht, deshalb winkte ich direkt vor seinem Gesicht. David Kristoffersen grinste. »Hallo, Maleeky!«, rief er, ging dann zur Vordertür und öffnete sie selbst. »Trautes Heim«, lachte David und schaute sich in dem winzigen Zimmer um. Ich machte frischen Kaffee, und dann saßen wir zusammen am Tisch und schauten hinaus auf das Eis in der Bucht.

David ist der Kurator des Museums von Nanortalik. Ein kleiner Mann, zappelig und immer grinsend, mit einer Baseballkappe, die auf seinem Kopf festgewachsen scheint. Tags zuvor hatte er mich sofort als den einzigen Touristen in der Stadt erkannt und sich mit folgenden Worten vorgestellt: »Kristoffersen. Wie der amerikanische Sänger.«

Obwohl Davids Englisch mit Sicherheit besser ist als mein Dänisch, machte ich bei unserer ersten Begegnung den Fehler, zu erwähnen, dass ich als Student sechs Monate in Kopenhagen gelebt, aber das meiste, was ich in der Sprache gelernt hatte, wieder vergessen hatte. Es ist eine Erklärung, die ich so oft auf Dänisch geübt habe, dass meine Unfähigkeit offenbar niemanden überzeugt. Immer wenn ich sie auf Grönland benutzte, wurde sofort aufs Englische verzichtet, als würde nur falsche Bescheidenheit mich von der Kommunikation abhalten. Und so fing David an zu reden. Anfangs zögerlich – die gequälten, verwirrten Blicke auf meinem Gesicht bremsten ihn hin und wieder etwas –, doch mit wachsendem Tempo und Enthusiasmus. Auch wenn ich kaum etwas verstand, half mir die Tatsache, dass er der ausschweifendste Redner ist, den ich je kennengelernt habe. Manchmal stand er mitten im Satz auf, als könnte, was er sagen wollte, im Sitzen nicht richtig ausgedrückt werden. Die Hände vor sich ausgestreckt, deutete er auf seine Brust und schleuderte dann mit seinen Armen die Worte von sich. Ihm zuzusehen, war anstrengend, aber es half. Ein wenig.

David erzählte, dass seine Urgroßeltern aus dem abgelegenen südöstlichen Grönland nach Nanortalik gekommen waren, um ihre Kinder taufen zu lassen. Sie kannten die Religion von böhmischen Missionaren und hatten beschlossen zu konvertieren. »Deshalb heiße ich David Samuel Joseph«, sagte er. »Wir müssen christliche Namen haben, keine grönländischen.« Im neunzehnten Jahrhundert zogen viele Leute von der Ostküste und der Region um Kap Farvel in Siedlungen um Nanortalik. Zuvor hatten sie nur gelegentlich Handelsstationen in der Nachbarschaft besucht, doch schließlich ließen sie sich dauerhaft nieder. Am Beginn des zwanzigsten Jahrhunderts war der Südosten Grönlands völlig entvölkert.

Während einer längeren Pause in unserer Unterhaltung

schaute David auf die Karte, die ich auf dem Tisch ausgebreitet hatte. Anfangs schien er seine eigene Stadt gar nicht zu erkennen, mit leicht unsicherem Blick drehte er den Bogen in die eine und die andere Richtung, doch bald darauf nickte er, als die Umrisse und Namen einen Sinn für ihn ergaben. Er drückte den Zeigefinger aufs Papier, fing an, die grönländischen Ortsnamen laut auszusprechen, und ermutigte mich, sie zu wiederholen. Ich gab mir größte Mühe, aber er war ein strenger Lehrer, und jeder Fehler wurde korrigiert. Die Töne waren nicht einfach. Im Grönländischen gibt es einen merkwürdigen fast lispelnden Laut – erzeugt, glaube ich, indem man die Luft seitlich um die Zunge herum ausstößt und nicht oben drüber. Die glottalen q sind ebenfalls heikel, sie werden fast verschluckt, wie hinuntergeschlungen. Für einen englischen Sprecher sind sie nicht einfach zu produzieren, aber David bestand darauf, deshalb machten wir weiter. Er versuchte auch, die Bedeutung von einigen der Namen zu erklären, wobei er sie zuerst laut aussprach und dann die Definition lieferte, soweit er das konnte. »*Nanor:* Eisbär, *talik:* der Ort, wo er ist.« Ein zum Teil auf Grönländisch beschriebener Begriff wurde begleitet von einer körperlichen Demonstration, die nichts anderes bedeuten konnte als akuten Durchfall. Meine verwirrte Reaktion verleitete ihn zum Weitermachen, er wurde immer drastischer, bis ich mir beim besten Willen nicht mehr vorstellen konnte, was er sonst noch meinen könnte. Als ich lachte, lachte er ebenfalls und hob den Daumen, um mir zu bedeuten, dass ich richtig verstanden hatte.

Später an diesem Vormittag schlenderte ich durch die staubigen Straßen des Dorfes, zwischen Häusern und Wohnblocks, die vom Wasser abgewandt stehen. Die meisten dieser Häuser sind klein, mit vielleicht nur einem Schlafzimmer. Es sind rechteckige Schachteln, leicht erhöht stehend, mit steilen Dächern und Metallkaminen. Es gibt wenig, was eins vom anderen unterscheidet, höchstens die Fassadenfarbe und die unterschiedliche Reparaturbedürftigkeit. Autos gibt es nur wenige in Nanortalik – jenseits der Stadtgrenzen kann man nirgendwohin fahren –, und die Leute gingen zu Fuß, allein oder in Paaren. Abgesehen von den Supermärkten, die einander gegenüber an der Hauptstraße lagen, wirkte der Ort sehr ruhig. Kein Industrielärm, kein Verkehr. Später am Tag, als die Schule aus war, tauchten Kinder auf, die am Strand oder zwischen den Gebäuden spielten, ihre Spielzeuge oder Fahrräder aufklaubten und dann liegen ließen, wohin der Nachmittag sie gerade führte.

Reisende beklagen oft die Unordentlichkeit grönländischer Städte; sie werden als verwahrlost oder chaotisch beschrieben. Aber die Wurzel dieses Eindrucks ist nicht einfach der menschliche Unrat, es ist das nichtmenschliche Chaos, das hier zu finden ist. Es ist das wilde Land, das gegen die Gebäude brandet. Nackter Fels wird nicht bedeckt, wie man es in einer europäischen Stadt tun würde; Hügel und Hänge werden nicht geglättet oder eingeebnet. Es gibt nur wenige Gärten, und diese sind so gut wie nie abgetrennt oder eingezäunt. Leute gehen zwischen den Gebäuden hin und her und schaffen mit der Regelmäßigkeit ihrer Schritte staubige Pfade. Woanders wären diese Zwischenräume Eigentum des einen oder des anderen, aber in Grönland gibt es keinen privaten Landbesitz. Alles Land gehört kollektiv dem Staat und damit allen Menschen. Öffentlicher Raum, wilder Raum, beides ist sowohl dort draußen wie hier im Dorf. Die Wildnis ist Teil der Gemeinde; sie herrscht zwischen den Häusern, aber die Gemeinde herrscht auch in der Wildnis. In der industrialisierten Welt stellen wir uns eine

Trennung zwischen Natur und Kultur vor, zwischen Land und Stadt, zwischen Wildem und Gezähmtem. Vielleicht gestatten wir, dass ein Park die Trennlinie ein wenig verschmiert, oder erlauben es einem Fluss, wild durch eine Stadt zu fließen, aber wir sehen weiter diese Trennung und den Zaun dazwischen. Hier wurde die Linie, die Natur und Kultur trennt, völlig ausradiert. Die Wildnis streift frei durch die Straßen.

Doch der wesentliche Unterschied zwischen den beiden Auffassungen hat nichts mit Städten und Straßen zu tun, sondern mit Feldern und Furchen. Denn unsere Gesellschaft ist im Wesentlichen eine bäuerliche, und das seit Tausenden von Jahren. Die Inuit dagegen haben eine Jägergesellschaft. Landbesitz und Landunterteilung sind grundlegend für die Landwirtschaft. Unser Grund wird beansprucht, abgegrenzt und benutzt; er wird verändert und beherrscht. Wir drücken uns ihm auf, und wir verändern ihn, so wie es uns passt. Für eine Jägerkultur ergibt der Besitz von Land einfach keinen Sinn. Das Land ist Teil des Raums, den sie bewohnen, wie Luft, Wasser und Eis; sein Besitz, im privaten Sinne, ist ohne jede Bedeutung. Ein Jäger mag Nutzungsrechte in einer bestimmten Gegend haben, aber er besitzt das Land nicht mehr, als er die Tiere besitzt, die darauf leben.

Die Beziehung ist besser beschrieben als eine des Gehörens. Der grönländische Politiker Aqqaluk Lynge hat erklärt, dass »wir dort zusammen leben, deshalb gehört das Land uns allen«. Doch das ist ein beidseitiges Gehören: Das Land gehört uns, und wir gehören ihm. Und darin liegt, so glaube ich, der wesentliche Unterschied zwischen der Sicht des Bauern und der Sicht des Jägers. Der Jäger sieht sich als Teil der natürlichen Ordnung; er passt sich seiner Landschaft an, und er akzeptiert seine Stellung in dieser Landschaft. Sein Ziel ist es, in Barry

Lopez' Worten »Übereinstellung herzustellen mit einer Wirklichkeit, die bereits gegeben ist«. Wir in unserer Kultur hingegen »schätzen mehr die Formbarkeit des Landes, seine Veränderbarkeit«. Der Bauer passt sich meistens nicht seiner Landschaft an, er passt die Landschaft seinen eigenen Bedürfnissen an. Die Natur wird gezähmt, eingezäunt und verändert. Das ist die Haltung des Kolonisten. Das ist die Haltung, mit der die Nordmänner vor tausend Jahren ankamen, und es ist die Haltung, mit der sie fünfhundert Jahre später starben. Die Inuit waren in Grönland schon immer zu Hause, auf eine Art, wie die Europäer es nie so recht gelernt hatten. Sie gestalteten ihre Lebensweise um die Herausforderungen und Chancen herum, die das Land ihnen bot. Sie verheirateten sich mit dem Ort.

Der Konflikt zwischen der Haltung der Inuit zum Land und der der Europäer ist lehrreich, und er hat bedeutsame Konsequenzen in Bezug auf Landrechte und vor allem auf Mineralrechte, die Grönland gegenwärtig mit Dänemark teilt. Es gibt eine wachsende Zahl ausländischer Firmen, die sehr begierig darauf sind, Dinge aus dem grönländischen Boden zu holen, und die soziale und wirtschaftliche Zukunft des Landes kann durchaus davon abhängen, für welches Vorgehen in dieser Situation es sich entscheidet. Der Handel mit nördlichen Schätzen, der anfing mit den Pelzen und Narwal-Stoßzähnen der Wikinger, ist jetzt wichtiger denn je. Doch heute kommen diese Schätze aus der Erde; Graphit, seltene Erden und Gold werden bereits abgebaut, und auf das Land wird Druck ausgeübt, damit es das Verbot der Urangewinnung lockert. Auch die Ölindustrie steht vor der Tür.

Manche sehen dies als ideale Lösung für Grönlands ökonomische Unsicherheit; sie bietet ein garantiertes Einkommen und zusätzlich noch neue Arbeitsplätze. Sheila Watt-Cloutier, eine frühere kanadische Präsidentin der Inuit Circumpolar Conference, hat die Ausbeutung von Bodenschätzen »den bequemen Weg« genannt. Sie warnte, dass »sie gegenläufig sein könnte zu allem, was wir in unserer Kultur zu bewahren versuchen. Wir müssen einen Schritt zurücktreten und uns fragen, was für eine Art von Gesellschaft wir hier zu erschaffen hoffen. Verlieren wir das Bewusstsein dafür, wie geheiligt das Land ist, und unsere Verbindung dazu? … Wollen wir die weise Kultur verlieren, auf die wir seit Generationen vertrauen?«

Die Landnutzung ist bei Weitem nicht die einzige Arena, in der fundamentale kulturelle Unterschiede hier in Grönland ausgefochten werden. Als ich am Hafen entlangschlenderte, saßen alte Männer vor der kleinen Hütte, die als Fleisch- und Fischmarkt diente, sie rauchten, lachten und redeten. Einige hatten ihre Spazierstöcke vor sich, die Hände auf den Griffen, und sahen gelassen zu, wie der Nachmittag verging. Andere saßen zueinander gebeugt und erzählten sich flüsternd ihre Geschichten. In Qaqortoq hatte ich das auch schon gesehen, ein Zusammenkommen von Leuten dicht am Wasser, als wäre dieser Ort, wohin Robben und Fisch gebracht wurden, um zerteilt und verkauft zu werden, das soziale Zentrum der Stadt. Ich stellte mir vor, dass die Männer früher selbst einmal Jäger gewesen waren, jetzt aber nicht mehr tun konnten, als hierherzukommen und zuzusehen, wie die Beute des Tages eingebracht wurde. Aber die Geschichten, die sie erzählten, verbanden sie mit denjenigen, die heute die Messer schwangen. Diese Geschichten und die Erinnerungen, die sie enthielten, verbanden sie auch mit ihren Vätern und Großvätern, deren eigene Messer in Fleisch geschnitten hatten, ins Fleisch der Robben, die man vom Eis geholt hatte. Diese Männer waren

Zeugen eines stummen Vermächtnisses, eines dunklen Auf-
blitzens von Klinge und Blut.

Jagen in Grönland ist ebenso eine Frage der Identität wie
eine der Kultur. Es ist auch Gegenstand ernsthafter Kontrover-
sen. Vor allem die Tötung von Meeressäugern – Robben und
Walen – zieht seit Jahrzehnten Kritik von außen auf sich. Nach
dem globalen Aufschrei gegen das Abschlachten von Robben-
babys in Kanada in den Siebzigern brach die grönländische
Pelzindustrie zusammen. Der Lebensunterhalt der Jäger des
Landes war ernsthaft bedroht, und so griff Grönlands auto-
nome Selbstverwaltung ein und bot eine Lösung an. Sie ver-
staatlichte die Pelzverarbeitungsfirma Great Greenland und
fing an, den Jägern für jedes Fell einen garantierten Preis an-
zubieten. Es war eine kühne Entscheidung, die letztendlich
nichts mit Wirtschaftlichkeit und alles mit Tradition zu tun
hatte. Heute ist die Jagd vom finanziellen Gesichtspunkt her
keine einträgliche Berufswahl, aber eine Möglichkeit ist sie
immer noch.

Unter vielen Grönländern herrscht der Glaube, dass ihre
traditionelle Lebensweise – eine Lebensweise, die ihr Iden-
titätsgefühl ganz wesentlich untermauert – ständig bedroht
wird von den ignoranten Ansichten von Leuten außerhalb
des Landes. Man unterstellt eine Art moralischen Imperialis-
mus – dass einem Volk fremde Werte aufgezwungen werden
sollen, für das diese Werte absolut keinen Sinn ergeben. Per-
sönlichkeiten wie Finn Lynge, ein Politiker, der 1985 Grönlands taktischen Austritt aus der Europäischen Gemeinschaft
verhandelte, haben hart daran gearbeitet, die Welt zu überzeugen, dass die traditionelle Inuit-Kultur völlig vereinbar ist
mit Umweltverträglichkeit. Andere haben argumentiert, dass
der zunehmende europäische und amerikanische Fokus auf

»Tierrechte« keine Folge von erhöhter Empathie und einem grundlegenderen Verständnis für die natürliche Welt ist, sondern das genaue Gegenteil. Der kanadische Aktivist Alan Hersovici hat geschrieben, dass »die Tierrechts-Philosophie die Kluft zwischen Mensch und Natur eher vergrößert als heilt ... [Sie] könnte eher ein Symptom unserer Krankheit als ein Heilmittel sein.«

Lynge würde dem zustimmen. Für ihn demonstriert die Konzentration auf die Rechte einzelner Tiere eher ein Scheitern, was das Verständnis der Natur oder die Erkenntnis unserer Stellung darin angeht. Was die Inuit in den europäischen und amerikanischen Haltungen zur Arktis sehen, ist die klaffende Distanz zwischen unseren Menschen und unserer Umwelt. Sie sehen eine heuchlerische Kultur, die sich zwar über den Tod von einzelnen Tieren irgendwo auf der Welt aufregt, jedoch industrielle Tierhaltung, »Schädlingsbekämpfung« gigantischen Ausmaßes, weitverbreitete Umweltverschmutzung und die verheerende Vernichtung natürlicher Lebensräume betreibt. Als Individuen distanzieren wir uns bewusst vom Töten, wir verschließen die Augen davor, und doch ist unsere Kultur im Allgemeinen »charakterisiert durch ihre Neigung zu Grausamkeit und Tod«, wie Lynge sagt. Und unsere Abneigung gegen die Jagd ist eine sehr junge Entwicklung.

Als Teenager kannte ich Männer, die Walfänger gewesen waren. Shetland hatte immer eine starke Verbindung zu dieser Industrie. Wie Herman Melville in *Moby Dick* schrieb: »Die grönländischen Walfänger, die von Hull oder London lossegeln, legen auf den Shetland-Inseln an, um ihre Besatzung zu vervollständigen. Auf der Heimfahrt setzen sie die Männer dort wieder ab. Warum das so ist, kann man nicht sagen, aber Isländer scheinen die besten Walfänger zu sein.«

Vom siebzehnten bis zum neunzehnten Jahrhundert segelten Tausende Shetlander Männer westwärts nach Grönland und ließen Frauen und Kinder zurück, damit sie sich um die Felder auf den Inseln kümmerten. Monate später kehrten sie mit mehr Geld zurück, als sie zu Hause je hätten verdienen können. Doch im zwanzigsten Jahrhundert hatte sich die Industrie in den Südatlantik verlagert, die Insel Südgeorgien wurde zu ihrer Basis. Wieder reisten Shetlander über den ganzen Ozean, um zu arbeiten, um Wale zu töten. Ich hörte mir die Geschichten an, die diese Männer erzählten – Männer, die nicht viel älter waren als mein Vater –, und ich konnte kaum glauben, dass sie ein solches Leben hatten führen können, dass diese Dinge erst kürzlich passiert sein konnten. Es schien unwahrscheinlich, wie eine andere Welt, so schnell haben wir uns vom Walfang distanziert.

Es ist leicht zu verstehen, warum die Inuit in der europäischen Haltung zum Walfang Heuchelei sehen. Großbritannien und andere führten jahrhundertelang einen intensiven industriellen Krieg gegen die Wale, der erst in den Sechzigern endete, als diese Industrie unprofitabel wurde. Und heute sind die Schadstoffe, die wir in die Luft und ins Meer pumpen, eine viel größere Bedrohung für die arktische Tierwelt als die Jäger, die dort leben. Deshalb erscheint die moralische Überlegenheit, mit der wir über die Übel des Tötens von Meeressäugern dozieren, zumindest ein bisschen wackelig. Denn wenn diese Tiere heute gefährdet sind – und einige Arten sind es mit Sicherheit –, liegt die Schuld nicht bei den Inuit, sondern vor unserer eigenen Haustür.

Es wäre allerdings ein Fehler, die Bedenken gegen die Jagd völlig abzutun. Die Tierwelt in der Arktis ist gefährdet, und das unnötige Töten von Säugetieren und Vögeln in Grönland ist gut dokumentiert, sowohl historisch wie in der Gegenwart. Einige behaupten, dass heute Jagdvorschriften routinemäßig missachtet und selten durchgesetzt werden und die Populationen einiger Vogelarten, wie die Dickschnabellumme und die Eiderente, deutlich unterhalb des umweltverträglichen Niveaus liegen. Lynge und anderen wurde vorgeworfen, sie würden die Wahrheit verdrehen und den »Mythos der nachhaltigen Inuit« verbreiten.

Allerdings ist allgemein anerkannt, sogar unter Gruppen wie Greenpeace, die in den Siebzigern die Anti-Robbenjagd-Kampagnen anführten, dass die grönländische Robbenjagd die Bestände nicht gefährdet. Die Anzahl der vier Hauptarten – Ringel-, Bart-, Sattel- und Mützenrobbe – ist stabil oder ansteigend, und es ist kaum zu erwarten, dass ein verstärkter Pelzbedarf dieses Gleichgewicht bedroht. Als ich jeden Nachmittag die Jäger auf dem Markt ankommen sah und beobachten durfte, wie sorgfältig sie das Fleisch zerschnitten und verteilten, war ich froh, dass es so war, dass es weitergehen konnte.

Eines Abends fragte mich ein junges grönländisches Paar, das mich zu sich zum Essen eingeladen hatte, ob wir in Shetland Robben hätten. Als ich antwortete, wir hätten viele, aber die Insulaner hätten sie nie wirklich gegessen, schienen sie verwirrt.

»Warum esst ihr sie nicht?«, fragte die Frau.

Darauf hatte ich keine gute Antwort. Ich dachte mir, dass in der Vergangenheit vielleicht ein Überangebot an Fisch Robbenfleisch überflüssig gemacht hatte, aber das erschien mir nicht sehr plausibel. Ich fragte mich auch, ob nicht vielleicht Aberglaube eine Rolle gespielt hatte. Geschichten von Selkie-Wesen – Robbenmenschen – waren in Shetland ebenso weit verbreitet wie in Nordschottland, und vielleicht war diese Vorstellung, dass die Robben irgendwie zu menschlich waren, um gegessen zu werden, dass sie Seelen haben könnten, das eigentliche Problem. Ich war mir damals nicht sicher und bin es noch immer nicht. Die junge Frau schien mit meiner Antwort nicht zufrieden zu sein, und das überraschte mich nicht. Die Vorstellung, dass eine Robbe eine Seele haben könnte, war für sie kein guter Grund, sie nicht zu essen.

Ein Schamane erklärte dem Entdecker und Anthropologen Knud Rasmussen einmal, dass »die größte Gefahr in der Tatsache liegt, dass alles, was wir niederstrecken und zerstören, um es zu töten und zu essen ... eine Seele hat, wie wir eine haben, eine Seele, die nicht mit dem Leib untergeht und deshalb besänftigt werden muss, damit sie sich nicht rächt«. Für die traditionellen Inuit sind Seelen keine exklusive Eigenschaft menschlicher Wesen, sie sind weit verbreitet und nehmen viele Gestalten an. Besänftigung wird erreicht, indem man gewisse kulturelle Traditionen befolgt und dem Tier, das man tötet, immer Respekt erweist. Es ist sowohl Sühne wie Danksagung. In unserer eigenen Kultur wurde das Fleisch für die meisten Konsumenten zunehmend geschieden von dem Tod, der den Verzehr möglich macht, und dem Leben, das dieses Fleisch einmal in sich trug. Deswegen gibt es eine Art von Dankbarkeit und Demut, die zu empfinden wir nicht mehr beherrschen, und Worte und Gesten des Danksagens, die wir verlernt haben.

Fette graue Wolken drängten schwer an die Berge, wurden zerstochen und zerdrückt zwischen den Gipfeln, rollten, bliesen und blähten sich auf, von Schiefergrau zu Schwarz, drehten sich im Wind. Dort an den Hängen war Regen. Er hatte die

Stadt noch nicht erreicht, aber er stand bevor. Ich steckte in meiner Hütte fest. Die Grippe hatte mich an meinem zweiten Tag in Nanortalik erwischt und war immer schlimmer geworden, bis ich mich nicht mehr in der Lage fühlte, die Wärme des Gebäudes zu verlassen. Mir war heiß, und gleichzeitig zitterte ich, die Nase war blockiert, die Nebenhöhlen pochten; meine Kehle war wund, und die Muskeln schmerzten. Ich fühlte mich grässlich und saß vor dem Feuer auf dem Sofa und schaute zum Fenster hinaus. Die Stunden vergingen nur langsam. Ich las, doch es fiel mir schwer, mich lange zu konzentrieren. Ich machte den Fernseher an, schaltete aber wieder aus, als ich sah, was da kam.

Draußen bewegte sich das Eis, gab das dunkle Wasser frei und verklumpte sich dann wieder, während der Wind von Ost nach Süd und dann nach Südwest drehte. Ich beobachtete seine stetige Wanderung hin und her durch die Bucht, und während er sich bewegte, bewegte sich auch in mir etwas. Meine Gedanken wanderten von der Insel, auf der ich festsaß, zu meiner eigenen Insel 1500 Meilen weiter östlich auf dem Breitengrad. Ich dachte an die Leute hier in dieser Stadt und an den vielen Raum, der zwischen ihren Leben und meinem lag. Ich dachte auch an meinen Vater, der mir so nah zu sein schien wie das Eis draußen oder die Wärme im Zimmer, aber so entfernt und unerreichbar wie die Raben auf der anderen Seite der Bucht, ihre schwarzen Leben wie mit Nadeln an den Himmel geheftet.

Über dem Wasser tummelten sich Bering- und Polarmöwen zwischen den Eisbergen, in ihrem Tarnkleid vor dem Weiß des Eises. Wenn sie sich hin und wieder in die Luft schwangen, um sich woanders niederzulassen, leuchteten sie strahlend weiß in der grauen Luft. Regen wickelte sich nun um die Stadt, und ich öffnete ein wenig das Fenster, um ihn prasseln zu hören. Im Inland hing dichter Nebel um die Berge, aber über dem Meer, woher der Wind wehte, war der Himmel strahlend. Es war eine Illusion – die Reflexion des Meereises auf den Wolken darüber –, aber sie war dennoch willkommen und verstärkte das immer vorhandene Versprechen des Wandels. Gretel Ehrlich hat geschrieben, dass »arktische Schönheit in ihren Gesten der Vergänglichkeit liegt. Hier oben sind Flächen des Lichts und der Dunkelheit Schwerter, die alle Illusion der Dauer durchschneiden.« In Grönland ist diese Vergänglichkeit unmöglich zu ignorieren; sie durchdringt jeden Augenblick jedes Tages. Sie ist vorhanden in den am Ufer schmelzenden Eisbergen, im Fleisch auf den Supermarkttheken; vorhanden in den rasenden Wolken und dem sich immer ändernden Wetter. Sie ist anwesend in der Luft selbst. Hier herrscht das Gefühl, dass jeden Augenblick alle Sicherheit untergraben werden kann – dass das Land zu jeder Zeit den Arm ausstrecken und die Leute wegfegen könnte, so wie die Nordmänner einst aus diesem Land gefegt wurden. Da ist Schrecken in diesem Gedanken, aber da ist auch Trost.

Als mein Vater starb, erfuhr ich, dass Verlust immer bei uns ist. Er ist kein Riss in unserem Leben, keine plötzliche Pause, kein Ende. Verlust ist eine beständige Kraft, ein Sein, das sich in uns und ohne uns bewegt. Er ist ein unaufhörlicher Prozess, von dem wir, wenn wir wollen, Zeuge sein können. Und wenn wir diese Entscheidung treffen, verpflichten wir uns nicht zu einem Leben der Trauer und der Melancholie. Stattdessen eröffnen wir uns die Möglichkeit zu einer stärkeren Empfindung von Freude und Schönheit. Es ist keine Überraschung und mit Sicherheit kein Zufall, dass wir die größte Wertschätzung des Lebens in Dingen erleben, die zerbrechlich und flüchtig sind.

Wir finden sie im Lied eines Vogels, der Berührung einer Geliebten oder in der Erinnerung an einen längst vergangenen Augenblick. Deshalb sollte es auch keine Überraschung sein, dass wir, indem wir uns besser auf den Prozess des Verlusts und der Vergänglichkeit einstimmen, der Schönheit und der Freude näherkommen können. Im Verlust – in der Einstellung auf den Verlust – finden wir unsere tiefsten Freuden, und genau hier können wir auch das Gefühl echter Dauer finden.

In der traditionellen Inuit-Kultur ist Dauer in der Vorstellung von *sila* zu finden, einer Art Lebenskraft oder -hauch, die manchmal mit Luft, Wind oder Wetter übersetzt wird oder, noch umfassender, mit »alles, was draußen ist«. *Sila* war der wesentliche Bestandteil des Lebens – der Atem selbst –, und sie hielt die inneren und äußeren Welten zusammen. Wenn ein Mensch starb, kehrte sein Leben, sein Atem in die Welt zurück und wurde wieder eins mit ihr oder fand Gestalt im Körper eines anderen Menschen. Doch *sila* war keine berechenbare Dauer; sie war keine Gewissheit. *Sila* umfasste das Wetter wie das Klima. Sie war veränderlich, überraschend, manchmal bösartig. Der Tod war Teil ihres Prozesses und Teil ihrer Kraft, und das Weltverständnis der Inuit war geformt von diesem Glauben. Vielleicht wäre es auch zutreffender zu sagen, dass die Welt, in der die Inuit lebten, dieses Verständnis formte. Denn Naturphilosophien entstehen nicht aus dem leeren Raum heraus, sie entspringen dem Land. Und das erscheint mir eine typisch nördliche Sicht des Lebens und des Todes zu sein. Hier, wo die Jahreszeiten sich heftig, eindringlich ändern und wo die Unbeständigkeit sich nicht verschleiern lässt, ergibt *sila* manchmal einen Sinn.

Der Tod ist zugleich ein Ende und eine Weiterführung. Ein Atem wird dem Wind zurückgegeben, so wie das Eis ins Meer zurückkehrt. Es findet eine neue Form. Aber auch ein Leben lebt weiter in Geschichten, in Erinnerungen, die freudvoll sind in ihrem Neuerzählen und der flüchtigen Rückbesinnung. Verlust formt uns wie ein Bildhauer, schnitzt unsere Form heraus, und wir spüren jeden Schnitt der Klinge. Aber ohne ihn können wir nicht sein. Von den vielen Abwesenheiten, die ich in mir trage – denn ich glaube, wir alle sind voller Löcher –, ist die Abwesenheit meines Vaters diejenige, die mich am meisten gelehrt hat. Es ist der Leerraum, durch den ich mich selbst deutlicher erkannt habe. Ich dachte an ihn, als ein eisschwerer Wind am Hüttenfenster kratzte, und ich dachte an mich in diesen ersten Monaten ohne ihn. Es war der Verlust meines Vaters, der mich an diesen Ort geführt hatte.

Es dauerte noch zwei Tage, bis ich mich wieder gut genug fühlte, um mich aus der Zuflucht der Herberge hinauszuwagen. Die stickige Hitze drinnen hatte mir die Kraft ausgesaugt, und ich musste mich bewegen. Der Vormittag war trocken und ruhig, und so machte ich mich auf zum Quassik – dem Berg der Raben –, der sich knapp hinter dem Nordende des Dorfs erhob. Nanortaliks Hauptstraße war an diesem Vormittag voller Teenager, die eben ihre letzte Klasse an der Junior High School abgeschlossen hatten. Sie alle trugen weiße T-Shirts, bemalt mit Slogans oder Bildern oder bedruckt mit Fotos ihrer Freunde und Klassenkameraden. Auf ihren Gesichtern und Händen war überall Sprühsahne und auch Sirup. Sie skandierten ein Lied wie eine Fußballhymne und grinsten dabei. Autos hupten, und die Leute gratulierten jubelnd.

Viel früher an diesem Tag, um fünf oder sechs in der Früh,

war die Horde schon durch die Straßen gezogen, hatte Blechdosen an Schnüren hinter sich hergeschleift, auf Metalldeckel geschlagen und vor den Häusern ihrer ehemaligen Lehrer laut gejohlt. In Narsaq weiter oben an der Küste hatte ich dasselbe Ritual gesehen (oder zumindest gehört) und mich gefragt, ob sich da ein frühmorgendlicher Aufstand entwickelte. Aber das sei ein alljährliches Ereignis, sagte man mir. Es war eine Zeremonie, um das Ende eines Lebensabschnitts der Kinder und ihren bevorstehenden Eintritt in einen anderen zu feiern. Die meisten mussten danach ihr Zuhause verlassen, um die Highschool in einer anderen Stadt abzuschließen.

Als ich den Feldweg zum Quassik betrat, verklangen die Geräusche der Straße, und die Geräusche des Bergs wurden lauter. Um mich herum flogen Spornammern auf und segelten dann mit gespreizten Flügeln zur Erde zurück. Zwischen den niedrigen Sträuchern tanzten und flatterten Birkenzeisige, und einige landeten in der Nähe, um meinen Weg zu beobachten. Die Luft flirrte vor Gesang. Zu meinen Füßen wimmelte es an den unteren Hängen von Leben: Krähenbeeren, Zwergweiden, winzige weiße Blüten zwischen den Felsen, üppige Inseln von Moosen und Flechten. Überall spürte man die Erwartung des Sommers.

Es war warm, als ich anfing, den Pfad hochzusteigen, und bald zog ich meine Jacke, dann den Pullover aus. Das Gehen war nicht schwer, aber nach drei Tagen Bettlägerigkeit war ich nicht fit. Ich brauchte eine Stunde für die steilen 300 Meter bis zur Hügelkuppe, und dann noch ein paar Minuten vom ersten, mit einem Steinmännchen markierten Gipfel bis zum höchsten Punkt, der von einer Steinpyramide gekrönt wurde. Die Aussicht war atemberaubend. Im Norden und im Osten wuchsen schneebedeckte Berge jäh von den Fjorden hoch, die alle mit Eis übersät waren. Gipfel um schartiger Gipfel stand umschleiert von Dunst und Schatten. Hinter mir war die Stadt, die winzig und ausgelaugt aussah, alle Farbe von der Entfernung verblasst. Dahinter, im Süden und Westen, war die gerade Linie, wo das Meereis begann, ein Teppich aus Weiß und Blau und Licht, mit nur ein paar großen Eisbergen, die aus der glatten Oberfläche ragten.

Ich setzte mich auf einen Felsblock knapp nördlich des Gipfels und aß mein Mittagessen. Es wehte nur eine leichte Brise, und alles war so gut wie still. Das entfernte Knattern eines Hubschraubers, das Summen einer nahen Schmeißfliege, ein Außenbordmotor irgendwo in den Fjorden. Daneben war das einzige Geräusch das Flüstern der Luft zwischen den Bergen, eine Art lebendiges weißes Rauschen.

Ich legte mich auf den Rücken, den Kopf auf dem Flechtenbezug des Steins. Inzwischen hatte die Sonne Mühe, zwischen den sich verdichtenden Wolken durchzubrechen, aber sie war noch warm auf meiner Haut. Ich lauschte der Stille und schloss die Augen. Es kann großes Vergnügen bereiten, sich draußen hinzulegen. An einem sonnensatten Strand oder auf einer kalten Hügelflanke in Shetland, warm eingepackt oder in Shorts und T-Shirt, ist ein Schlummer in frischer Luft selten eine schlechte Idee. Wildes Schlafen ist so belebend wie wildes Schwimmen, und es hat den großen Vorzug, viel weniger nass zu sein. Ich denke, meine Vorliebe für diese Aktivität – falls man es eine Aktivität nennen kann – ist zum Teil der Grund dafür, warum ich ein so schlechter Bergsteiger bin. Die Verlockung des Gipfels ist selten stark genug, um mich weiter zu treiben als zu einer Stelle mit guter Aussicht und einem bequemen Schlummerplätzchen, und falls ich diese beiden Ziele nicht verbinden kann, wie hier auf dem Quassik, gewinnt normalerweise der Hang zum Liegen. Doch bei dieser Gelegenheit schlief ich nicht sehr lange. Denn kaum hatte ich die Augen geschlossen, änderte sich etwas. Ich spürte eine Brise auf dem Gesicht – eine plötzliche Bö aus dem Norden, die sich nicht abschwächte, und die Temperatur sank. Auch mit geschlossenen Augen spürte ich die Verdunkelung des Himmels. Also beschloss ich aufzubrechen.

Der Weg den Hügel hinunter war einfach und vergnüglich, und zu dem drohenden Wolkenbruch kam es nicht. Ich war unterwegs zum Dorf durch die maroden Straßen des östlichen Rands, als ich aufgehalten wurde von einer lauten Stimme, die mich rief. Ein Mann winkte mir aus seinem offenen Fenster, hinter ihm dröhnte dänische Rockmusik. Ich verstand nicht, was der Mann rief, und ich konnte auch seinen Gesichtsausdruck nicht sehen, ob nun freundlich oder verärgert. Aber er streckte den Arm in meine Richtung und rief mich zu sich, deshalb ging ich, leicht widerstrebend, in seine Richtung.

»*Dansk?*«, fragte er, als ich nahe genug war, um ihn zu verstehen.

»*Nej, Engelsk*«, erwiderte ich der Einfachheit halber.

»Woher kommst du?«, fragte er langsam auf Englisch.

»Aus Schottland«, antwortete ich, diesmal ein bisschen präziser.

»Schottland, ja«, lächelte er. Es war offensichtlich eine willkommene Antwort, denn der Mann lud mich sofort in sein Haus ein und bot mir einen Platz ihm gegenüber am Fenster an. »Ich bin Thomas«, sagte er und präzisierte dann: »Thomas Jefferson – du kennst ihn –, der Präsident der Vereinigten Staaten. Das war ich nicht.«

Er lachte und fiel dann ins Dänische zurück, was er für den

Rest der Unterhaltung auch beibehielt. Ich gab mir größte Mühe, ihm zu folgen.

Er erzählte mir, er sei Rentner, auch wenn er erst 57 Jahre alt sei. Er sei früher Seemann gewesen und habe auf der Fähre zwischen Esbjerg in Dänemark und Harwich in England gearbeitet, doch jetzt sei er in Rente. Das sei sein Haus, sagte er, aber eigentlich wohne er gar nicht hier, er wohne bei seiner Mutter. An der Wand hing ein Foto von ihr, das er mir jetzt voller Stolz zeigte. Er wohne bei seiner Mutter, aber er komme tagsüber in dieses Haus, um Musik zu hören und sich zu betrinken. Im Sommer fahre er mit seinem Boot zum Jagen und Fischen, und manchmal bringe er Touristen den Fjord hoch. Doch jetzt, so schien es, war die nächste Dose Bier das Ende seiner Reichweite.

Ein großer, kräftiger Mann mit einem leichten Humpeln und einem Gesicht, das lächelte, auch wenn sein Mund es nicht tat, und ein wenig schüchtern, so kam es mir vor, obwohl der Alkohol ihm jetzt Selbstvertrauen gab. Sein Überschwang zeigte sich weniger in Redseligkeit, sondern in der Begeisterung darüber, einen Augenblick mit jemandem teilen zu können, und wie bei vielen der Grönländer, die ich kennengelernt hatte, war auch das Gespräch mit ihm von langen, stummen Blicken aus dem Fenster unterbrochen.

Thomas war nicht der einzige Mensch in der Stadt, der seine Tage mit einem Bier vor sich verbrachte. Mehr als einmal wurde ich in der Herberge von Männern besucht, die von der Nüchternheit ein beträchtliches Stück entfernt waren. Sie waren immer höflich und ruhig, aber dennoch brachten mich diese uneingeladenen Gäste durcheinander. Alkoholismus ist in Grönland, wie in vielen arktischen Gemeinden, unter der Urbevölkerung ein großes Problem. In jüngster Zeit ist auch der Missbrauch von Drogen und Lösungsmitteln zu einer Krux geworden, zusammen mit einem Anstieg von Teenagerschwangerschaften und Gesundheitsproblemen wie Übergewicht. Der Grund ist zum Teil die Armut und mangelnde Bildung. Aber die Sache geht tiefer.

Zwei Wochen zuvor hatte ich in Narsaq mit Bolethe Stenskov gesprochen, einer Sozialarbeiterin und Beraterin, die mir erzählte, dass das Land an den Problemen eines schnellen sozialen Wandels leide. »Vor Kurzem waren wir noch eine Jägergesellschaft, und jetzt sind wir mitten im modernen Leben«, sagte sie. In nur wenigen Jahrzehnten wurden massive kulturelle Veränderungen durchgemacht, und es waren keine einfachen. Geringe Selbstachtung ist ein extrem schwerwiegendes Problem, vor allem unter den Männern, die ihren traditionellen Status in der Gemeinschaft verloren haben. Früher waren sie Jäger, die ihre Familien versorgten. Jetzt ist es viel schwerer für sie, eine Rolle für sich zu finden. Der Kapitalismus hatte ein neues Wertesystem in die Kultur der Inuit eingeführt – ein System des Schwelgens, und auch wenn der westliche Materialismus hier noch nicht vollständig angekommen ist, wurde unser zwanghafter Konsumismus auf eine sehr schädliche Art übernommen. Alkohol, Drogen, Junkfood: Das ist nichtakkumulative Konsumtion. Es ist unser eigener Exzess, übersetzt ins Grönländische.

Bolethe bietet jenen, die es brauchen, Unterstützung, Rat und Information, und auch wenn sie die Probleme nur zu gut kennt, hat sie sich eine erstaunlich positive Einstellung bewahrt. Sie sieht ihren Job als einen in dieser Gesellschaft leider notwendigen. Dieser Teufelskreis aus Sucht, Missbrauch und schlechter Gesundheit, der sich von Generation zu Generation fortpflanzt, kann ohne Intervention nicht durchbrochen werden. Und der Schlüssel zu dieser Intervention ist Bolethes Ansicht nach Bildung, sowohl für Kinder wie für Erwachsene. Gegenwärtig haben viele der Jungen Probleme in der Schule. Sie haben Probleme, weil ihre Eltern vielleicht nicht in der Lage sind, ihnen zu helfen, oder nicht bereit, sie zu ermutigen. Vielleicht haben sie einen dänischen Lehrer, aber nicht die notwendigen sprachlichen Fähigkeiten, um ihm zu folgen. Außerdem gibt es in der erwachsenen Bevölkerung einen Mangel an positiven Vorbildern. Diese Faktoren können sehr leicht zu einem Desinteresse an Bildung und mangelnder Bereitschaft führen, sich im Lernprozess zu engagieren. Aber wenn sie für sich einen sinnvollen Platz in der Gesellschaft, wie sie heute existiert, finden sollen, müssen sie dieses Engagement aufbringen.

Hierin liegt ein Paradox, wie es in vielen traditionellen Gesellschaften der Fall ist. Denn die grönländische Kultur ist eng verknüpft mit dem Konzept des Ortes, und die Gemeinschaft ist zentral im Leben der Menschen. Doch mit jedem Schritt im Bildungsprozess und mit jedem erfolgreichen Vorankommen müssen die Kinder feststellen, dass sie gezwungen sind, sich weiter und weiter von ihrem Ort und ihrer Gemeinschaft zu entfernen. Mit fünfzehn müssen sie ihr Zuhause verlassen, um die Highschool an einem anderen Ort abzuschließen. Und wenn sie danach noch weitermachen wollen, an einem College oder einer Universität, müssen sie nach Nuuk oder nach Kopenhagen gehen. Diese Studenten müssen sich weit von zu Hause entfernen, und diese Distanz ist nicht immer nur geografisch. Fast in dem Augenblick, da sie in das Bildungssystem eintreten, lassen die Kinder das traditionelle Wissen ihrer Großeltern hinter sich, und je höher sie steigen, desto größer wird diese Distanz werden. Bildung verspricht Alternativen und Möglichkeiten, doch im Gegenzug verlangt sie Zielstrebigkeit und Ehrgeiz. Zielstrebigkeit ist selten vereinbar mit einer kleinen grönländischen Gemeinde, sehr selten vereinbar mit einem Leben, das eine wahre Verbindung mit Kultur und Tradition bewahrt. Hier ist viel zu verlieren – viel, was woanders bereits verloren wurde –, und auch wenn Bildung eine Möglichkeit darstellt, kann sie auch eine Bedrohung sein.

Als ich das Bolethe zu bedenken gab, schüttelte sie den Kopf. Das sei kein Widerspruch, entgegnete sie mir. »Wir müssen die Bildung und die Lebensqualität verbessern, aber auch unsere Kultur als Jägervolk bewahren.« Ich fragte sie, wie das möglich sei. Wie bewahrt man eine Kultur, die im Kern im Widerspruch steht zum Bildungssystem und zu dem Wirtschaftssystem, das von dieser Bildung gestützt wird? Bolethe lächelte und schaute zum Fenster hinaus. Sie hob die Hand und deutete zum Hafen, zum Eis und den Bergen auf der anderen Seite des Fjords. Die Antwort sei einfach, sagte sie. »Wir haben die Natur; wir haben die Landschaft und das Meer. Da ist unsere Kultur. Sie ist bei uns.«

Ich schaute hinaus und versuchte, dieselbe Zuversicht aufzubringen. Ich versuchte, mich davon zu überzeugen, dass Bolethe recht hatte. Hier in Grönland, wie überall auf unserem Breitengrad, bringen die Landschaft und das Klima noch immer dieselben Herausforderungen mit sich wie eh und je. Der Ort stellt weiterhin Ansprüche an die Menschen. Und auch wenn Individuen Schwierigkeiten haben mögen, sich in einer veränderten Gesellschaft neu zu formen, würde die Kultur auf diese Ansprüche vielleicht doch eingehen. Ich hoffte, das stimmte. Ich hoffte, Bolethe hatte recht.

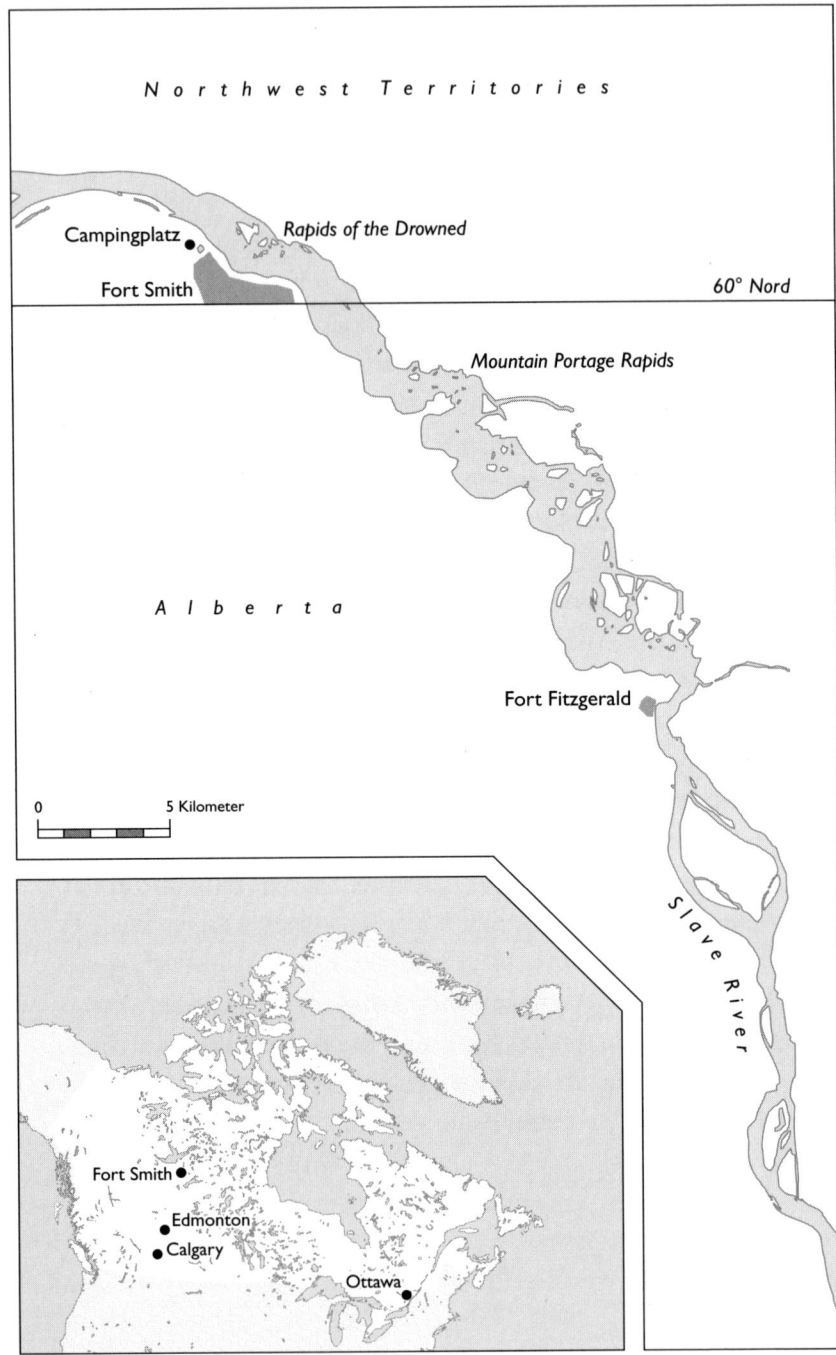

Northwest Territories

Campingplatz

Rapids of the Drowned

Fort Smith

60° Nord

Mountain Portage Rapids

Alberta

Fort Fitzgerald

0   5 Kilometer

Slave River

Fort Smith

Edmonton

Calgary

Ottawa

KANADA
neben den Stromschnellen

Keine andere Nation hat so hart daran gearbeitet, den Norden zu verstehen, zu definieren und mit ihm zurechtzukommen, wie Kanada. Und mit Sicherheit hat keine andere Nation eine so inkonsequente Beziehung zu diesem Ort, den sie sowohl enthält wie verkörpert. Kanada ist ein nordisches Land und sieht sich selbst auch so, vor allem im Verhältnis zu den Vereinigten Staaten. Etwa vierzig Prozent seiner Landmasse liegen nördlich des sechzigsten Breitengrads – ein riesiges Gebiet, in der Größe vergleichbar mit der gesamten Europäischen Union. Und doch liegt das Gleichgewichtszentrum des Landes deutlich im Süden. Die Bevölkerung – insgesamt etwa 33 Millionen – konzentriert sich an der Südgrenze, und die nördlichste Stadt mit mehr als einer halben Million Einwohner ist Edmonton, knapp oberhalb von 53 Grad, auf derselben Breite wie Dublin. Nur etwa 100 000 Kanadier leben tatsächlich über dem sechzigsten Breitengrad – beträchtlich weniger als zum Beispiel Amerikaner.

Für die meisten in Kanada bleibt der Norden also fremd, ein Nachbar, aber ein unbekannter. Viele träumen davon, aber nur wenige wachen je dort auf. Er ist ein Ort, von dem man in Büchern liest, den man in Filmen und im Fernsehen sieht, aber selten besucht. Aus der Ferne betrachtet, ist er eine Region voller Widersprüche. Der Norden bedeutet Gefahr und Abenteuer, aber er bedeutet auch Zuflucht. Er bietet Möglichkeiten und Angst, Schönheit und Entsetzen. Er ist fast menschenleer und doch übervoll mit ihren Vorstellungen.

Aber für jene, die den Norden kennenlernen und ihn mit eigenen Augen sehen wollen, ist die erste Schwierigkeit, überhaupt dorthin zu kommen, denn der Norden liegt fast immer jenseits des Horizonts. Ich kam in Calgary, Alberta, im Land an, und mein Ziel war die Stadt Fort Smith, knapp innerhalb der Northwest Territories. Sie lag eine vierundzwanzigstündige Busfahrt entfernt.

Calgary, eine Ansammlung hoher Gebäude, die wie Ausrufungszeichen aus der flachen Prärie ragen, war an diesem Nachmittag in Sommerhitze getaucht. Wie immer hatte meine Flugangst mich vom Schlafen abgehalten, solange ich in der Luft war, und die Zeitverschiebung machte alles noch schlimmer. Um 20 Uhr, als der Greyhound aus dem Busbahnhof ins helle Sonnenlicht der Straßen fuhr, hatte ich schon sehr lange nicht mehr geschlafen. Wir verließen die Stadt nach Norden und rollten durch die weite Ebene dahinter. Im Westen türmten sich Wolken wie Schutt über den Rocky Mountains, die dunstverhangen am Horizont lagen. Im Bus herrschte Geplapper, aber draußen legte sich das weiche Licht des Abends wie eine Decke der Stille über die Felder.

Unser erster Stopp war Red Deer, kurz vor 22 Uhr, als die Sonne eben unterging. In meinem Kopf häuften sich halb geformte, erschöpfte Gedanken, aber ich hielt mich wach und starrte benommen durchs Fenster. Als wir in Richtung Edmonton weiterfuhren, war eine Stunde vergangen, aber die Erinnerung an die Sonne klang noch nach. Farben verblichen und hinterließen ein gedämpftes Licht, und als der Himmel im Nordwesten zu goldenem Grau verschwamm, wurden Farmhäuser zu Silhouetten – fette schwarze Flecken auf verschwindendem Land.

In Edmonton wechselten wir den Bus. Es war Mitternacht, aber der Bahnhof war noch immer voller Menschen. Viele der Passagiere hatten Kissen und Decken mitgebracht, und während wir in die Dunkelheit fuhren, verstummten die Stimmen. Ich rollte meine Jacke zusammen und klemmte sie zwischen Rückenlehne und Fenster. Ich schloss die Augen und versuchte zu schlafen.

Als wir um drei am Morgen die Stadt Slave Lake erreichten, hing im nordöstlichen Himmel eine weiße Schliere. Bald darauf lichtete sich die Dunkelheit wieder. Bäume tauchten aus der Nacht auf, so dicht an der Straße, dass sie den Blick versperrten. Ungefähr eine Stunde später kehrte die Prärie zurück, Felder erstreckten sich in alle Richtungen. Die Farmen waren ordentlich – überall gerade Linien und gepflegte Gärten, schmucke Holzhäuser und riesige Getreidesilos. Sogar die alten Autos waren in ordentlichen Reihen abgestellt, in der Reihenfolge, in der sie zu funktionieren aufgehört hatten. Hier und dort grasten ein paar Weißwedelhirsche, und einmal hupte ein Autofahrer zwei an, die sich auf die Straße verirrt hatten.

Die Reise in den Norden – in Geschichte, Literatur und in der Vorstellung – ist eine Reise weg von den Zentren der Zivilisation und der Kultur, auf das Unbekannte und das Andere zu. Margaret Atwood hat geschrieben: »Wenn … wir uns dem Norden zuwenden, betreten wir unser eigenes Unbewusstsein. Im Rückblick hat die Reise in den Norden die Qualität eines Traums.« Als ich durch die getönten Fenster des Busses hinausschaute, fühlte meine eigene Reise sich wie ein Traum an. Aber es war nicht mein eigener Traum. Es war eher so, als würde das Unbewusstsein von jemand anderem auf die Scheibe projiziert. Das Honiglicht des frühen Morgens, die Prozession von Feldern,

Farmen, Bäumen und Städten, alles wirkte fern und irgendwie irreal. Ich fühlte mich desorientiert und von dem Ort draußen abgekoppelt. Ich beobachtete, konnte mich aber auf nichts einlassen. Stunde um Stunde ließ ich mich vom Morgen überspülen.

Im Jahr 1964 reiste der Pianist Glenn Gould mit dem Muskeg Express von Winnipeg nach Churchill an den Ufern der Hudson Bay, eine Zugreise von über tausend Meilen, die einen Tag und zwei Nächte dauerte. Es war seine erste Reise in den Norden, und nach seiner Rückkehr machte Gould eine Radiosendung über die Reise. *The Idea of North* (»Die Idee des Nordens«) ist keine Dokumentation im konventionellen Sinn; es ist eine Collage von Stimmen. Unter Benutzung von Interviews mit einem Beamten, einem Geografen, einer Krankenschwester und einem Soziologen, alle mit Lebenserfahrung im nördlichen Kanada, und einer Art Sprecher namens Wally Maclean schuf er, um seine Formulierung zu verwenden, ein »kontrapunktisches« Bild des Nordens. Wie ein Chor miteinander wetteifernder Melodien erheben sich die Stimmen, stolpern und verlieren sich. Ideen tauchen auf und verschwinden wieder, wie aus einem fahrenden Zug heraus betrachtet. Manchmal kommen sie klar durch, nur mit dem sanften Rattern der Gleise im Hintergrund. Dann wieder überlagern sich die Geräusche, die Stimmen ringen um die Aufmerksamkeit des Zuhörers. Gegen Ende der Sendung beginnt der letzte Satz von Sibelius' Fünfter Sinfonie, und bald erhebt er sich über Macleans Schlussmonolog, droht seine Worte zu überwältigen, bis schließlich nur noch Stille herrscht.

Nach Norden zu gehen, heißt für mich, nach Hause zu gehen, und jede Reise, die ich in diese Richtung mache, bringt das Gefühl der Rückkehr mit sich. Früher war dieses Gefühl ein unwillkommenes, weil es mich immer an die Zeiten erinnerte, als ich die Reise machen musste, obwohl ich nicht wollte. Aber das hat sich geändert. Zwei Jahre nachdem ich nach Shetland zurückgebracht worden war, mit sechzehn Jahren und vaterlos, fand ich einen anderen Ausweg und einen anderen Weg vorwärts. Ich vermute, in dieser Zeit konnte ich noch nicht verstehen, dass von nun an, wohin ich auch ging, Shetland immer der Ort sein würde, an den ich zurückkehrte. Ich hatte woanders keine Familie oder enge Freunde mehr, ich hatte nicht mehr viel, was mich mit anderen Orten verband als den Inseln. Mein Schwerpunkt hatte sich in den Norden verlagert, und auch wenn ich seinen Sog noch nicht spürte, wusste ich doch, dass sich etwas verändert hatte.

So war es ohne große Begeisterung, dass ich schließlich beschloss, zur Universität zu gehen. Andere gingen, und mir erschien es sinnvoll, es ebenfalls zu tun. Es war eine logische Fluchtroute. Aber eine Handvoll mittelmäßiger Noten aus meinem letzten Schuljahr reichten nicht, um mich irgendwohin zu bringen. Deshalb besuchte ich die Abendschule und absolvierte weitere Prüfungen. Weitere mittelmäßige Resultate folgten. Letztendlich schaffte ich es, eine Universität dazu zu bringen, mich aufzunehmen, ich befürchte, eher aufgrund der Menge und nicht der Qualität meiner Abschlussnoten. Und es war ein großes Glück für mich, denn ich genoss fast jeden Augenblick dieser vier Jahre, von der Ankunft bis zur Graduierung, und ich lebte dort auf, wie es mir in der Schule nie möglich gewesen war. Doch während dieser Jahre in Schottland fing ich an, nach Norden zu schauen, wenn ich an Heimat dachte, und auch Erleichterung zu verspüren, wenn zur

Ferienzeit der Zug mich landaufwärts brachte, zur Fähre und zu einer Nacht auf der Nordsee.

Es war kurz nach sechs am Morgen, als wir ins Peace Valley hineinfuhren. Seit drei Stunden hatte niemand mehr gesprochen, doch ein paar hatten wie ich die ganze Nacht wach gesessen. In Peace River machten wir, benommen und vom Licht geblendet, eine Pause. Da ich neunzig Minuten hatte, um mir den Bauch zu füllen und die Beine zu strecken, machte ich einen kurzen Spaziergang durchs Stadtzentrum und bestellte mir dann in Rusty's Diner Kaffee und Frühstück. Ein Stapel dampfender Pfannkuchen tauchte auf, begossen mit Ahornsirup, und ich aß sie gierig und genoss jeden Bissen. Danach fühlte ich mich beinahe erfrischt.

Als dann die Zeit zur Weiterfahrt kam, stiegen nur noch sieben von uns wieder in den Bus. Inzwischen regnete es heftig, und wir zockelten durch eine sich verändernde Landschaft. Auch wenn wir noch immer in der Prärie waren, wurde die Landwirtschaft weniger intensiv, die Farmen wurden kleiner, die Straßen weniger gerade. Das Land teilte sich zu gleichen Teilen in Viehweiden, Futterwiesen und lichten Laubwald mit wenigen Nadelgehölzen. An manchen Stellen grasten Kühe zwischen den Bäumen.

In diesem Land gibt es viele Trennlinien und Grenzen, hinter denen der Norden liegt. Diese Grenzen haben kulturelle und politische und auch geografische Bedeutung, und viel Mühe wurde aufgewendet, um sie zu lokalisieren. Auf einer Karte ist es möglich, eine Reihe von Grenzlinien zwischen Nord und Süd oder zwischen »nahem« und »fernem Norden« zu ziehen. Da ist die Baumgrenze, die den borealen Wald von der Tundra trennt; die südlichste Grenze des Dauerfrostbodens; der Arktische Kreis; der sechzigste Breitengrad. Auch andere Maße werden angegeben. Temperatur, Niederschlag, Zugänglichkeit, Bevölkerungsdichte: Alle sind berechnet, und ein Grad der »Nördlichkeit« kann angegeben werden, anhand einer Skala, die in den Siebzigern von einem Geografen namens Louis-Edmond Hamelin entwickelt wurde.

Für Wissenschaftler, Politiker und Beamte sind diese Maße nützlich. Sie erlauben direkte, präzise Vergleiche von natürlichen und sozialen Bedingungen in den verschiedenen Teilen des Landes. Aber es gibt ein Problem. Nördlichkeit ist ein südliches Konzept – ein Versuch, etwas abzugrenzen, was nicht wirklich isoliert werden kann –, und die Kriterien, nach denen es definiert wird, sind nicht wirklich Maße der Nördlichkeit (abgesehen vom Breitengrad natürlich); sie sind Maße der Kälte, der Isolation, der Unzugänglichkeit und Fremdheit. Mit anderen Worten, es sind Berechnungen, wie Orte zu einem vorgefassten Begriff davon, wie der Norden zu sein hat, passen, versinnbildlicht im fremdesten aller irdischen Orte, dem Nordpol. So konnte Hamelin von einer »25-prozentigen Denordifizierung des gesamten Nordens« im letzten Jahrhundert sprechen, als könnte der Norden durch Veränderung, Entwicklung, Erwärmung tatsächlich weniger er selbst werden.

Die Sicht von innen ist jedoch eine andere. Der Norden ist alles, was er enthält. Es ist ein Ort, der fähig ist zu Veränderung und Vielfalt, ein Ort, der nicht messbar ist. Ja, er enthält das Vorgefasste, aber er enthält auch das nie Vorgestellte und das Unvorstellbare. Vor allem ist er für die, die dort wohnen, Heimat. Er ist weder abgelegen noch isoliert noch weit weg; er ist das Zentrum der Welt. Für mich ist die schiere Willkürlichkeit des sechzigsten Breitengrads, sein kompletter Mangel an »natürlicher Relevanz«, wie Hamelin es nannte, sein größter Vorteil, denn sie macht ihn zum idealen Ort, an dem entlang man den Norden erkunden kann. Der Breitengrad ist keine Linie, mit der man irgendetwas quantitativ messen kann, und auch keine klare Grenze zwischen einem Ort und dem anderen. Stattdessen ist der Breitengrad völlig undefinierend. An ihm zeigt sich die Vielfalt des Nordens.

Mitte des Vormittags gab es nur noch Bäume – Birken, Fichten, Zitterpappeln, Tamarack-Lärchen, Balsampappeln – und einen schmalen Streifen beidseits der Straße. Hin und wieder tauchte ein Stück morastiger Boden im Wald auf oder ein See, oft mit einer Biberburg am Ufer. Der Regen hatte aufgehört, der Himmel war wieder klar, und der Tag war wie angeschwollen von Sonnenlicht. Halb hypnotisiert starrte ich zu den Bäumen hinaus und überlegte mir, was jenseits dieser Waldschneise lag. Dort draußen, weg von der schmalen Zumutung der Straße, lag das ganze Land und mehr. Dieser riesige boreale Wald aus Taiga und Sumpfland erstreckt sich über das nördliche Kanada und Alaska, dann weiter durch Sibirien, den Ural und hinein nach Skandinavien und hält so die Spitze des Planeten zusammen. Man kann sich gut vorstellen, hier auszusteigen und zwischen den Bäumen und in ihrem Schatten zu wandern, bis man ganz woanders herauskommt, in einem anderen Teil des Nordens. Nur tat man es natürlich nicht. Wahrscheinlich würde die Person, die den Wald betritt, außer sie kennt sich hier sehr gut aus, sofort die Orientierung verlieren, sich bald verirren und früher oder später sterben. Die Natur ist hier eine widersprüchliche Präsenz. Sie ist üppig und überquellend vor Leben und doch feindselig gegen Eindringlinge. Der Wald ist die Antithese zur Straße. Wir wissen nicht mehr, wie wir mit ihm leben sollen, und deshalb fahren wir schnell hindurch, unterwegs zu einer anderen Lichtung.

Auf dem Highway waren nur wenige Fahrzeuge. Etwa alle zehn Minuten fuhr ein Pick-up vorbei oder manchmal ein Lastwagen, und einmal tauchte ein gelber Schulbus auf wie ein Tagtraum und war gleich wieder verschwunden. Die Stunden vergingen, und aus dem Vor- wurde Nachmittag. Mittagspause machten wir in High Level, mit seiner hässlichen Hauptstraße aus Motels, Bars und Fast-Food-Restaurants, und der nächste Stopp war die insektenverseuchte Tankstelle in Indian Cabins. Um halb drei überquerten wir den sechzigsten Breitengrad und die Grenze zu den Northwest Territories. Nur drei von uns blieben. Meile um Meile veränderte sich nichts, die Ausblicke wirkten identisch. Wir fuhren um eine Kurve, und es war, als hätten wir uns nicht vom Fleck gerührt. Als gäbe es nichts anderes mehr als den Wald.

Um vier Uhr erreichte der Greyhound Hay River, seine Endstation. Der winzige, staubige Bahnhof wirkte sehr heiß, ein Schock nach dem klimatisierten Bus. Als dann fünfzehn Minuten später der Minibus abfuhr, war ich der einzige Fahrgast, der die 170-Meilen-Fahrt südöstlich nach Fort Smith unternahm. (Im Norden sind die Entfernungen zwischen den Städten oft so groß, dass es sinnvoller ist, sie in Stunden statt in Meilen zu messen. Es würde eine dreistündige Fahrt werden, ohne Zwischenstopps.) Andrew, der Fahrer, bestand darauf, dass ich mich vorne neben ihn setzte, damit er mir »alles zeigen« konnte. Als wir losfuhren, erklärte Andrew, er sei hörbehindert, ich müsse also deutlich sprechen und ihn dabei anschauen. Seine Hörbehinderung verlangte auch, dass er die ganze Zeit ein bisschen zu nachdrücklich sprach, als fürchtete er, ich würde jedes Wort anzweifeln, das er sagte.

Wir begannen die Fahrt mit der Art von Geschichten, die ich gehofft hatte, nicht zu hören. Zu meiner Unterhaltung erzählte Andrew höchst detailreich die Geschichte von zwei tödlichen Bärenattacken in der Region. In der ersten ging es um einen Autofahrer, der genau auf dieser Straße mit seinem Fahrzeug einen Unfall gebaut und dann die Aufmerksamkeit eines Bären geweckt hatte, weil er blutend auf dem Asphalt lag. Man fand ihn zu spät, der Bär war schon zur Hälfte mit ihm fertig. Der zweite Angriff betraf ein Paar aus Hay River, das am Great Slave Lake campiert hatte. Es erübrigt sich zu sagen, dass sie nie mehr nach Hause kamen. Anscheinend gab es hier in der Gegend sehr viele Bären. Tatsächlich hatte Andrew bei seiner letzten Fahrt auf dieser Strecke zwischen den beiden Städten sechs von ihnen gesehen. Ich versuchte, beeindruckt auszusehen oder zumindest furchtlos, aber es war schwer. Ich dachte an das kleine Zelt in meinem Rucksack, in dem ich eigentlich hatte schlafen wollen.

»Um ehrlich zu sein, ich bin ein wenig nervös wegen der Bären«, gab ich zu. Andrew drehte sich mir zu, als wüsste er nicht so genau, ob ich das ernst meinte oder nicht. »Ach, da musst du nicht nervös sein«, sagte er, als er sah, dass ich es ernst meinte. »Du kommst schon zurecht.« Auch wenn seine Beruhigung nicht völlig angemessen war, erleichterte es mich doch zu hören, dass die Bären in dieser Gegend schwarze und keine braunen waren. Kleiner, weniger aggressiv, leichter abzuschrecken, insgesamt eine ungefährlichere Bärenart. Und auch wenn sie hin und wieder Menschen töteten, war es doch ein eher ungewöhnlicheres Ereignis, als man nach Andrews Geschichten hätte befürchten können.

Als Andrew auf die Bremse stieg, war er mitten im Satz und mitten im Sandwich. »Büffel«, spuckte er und deutete nach vorn. Die Tiere waren nicht zu übersehen. Eine sechsköpfige Gruppe, einige standen, andere wälzten sich im Staub am Straßenrand, riesige Wesen, die völlig unbeeindruckt blieben, als wir nur wenige Meter entfernt anhielten. Es waren merkwürdige Tiere – die Hintern wie Rinder, aber die vorderen Hälften wie etwas ganz anderes: Breit, dunkel, wollig, bärtig und gehörnt, sahen sie aus wie Überlebende aus einer anderen Zeit. Die ausgewachsenen Büffel waren an ihren buckeligen Schultern weit über eins achtzig hoch, und die großen Männchen brachten bis zu einer Tonne auf die Waage. Die Jungen waren heller und den Kälbern von Hausrindern nicht unähnlich. Diese Waldbüffel sind die größten Säugetiere in Nordamerika, eine der beiden Unterarten des Amerikanischen Bisons, der einst zehnmillionenfach die Great Plains durchstreifte und fast bis zur Ausrottung abgeschlachtet wurde.

Der Großteil dieser Reise von Hay River nach Fort Smith führte durch den Wood Buffalo National Park, eine Welterbestätte der UNESCO und mit 17 300 Quadratmeilen das zweitgrößte Schutzgebiet der Erde, nach dem Nordosten Grönlands. Der Park wurde 1922 gegründet, um eine der letzten freilaufenden Herden von Waldbisons zu schützen, und heute gibt es etwa 5000 von ihnen in dem Gebiet. Wie viele große Tiere wirkten die Büffel wie niedergedrückt von ihrer großen Masse und schienen in einem langsameren Tempo zu leben als andere Lebewesen. Sie trotteten ohne Hast neben der Straße und auch darüber, scheinbar ohne das Fahrzeug in ihrer Mitte zu beachten. Fliegen umschwirrten ihre Rücken und Köpfe in dichten ekligen Schwärmen, doch sogar ihre kurzen Schwänze schlugen nur träge nach den Insekten. In der nächsten Stunde sahen wir weitere dreißig oder vierzig Bisons, einige in Gruppen, andere allein, und jedes

Mal waren sie irgendwie unglaublich. Und dann war da noch etwas anderes.

Eine schwarze Form neben der Straße, etwa hundert Meter vor uns. Ein Umriss, groß wie ein Felsbrocken, der zum Leben erwachte, als wir uns näherten. Ein Umriss, der den Kopf hob, sich streckte und zum Bären wurde. Diesmal war ich es, der Andrew darauf aufmerksam machte. Der Bär stand da und schaute dem Fahrzeug entgegen, das nun abbremste. Es war kein großes Tier – vielleicht nur ein oder zwei Jahre alt –, aber es wirkte voller Selbstvertrauen und stand lange still da, bewegte sich erst, als wir fast neben ihm waren. Die Augen schauten uns an, schätzten vielleicht die Bedrohung ein, und wir starrten zurück, sicher in unserer Kiste aus Blech und Glas. Doch genau in dem Augenblick, als wir zum Stehen kamen, drehte der Bär sich um und trottete ohne Hast in den Wald zurück. Wir fuhren schweigend weiter.

Andrew setzte mich an dem Campingplatz kurz vor Fort Smith ab. Sonst war niemand da. Ich ging zwischen den hoch aufgeschossenen Banks-Kiefern umher, suchte nach einer flachen, geschützten Stelle, wo ich mein Zelt aufstellen konnte, und mühte mich dann ab, zwischen Wut und Frustration wechselnd, um die einzelnen Teile zusammenzusetzen und die Heringe in die Erde zu rammen. Eine schwierige Arbeit, die noch erschwert wurde durch Moskitos und Erschöpfung, und ich zerkratzte mir Gesicht und Hals, in der warmen Abendluft fast halluzinierend. Ich fühlte mich schwach und benommen, und meine Augen brannten, wenn ich versuchte, mich zu konzentrieren. Inzwischen waren es fast achtundvierzig Stunden, seit ich das letzte Mal geschlafen hatte. Erschöpfung kroch über mich, als ich ins Zelt krabbelte und mich hinlegte, die Jacke unter den Kopf schob. Auch stieg eine leichte Übelkeit in mir hoch, als wollte sie meinen ganzen Körper erfassen, entglitt mir dann wie ein Seufzen und war verschwunden. Ich fühlte mich völlig allein, aber viel zu müde, um einsam zu sein. Kurz hatte ich ein Hochgefühl, weil ich jetzt hier im Wald war. Und dann war ich eingeschlafen.

Es war schon immer schwierig, sich durch dieses Land zu bewegen. Dichter Wald, morastiger Boden, extreme Temperaturen und ein feindseliges Insektenleben: Die frühen europäischen Reisenden sahen sich in ihrem Fortkommen verlangsamt durch unzählige Gefahren. In der Geschichte war die praktischste Reiseform, den festen Boden zu verlassen und aufs Wasser zu gehen, und lange waren Flüsse und Seen die Hauptstraßen des Nordens, auf denen man sich im Sommer mit dem Kanu und im Winter mit Schlitten und zu Fuß fortbewegen konnte. 1789 suchte der schottischstämmige Entdecker Alexander Mackenzie eine Nordroute zum Pazifik, fand aber stattdessen etwas anderes. Indem er vom Lake Athabasca aus, im heutigen Alberta und Saskatchewan, entlang des Slave River nach Norden zum Great Slave Lake und dann weiter entlang eines zweiten, viel größeren Flusses zum Arktischen Ozean reiste, eröffnete er, was später zu einer der großen kanadischen Handelsrouten werden sollte. Dieser zweite Fluss, den er, als er sein Ende erreichte, Disappointment, »Enttäuschung«, nannte, wird jetzt Mackenzie genannt und ist der längste Fluss, der komplett in Kanada liegt.

Diese Route in die Arktis sollte in den nächsten zwei Jahrhunderten enorm wichtig werden, denn er bot den Missionaren und Händlern, die diese Region bereisten, eine verlässliche

Möglichkeit, zu den nördlichen Gemeinden zu gelangen. Der größte Vorteil dieser speziellen Route war ihre Einfachheit. Auf den gesamten 1500 Meilen zwischen dem Lake Athabasca und der Arktis gab es nur ein größeres Transporthindernis. Auf halber Länge des Slave River, genau da, wo er den sechzigsten Breitengrad überquert, wirbeln vier große Gruppen von Stromschnellen das Wasser zu einem tobenden Schwall aus schäumendem Weiß und Braun auf. Hohe Wellen, tiefe Löcher und versteckte Felsen arbeiten zusammen, um einen Großteil dieser siebzehn Meilen per Boot völlig unpassierbar zu machen.

Heute bieten Teile dieser Stromschnellen einige der weltweit anspruchsvollsten und aufregendsten Strecken für Kajakfahrer und Kanuten, aber in der Vergangenheit taten Reisende alles, um der Gefahr aus dem Weg zu gehen. Das bedeutete, das Wasser zu verlassen. Schon bevor Europäer diesen Landstrich erreichten, gab es eine Reihe von Transportwegen, und sie wurden schrittweise ausgebaut, als immer mehr Menschen diese Route regelmäßiger befuhren. Zu Beginn des neunzehnten Jahrhunderts waren große Boote in Gebrauch gekommen, und auch sie mussten an Land gehievt werden, was unglaubliche Anstrengungen erforderte. Das traf vor allem bei den Mountain Rapids zu, wo dieser Transportweg einen steilen Anstieg von fast 23 Metern und dann einen ähnlich steilen Abstieg umfasste. Ein Windensystem machte es möglich, aber mit Sicherheit nicht einfach. Doch die Reisenden hatten keine andere Wahl; der Fluss war einfach zu tückisch. Und für jeden Reisenden, der vielleicht in Versuchung war, es auf dem Wasser zu riskieren, gab es eine konstante Mahnung an die potenzielle Gefahr. Denn unter den ersten drei Stromschnellengruppen – heute als Cassette, Pelican und Mountain bekannt – lag eine letzte, die damals wie heute Rapids of the Drowned, die Stromschnellen der Ertrunkenen, genannt wird. Der nach einem Unfall im Jahr 1786, bei dem fünf Männer ihr Leben verloren, geprägte Name diente sowohl als Gedenkstätte wie als Warnung für andere.

Im späten neunzehnten Jahrhundert gründete die Hudson's Bay Company zwei kleine Siedlungen am Westufer des Flusses, am Anfang und am Ende des Transportwegs. Bei den Cassette Rapids war es Smith's Landing (inzwischen Fort Fitzgerald genannt) und auf einer hohen Klippe über den Rapids of the Drowned war es Fort Smith. Als die kürzeren Einzelstrecken in den 1880ern durch einen einzelnen siebzehn Meilen langen Weg ersetzt wurden und zu beiden Seiten der Stromschnellen Dampfboote ihren Dienst aufnahmen, begann eine neue, einfachere Ära des Transports. Das Land öffnete sich und änderte sich für immer. Der Norden wurde zugänglich für jeden, der dorthin wollte, und Fort Smith war faktisch sein Eingangstor. Die Stadt wuchs schnell. Frachtfirmen tauchten auf und florierten; der Bedarf an Arbeitern jeglicher Art war enorm. Bis 1921 war sie zum administrativen Zentrum der gesamten Northwest Territories geworden.

Von meinem Campingplatz bis zur Stadt war es nur ein kurzer Fußmarsch entlang der Straße. Die Luft war heiß und summte vor Insekten, und ich hielt mich im Schatten am Waldrand, um der Sonne zu entgehen. Ein einziges Fahrzeug kam vorbei, während ich ging – ein alter grauer Pick-up unterwegs nach Westen zum Flughafen. Davon abgesehen blieb die Straße leer.

Die ersten Häuser waren groß und ein Stück von der Straße

zurückgesetzt, hinter Maschendraht- oder Holzzäunen. Die Straße war breit und gesäumt von Staub und Kies, mit tiefen Gräben zu beiden Seiten und gelbfleckigen Bürgersteigen. Einige der Gärten sahen etwas zerzaust, aber nicht ungepflegt aus, und die Luft roch nach Kiefern, Blumen und Frühsommererde. Hinter einem Haus kamen zwei kleine Hunde hervorgerannt und bellten wütend, als ich vorbeiging, aber keiner wagte sich weiter vor als bis zum offenen Tor.

Ich hatte keinen Stadtplan und keine Ahnung, wohin ich ging. Ich hatte auch keine Pläne, außer dem, den mein Bauch fürs Frühstück gemacht hatte. So folgte ich der McDougal Street und hoffte vage, dass ein Stadtzentrum auftauchte, was in gewisser Weise auch passierte: eine Kreuzung – McDougal und Breynat Street – mit Wally's Drugstore an einer Ecke und der Saint Joseph Cathedral an der anderen sowie ein paar Bänken, auf die man sich setzen und dem Verkehr zusehen konnte. Um diese Kreuzung drängten sich eine Bibliothek, zwei Supermärkte, die Feuerwache, das Rathaus, ein Hotel und ein Postamt mit roter Klinkerverkleidung sowie ein Laden, der Blumen, Pralinen und Kaffee verkaufte. Bäume säumten in ordentlicher Reihe den Rasen vor der Kathedrale, und extravagante Blumenampeln baumelten wie Kirschen an den Straßenlaternen. Einem Impuls folgend, bog ich nach rechts auf die Portage Avenue ein und ging zu Kelly's Tankstelle, um mir etwas zu essen und zu trinken zu besorgen. Ich setzte mich mit Saft und Sandwich in die Sonne und erhielt sofort Besuch von einem Schwarm hungriger Wespen.

So ziemlich die ganze Stadt zwängt sich in einen kleinen Landstreifen zwischen dem Fluss und dem Highway 5. »Smith«, wie die Anwohner sie nennen, ist Heimat von etwa zweieinhalbtausend Menschen, doch wegen der Abgeschiedenheit fühlt sie sich größer an. Und sie hat die Annehmlichkeiten einer richtigen Stadt. Es gibt hier ein College, Primary und Secondary School, ein Freizeitzentrum und einen Golfclub, eine Lokalzeitung, ein paar Restaurants, ein paar Bars, einige Kirchen und ein Museum, auch wenn im Sommer nur wenige Touristen hierherkommen. Der Ort zeigt außerdem eine verführerische Offenheit. Die Leute lächelten und sagten hallo, wenn ich vorbeiging. Wenn ich sie ein zweites Mal sah, erhielt ich wieder ein Lächeln und ein wiedererkennendes Nicken.

Die Luft war schwer und feucht, als ich durch die Straßen ging, und ein schwacher Donner zitterte in einer schwarzen Wolke im Westen. Ein paar Regentropfen fielen, aber der Bürgersteig trocknete wieder, kaum dass ein Tropfen das Pflaster berührt hatte. Am frühen Nachmittag holte ich mir im Büro des National Park eine Landkarte und ging weiter, umkreiste das Stadtzentrum und erkundete die Randbereiche. Irgendwann Mitte der Siebziger wurden, in einem Augenblick linkischer Inspiration, vielen Straßen von Fort Smith Namen gegeben, die nicht nur nach geografischer und kultureller »Angemessenheit« strebten, sondern, ziemlich unerklärbar, auch alliterativ waren. Davor waren fast alle Straßen anonym gewesen, und in den Köpfen vieler Anwohner sind sie es noch immer. Doch jetzt liegen, zumindest offiziell, an einem Ende der McDougal Street die Woodbison Avenue, die Wilderness Road, der Whirlpool Crescent und die Weasel Street, während sich auf der anderen Seite Park Drive, Paddle Street, Portage Avenue und die Pickerel, Poppy und Polar Crescents befinden. Einige Namen sind fast ekelhaft putzig, wie der Teepee Trail, während andere an einen völlig anderen Ort erinnern – die Primrose Lane könnte aus einer Geschichte von Beatrix

Potter stammen, aber hier ist sie ein holpriger Kiesweg, der in den Wald führt, wo sich zwischen den Bäumen ein geschnitztes Denkmal für Edward Martin versteckt, »den besten Holzschnitzer des Nordens«.

Am späten Nachmittag kehrte ich an die Kreuzung Breynat und McDougal zurück, setzte mich dort auf eine Bank und sah den Pkws und Pick-ups zu, die vorbeifuhren. Es war kurz nach fünf, und die kurze feierabendliche Stoßzeit hatte begonnen. Ohne auf den Verkehr zu achten, stolzierten Raben an den Straßenrändern entlang und riefen einander von Bürgersteig zu Telegrafenmast zu Kathedralendach zu. Eine Brise wehte Staub und kühle Luft die Straße herunter und schleifte den Abend hinter sich her. Ich blieb noch eine Weile länger und lauschte, konzentrierte mich auf das dumpfe weiße Rauschen, das wie Dunst in der Luft hing. Durch das drängende Krächzen der Raben und die Geräusche der Straße hörte man ein dünnes Flüstern, auf dem alle anderen Geräusche sich aufbauten. Dieses Flüstern war der Fluss.

Zu Beginn des zwanzigsten Jahrhunderts war Forth Smith noch sehr weit von der Zivilisation entfernt. Im westlichen Kanada hatte der Klondike-Goldrausch zu einem massiven Zustrom an Menschen geführt. Das Yukon Territory war durch Eisenbahn und Telegrafie sowie durch die Wirtschaft mit der Außenwelt verbunden, doch woanders war es mit den Veränderungen nicht so schnell gegangen, und Trapper, Händler und Missionare war damals praktisch noch immer die einzigen nicht indigenen Menschen, die über dem sechzigsten Breitengrad lebten. Doch allmählich änderten sich die Dinge, und in den kommenden Jahrzehnten sollte das Tempo der Entwicklung sich beschleunigen. Zunehmende Mengen an Lebensmitteln, Handelswaren und Maschinerie wurden durch den

Fitzgerald-Smith-Korridor transportiert, vor allem nach der Entdeckung von Öl bei Normal Wells 1920, Uran bei Port Radium 1930 und Gold bei Yellowknife 1934. Das Schicksal von Fort Smith war untrennbar verbunden mit dem des Territoriums selbst, und als in den frühen Vierzigern die Amerikaner in der Stadt ankamen, waren im Norden bedeutende Veränderungen im Gange.

Im Zweiten Weltkrieg übernahmen die Vereinigten Staaten zwei wichtige Bauprojekte in Kanada. Das erste war der Alaska Highway, der durch British Columbia und Yukon führte und den die Armee im Jahr 1942 mit immensen Anstrengungen in nur acht Monaten vollendete. Die Straße schnitt eine Schneise von 1700 Meilen durch einen Teil des Landes, den nur wenige Menschen je besucht hatten, und sie machte den Landzugang in den Norden zum allerersten Mal zu einer Realität. Das zweite Projekt war die Canol (Canadian Oil) Road und Pipeline zwischen Norman Wells und Whitehorse. Maschinen und Betriebsmittel für dieses Projekt mussten durch Fort Smith transportiert werden, und diese Zunahme des Verkehrs erforderte einen Ausbau des Transportwegs von Fort Fitzgerald, den ebenfalls die Armee übernahm. Die Arbeiten erforderten auch eine Winterstraße nach Hay River am Südufer des Great Slave Lake. Diese Projekte, zusammen mit den Luftstützpunkten, die die Armee bei Smith und andernorts errichtete, veränderten den Norden für immer. Die Region würde nie mehr so abgeschnitten vom Rest des Landes sein. Als der Zweite Weltkrieg endete, begann die Bevölkerung sehr schnell anzuwachsen.

Kanadas Norden ist eng verflochten mit den Geschichten von Menschen, die beschlossen haben, den Süden hinter sich zu lassen. Ein beträchtlicher Prozentsatz der nicht indigenen

Bevölkerung wurde woanders geboren, und sie bringen ein Füllhorn von Geschichten mit. Einige kommen hierher, um der Hektik des Südens zu entfliehen, andere kommen, um Ruhe oder Arbeit zu finden. Einige bleiben nur kurze Zeit, andere gehen nie mehr weg. Aber diese Menschen bringen einen Instinkt für Veränderung in den Norden. Sie helfen mit, das Gefühl eines Ortes zu erschaffen, der noch nicht vollendet ist, eines Ortes im Werden.

So ein Immigrant ist Ib Kristensen, der mehr als vierzig Jahre in Fort Smith verbracht hat. An einem warmen Nachmittag saß ich mit ihm vor North of 60 Books an der Portage Avenue, dem Buchladen mit Café, den er und seine Frau im Jahr 1975 eröffnet hatten. Wir tranken unseren Kaffee und sahen zu, wie sein Schäferhund jeden Besucher im Laden begrüßte. Ein paar faserige Wolken zogen über den Himmel und warfen dünne Schatten auf das Gras um uns herum. Ib lehnte sich auf seinem Stuhl zurück, und ich schaute ihn an, die weißen Haare und den Bart ordentlich gestutzt, die Brille bequem auf seiner Nase thronend. Er lächelte, als er von dem halben Leben erzählte, das er in dieser Stadt verbracht hatte. »Ich bin sehr froh, diesen Ort gefunden zu haben«, sagte er zu mir.

Im Winter 1959 kamen Ib und Lilian nach einer stürmischen Atlantiküberfahrt in Halifax, Nova Scotia, an. Sie hatten 400 Dollar in ihren Taschen und sprachen beide kein Wort Englisch. Als Ib daran dachte, wie er sich an diesem kalten Tag fühlte, schüttelte er den Kopf. »Wie um alles auf der Welt sind wir nur hierhergekommen?«, lachte er. Ein paar Monate zuvor war das Paar in ein Reisebüro der kanadischen Regierung in Kopenhagen gegangen und hatte sich einen Film über Vancouver angeschaut. Sie hatten sich entschlossen, Europa zu verlassen, wussten aber noch nicht so recht, wohin sie wollten.

»Ich hatte das Gefühl, dass in Dänemark nicht genug Platz ist für mich«, erklärte Ib. In diesem Film sah er einen Ort mit mehr Platz, als ein einzelner Mensch je brauchen würde, mehr Platz, als man sich überhaupt vorstellen konnte. Noch an diesem Nachmittag füllte das Paar die Auswanderungspapiere aus.

Von Halifax fuhren die Kristensens mit dem Zug durch den großen Bauch des Landes nach Westen. Sie durchquerten Kanada vom Atlantik zum Pazifik und kamen schließlich in Vancouver an, das für die nächsten acht Jahre ihre Heimat werden sollte. Ib war Buchbinder und Schriftsetzer und Lilian Weberin, und beide fanden Arbeit in der Stadt. Aber Ibs Arbeit sollte ihn später wieder in den Osten führen, an die McGill University in Montreal. Dort verbrachten die Kristensens und ihre beiden Söhne die späten Sechziger. Doch dieser Aufenthalt war kein rundum glücklicher. Der Quebecer Nationalismus war im Aufstieg begriffen, und mit ihm kam eine zunehmende militärische Präsenz in der Stadt. »Ich war im Krieg aufgewachsen«, sagte Ib. »Ich wollte nie mehr eine Uniform sehen.« Und deshalb schaute das Paar nach Norden. Sie wollten einen Ort, wo sie als Familie und als Teil einer Gemeinschaft zusammenleben konnten, und 1971 entschieden sie sich für Fort Smith. Sie kauften ein altes Blockhaus für 500 Dollar und das Land, auf dem es stand, für 1000 Dollar. Ib belegte im College einen Schreinerkurs, und sie schufen sich ein Zuhause.

Als die Kristensens hier ankamen, war Fort Smith entweder Opfer oder Nutznießer der nördlichen Entwicklung geworden, je nach Blickwinkel. Seine früheren Rollen als Eingangstor und faktische Hauptstadt der Northwest Territories hatten im Verlauf der Sechziger ein abruptes Ende gefunden. Zu Beginn des Jahrzehnts war von Edmonton bis nach Hay River eine Straße samt Eisenbahnstrecke gebaut worden, die Fort Smith umgingen und so seinen Transportweg de facto überflüssig machten. 1967 suchte die kanadische Regierung eine offizielle Hauptstadt für das Territorium und »zum Glück«, wie Ib es formulierte, »bekam Yellowknife den Zuschlag«. Auch wenn ein paar Behördenstellen blieben und noch immer da sind, bewegte sich die Aufmerksamkeit von Forth Smith weg, und die Kompetenzen der Stadt verschwanden. Fast über Nacht wurde aus einem geschäftigen Eingangstor ein Ort ohne Bestimmung am Ende einer langen, staubigen Straße. So hätte alles enden können, tat es aber nicht.

Ib Kristensen ist inzwischen ein alter Mann. Er redet langsam, mit der Gelassenheit eines Menschen, der sich seine Worte lange überlegt, bevor er sie ausspricht. Er lächelt breit und oft, mit einer Herzlichkeit, die großzügig und aufrichtig ist, und er redet von seiner Stadt, als könnte er nirgendwo anders sein. Es gibt für jeden einen Ort, sagte er mir, und das ist seiner.

Als Lilian 2004 starb, beschloss Ib, in den Ruhestand zu gehen und North of 60 Books zu verkaufen. Er setzte sich als Mitkunde zu mir auf diese Bank (auch wenn er von dem neuen Besitzer mit einer Umarmung begrüßt wurde). Als wir nun da saßen und uns unterhielten, erinnerte Ib sich an die Freiheit und das Potenzial, die er Anfang der Siebziger gefunden hatte, obwohl die Zukunft von Fort Smith so ungewiss war. Diejenigen, die sich diese Stadt teilten, spürten die Verantwortung, einen Ort zu erschaffen, in dem sie leben wollten; ihre Gemeinschaft war etwas, das noch geformt und verbessert werden konnte. Und dieses Gefühl, dass etwas noch unfertig ist und vor Möglichkeiten strotzt, ist bis heute nicht verblasst. »In einem Ort wie diesem gibt es die immense Chance, etwas zu tun«, sagte Ib. »Wenn es etwas gibt, was du tun willst und es hier sonst niemand macht, dann fang einfach an. Wenn du diese Art von Freiheit willst, hier gibt es sie immer noch.«

Als der Transportweg entlang des Slave River überflüssig wurde, änderte sich alles. Diese Stadt war nicht länger ein wichtiger Stützpunkt an der Straße in den Norden, sie ritt nicht mehr ganz oben auf der Welle der nördlichen Entwicklung. Stattdessen schauten die Augen des Landes woandershin: nach Hay River und Yellowknife und Whitehorse. Und auch die Stadt drehte sich – weg vom Fluss und weg vom Strom der Menschen und des Geldes, der ihr Leben geschenkt hatte. Fort Smith schaute auf sich selbst und wurde, um Wendell Berrys Formulierung zu benutzen, »zum Zentrum der eigenen Aufmerksamkeit«. Früher war sie eine passagenorientierte Ansammlung von Dienstleistern an einem Transportweg in den Norden. Wie bei einer Pendlerstadt war sie immer am Woanders orientiert. Heute ist das nicht mehr der Fall. Heute ist Fort Smith etwas sehr Kostbares: eine Gemeinde, die sich selbst erkennt und schätzt. Es hat einen nach innen gerichteten Blick und eine Konzentration aufs Lokale, was eine echte Anerkennung der gegenseitigen Abhängigkeit sowohl erfordert wie verstärkt. Diese Anerkennung ist ein grundlegender Bestandteil des Wesens dieses Ortes.

Wir leben in einer Zeit großer Vereinzelung und Entfremdung, in der das »soziale Netzwerk«, eine Parodie der Gemeinschaft, als praktikable Alternative oder als Ersatz für sie durchgeht. Die gegenseitige Abhängigkeit der Menschen untereinander zu erkennen – der Menschen, die sich einen Ort teilen – ist die fundamentale Tat einer Gemeinschaft. Und heute ist sie eine radikale Tat, eine bereitwillige und entschlossene Teilhabe, die den Sirenengesang der Freiheit in Einsamkeit ignoriert. Die Orte, in denen dies noch immer die beherrschende Lebensweise ist, sind für mich Orte, die Hoffnung machen. Nicht die Hoffnung, dass wir uns zurückbewegen und zu leben versuchen, wie unsere Großeltern es getan haben. Sondern eher die Hoffnung, dass das, was im letzten Jahrhundert so reduziert wurde – die Weisheit und Vertrautheit des Gemeinschaftslebens –, noch nicht ganz verloren sein könnte. Fort Smith ist so ein Ort, und die Gründe, warum es so bleibt, sind vorwiegend geografisch.

Wo ökonomische Faktoren es erlauben, werden Gemeinden durch Abgeschiedenheit gestärkt. In Shetland haben kleine Inseln wie Fetlar, Out Skerries und Fair Isle sich ihr Zusammenleben bewahrt, obwohl sie gegen Entvölkerung, Jobverlust und andere Bedrohungen kämpfen mussten. Ein Grund dafür ist die inhärente Selbstbezogenheit von Inseln, doch es ist auch eine Frage schlichter Praktikabilität. An solchen Orten ist die Anerkennung der Gemeinschaftlichkeit nicht nur eine Möglichkeit von vielen. Jede andere Lebensweise wäre zerstörerisch. Abgeschiedenheit zeigt die Verletzlichkeit eines Ortes, und sie verdeutlicht die absolute Abhängigkeit der Menschen untereinander.

Auch Fort Smith ist eine Insel, nicht umgeben von Wasser, sondern von einem Meer aus Bäumen. Und abgelegen ist es mit Sicherheit. Hay River ist die nächste Siedlung von nennenswerter Größe, und 350 Meilen Hin- und Rückfahrt sind glücklicherweise zu weit fürs Pendeln oder für regelmäßige Einkaufstouren. Mit der Ausnahme von den wenigen, die wegen gut bezahlter Jobs in den Diamantminen zwischen Fort Smith und Yellowknife hin- und herfliegen, verbringen die meisten Bürger von Forth Smith ihr Leben in der Stadt und in den Nachbarsiedlungen Fort Fitzgerald und Salt River. Die Gemeinschaft, die sich hier entwickelt hat, ähnelt aus diesem

Grund der Gemeinschaft auf einer kleinen Insel. Die Leute erkennen, dass sie einander verpflichtet sind, und eine solche Verpflichtung ist keine Last. Es gibt hier auch eine Art von Nivellierung, die nur marginale soziale Unterschiede produziert, und die Beziehungen zwischen »Europäern« und indigenen Kanadiern ist im Allgemeinen gut. (Die Bevölkerung hier ist ziemlich gleichmäßig gemischt. Etwa ein Drittel sind Dene, eine Gruppe der nördlichen First Nations mit Sprachen aus der Athabasca-Familie; ein Drittel sind Métis, Ureinwohner von gemischter europäischer und indigener Abstammung, und ein Drittel sind »Weiße«.) Bei jenen, die bereit sind, die Beschränkungen geografischer Abgeschiedenheit zu akzeptieren und zu bleiben, wo sie sind, entwickelt sich notwendigerweise eine Beziehung zu dem *Hier,* und diese Beziehung kann zu einem tieferen, breiteren Engagement reifen. Solche Gemeinschaften sind nie perfekt, aber sie streben in die richtige Richtung.

Es war früher Nachmittag. Der heiße, stickige Tag wurde noch schwüler. Eine dunkle Warnung grummelte über dem Wald, und einen Augenblick war alles still. Es gab eine Pause, als würde die Welt den Atem anhalten, und der Druck stieg wie aus der Erde selbst. Die Luft um uns herum schien sich zu versteifen wie eine Aderpresse. Und dann brach der Sturm los. Die ersten dicken Tropfen fielen prasselnd, dann brausend und fegten den Staub vom Straßenrand hoch. Dann kam der Donner, er tobte in die Stadt. Der Regen fiel in mächtigen pfeifenden Schwaden, zerrissen von Blitzen. Die Gräben, die eben noch unnütz tief gewirkt hatten, waren voll und liefen binnen Minuten über. Überall war Wasser.

Ich flüchtete mich in die Kirche St. Isidor, Teil des Mission Historic Park, in dem Gebäude der katholischen Mission in der Stadt neu aufgebaut oder restauriert werden. Der prasselnde Regen wurde noch heftiger, und bald kam er durchs Dach und zur Tür herein. Ich ging im Kirchenschiff umher, las gründlich alle Erklärungsschilder und vertrödelte die Zeit, bis das Mädchen am Empfang mich zu einem Spiel auf dem alten Pooltisch im Zentrum der Kirche einlud. Wir schrien einander über den Tisch hinweg an, denn es war schwer, in dem Lärm von draußen etwas zu verstehen. Mehr als zwei Stunden dauerte es, bis der Regen so weit nachgelassen hatte, dass ich mich wieder auf die Straße wagen konnte.

Später, als der Sturm sich schließlich verzogen hatte, ging ich hinaus zu der Klippe über dem Fluss. Von der Bank dort konnte ich die Rapids of the Drowned (dt.: Stromschnellen der Ertrunkenen) sehen und die weißen Flecken der Pelikane auf dem Wasser. Ich wurde ruhig bei dem Anblick, ich genoss die Weite. Den Großteil meines Lebens habe ich in Häusern verbracht, die aufs Meer hinausschauen. Im von Bäumen gesäumten Fort Smith fühlte ich mich halb blind, und hier bot sich mir zumindest so etwas Ähnliches wie ein Horizont. Ich stellte mir vor, wie dieses Wasser in die Arktis rauschte. Vor ihm waren schon ganze Ozeane verschwunden, während Fort Smith einfach dastand und zuschaute. Der Name der Dene für diese Gegend ist Thebacha, »neben den Stromschnellen«. Die Geschichte dieses Ortes wurde vom Fluss definiert.

An diesem Abend schleppte ich mich in mein Zelt zurück. Meine Arme waren rot und klumpig, sonnenverbrannt und zerstochen. Ich sah aus wie das Opfer irgendeiner grässlichen Krankheit. Aber die Insekten waren verschwunden, und der Abend war kühl und still. Die Banks-Kiefern um den Campingplatz flüsterten und knackten, als wollten sie nicht gehört werden, und ihr scharfer, süßer Geruch erfüllte die Luft. Je mehr Nächte ich in dem Zelt verbrachte, desto stärker wurde mir der Boden unter mir bewusst. Ich hatte keine Isomatte, und auch wenn ich es in den ersten Nächten gar nicht gemerkt hatte, spürte ich doch jetzt die Wurzeln, Ästchen und Zapfen, die unter meinem Körper verstreut lagen. Ich spürte ihre Umrisse in meinen Rücken drücken.

Gegen halb zwölf brach der Sturm noch einmal los, kurz nachdem das verlöschende Licht mich gezwungen hatte, mit dem Lesen aufzuhören. Ein entferntes Grollen war näher gekommen und häufiger geworden; und urplötzlich war das Zelt hell erleuchtet. Ich zählte die Sekunden. Eins, zwei, drei, vier … es waren zwölf Sekunden, bevor ein zweiter Blitz und ein langer Donner die Luft erfüllten. Ein paar Regentropfen wurden zu einem Wolkenbruch, der heftig auf die Zeltplanen prasselte. Ich setzte mich auf und kontrollierte, ob alles richtig festgemacht war und mich trocken halten konnte, dann legte ich mich auf den Rücken und wartete. Noch ein Blitz. Acht Sekunden. Noch einer. Fünf Sekunden.

Im Wood Buffalo National Park herrschte wegen der langen Trockenperiode höchste Alarmstufe. Blitzeinschläge konnten sehr leicht einen Waldbrand verursachen. Am vergangenen Morgen war der Himmel blaugrau von einem Feuer irgendwo im Park gewesen. Die Hubschrauber waren in der Luft und die Wachtürme bemannt. Unablässig heulte der Regen gegen die Leinwand, und ich schloss die Augen und ließ mich von dem Geräusch überspülen. Irgendwann schlief ich ein.

Um sechs Uhr wurde ich vom Licht und von der Kälte geweckt. Es war nur knapp über dem Gefrierpunkt, und ich zitterte heftig. Ich zog mir weitere Kleidungsstücke über und rollte mich zusammen, um ein bisschen Wärme zu finden. Nun kam der Schlaf wieder, schlich sich leise ins Zelt, und kurz danach folgte ein strahlend klarer Morgen, ohne den geringsten Hinweis auf die Gewalt der Nacht.

»Die Weißen haben ihre Beziehung zum Land verloren«, sagte mir François Paulette. »Sie müssen eine gehabt haben, sonst hätten sie nicht Tausende von Jahren überleben können. Doch jetzt denken die Leute nur noch ans Geld. Geld ist alles, was sie im Kopf haben.«

Er schaute mich ohne zu lächeln an und beugte sich dann wieder über sein Mittagessen. Paulette ist ein früherer Häuptling der First Nations von Smith's Landing. Er ist ein einflussreicher und respektierter Ältester der Dene Suline, der heute viel Zeit in den Kampf für Landrechte und den Umweltschutz investiert. Als wir uns trafen, war er eben aus Norwegen zurückgekehrt, wo man ihn eingeladen hatte, vor Aktionären von Statoil zu sprechen, einer der Firmen, die die Teersande im nördlichen Alberta ausbeuten. Seine Rede an diesem Tag in Stavanger begann mit den Worten: »Was Sie mit Ihrem Geld machen, geht mich nichts an. Aber wenn Sie anfangen, es in meinem Territorium auf eine Art auszugeben, die unsere Lebensweise, unsere Zivilisation behindert und zerstört, dann geht es mich schon etwas an.«

Paulette ist eine imposante und einschüchternde Erscheinung – deutlich über eins achtzig groß, mit langen grauen, zum Pferdeschwanz zusammengefassten Haaren und einem dünnen Schnurrbart in dem grob geschnittenen Gesicht. Wenn er einen Raum betritt, richtet sich alle Aufmerksamkeit auf ihn. Jeder dreht den Kopf, um ihn zu grüßen. Er schüttelt Hände, stellt Fragen und erinnert sich an Namen wie ein perfekter Staatsmann.

Als wir eines Nachmittags in einem fast leeren Restaurant zusammensaßen, redete François langsam und mit starkem Akzent. Er machte Pausen zwischen den Sätzen, manchmal ziemlich lange. In diesen Pausen erwartete er nicht, dass ich etwas sagte oder sie füllte. Stattdessen redete er in einem angemessenen Rhythmus. Er wählte seine Worte mit Bedacht. »In der Dene-Kultur geht es ausschließlich um die Beziehung zum Land«, erklärte er mir. »Es ist eine spirituelle Beziehung. Sie ist emotional, geistig und körperlich. Das Land ist heilig, und für alles gibt es Regeln. Wenn ich eine Pflanze aus dem Wald hole, muss ich zum Dank Tabak hinterlassen. Wenn ich auf dem Fluss bin, muss ich dem Fluss danken.«

Dieses Beharren auf Dankbarkeit und Versöhnung ist dem Konzept der Inuit in Grönland nicht unähnlich. Das Augenmerk wird auf Gegenseitigkeit gelegt und auf das enge Band zwischen Menschen und Ort. Für die Dene ist das Land keine Ressource, es ist eine Präsenz; es ist nichts, was von ihrer Gemeinschaft getrennt ist, es ist ein wesentlicher Bestandteil von ihr. Als François mir von dem Damm für ein Wasserkraftwerk erzählte, das Bauunternehmer am Slave River bauen wollten – eine Idee, die in den späten Siebzigern aufkam, zur Zeit meines Besuchs aber noch kein Stück näher an der Wirklichkeit war –, blieb er eisern. Indem man die Strömungsgeschwindigkeit des Slave River hemmt und das Land vor dem Damm flutet (das zum Teil den Dene gehört), würde dieses Bauwerk nicht nur den »Fluss entweihen«, es würde auch »unsere Geschichte entweihen«. »Solange ich lebe, wird das nicht passieren«, sagte er mir.

Fairerweise muss man sagen, dass die indigenen Völker Kanadas historisch von den europäischen Siedlern weniger Gewalt erfahren haben als die der Vereinigten Staaten. Aber das heißt nicht viel. Im Verlauf der Jahrhunderte wurden Ureinwohner ausgebeutet, diskriminiert und misshandelt. Kämpfe um Land dauern bis heute an, und die aktive Unterdrückung indigener Traditionen und Kulturen setzte sich bis ins späte zwanzigste Jahrhundert fort. Von den 1870ern an waren Tausende indigener junger Leute gezwungen, »Internate« zu besuchen – wie Breynat Hall in Fort Smith –, deren Hauptziele die Christianisierung und die Assimilation der »Indianer« an die Mehrheitsgesellschaft waren. Oft verbot man den Kindern, ihre Muttersprache zu sprechen, und einige hatten über Monate oder sogar Jahre hinweg kaum Kontakt zu ihren Familien. Viele erlitten in diesen Institutionen körperliche oder sexuelle Misshandlungen, und die hygienischen Zustände waren oft erstaunlich schlecht; mindesten 4000 Kinder starben, die meisten an Krankheiten wie Tuberkulose.

2008, zwölf Jahre nach Schließung des letzten dieser Internate, entschuldigten sich die Führer aller großen politischen Parteien Kanadas öffentlich, ebenso wie die Repräsentanten der Kirchen, die sie betrieben hatten. Eine »Wahrheitsund Versöhnungs«-Kommission wurde eingerichtet, um den enormen psychologischen und kulturellen Schaden zu untersuchen, und Millionen Pfund an Entschädigungen wurden gezahlt. Das Vermächtnis des Internatssystems ist ein entsetzliches. In ihrem Ziel, die Kinder von ihren Gemeinden zu trennen, waren die Schulen sehr erfolgreich, doch was die »Assimilation« anging, waren sie es viel weniger. Absolventen waren oft nicht fähig, sich irgendwo einzufügen, ob nun zu Hause oder woanders, und ein weites Spektrum sozialer und psychologischer Probleme wurde allgegenwärtig: posttraumatisches Stresssyndrom, Kriminalität, Alkohol- und Drogenmissbrauch, Depressionen.

Auch wenn das, was den jungen indigenen Kanadiern widerfahren ist, als »kultureller Genozid« bezeichnet wurde, haben die Internate es nicht geschafft, die Traditionen der indigenen Völker auszulöschen. Diese Traditionen haben überlebt. Und das taten sie zum Teil auch wegen der Hartnäckigkeit und Redegewandtheit von Aktivisten wie François Paulette, die geholfen haben, die Probleme der kanadischen First Nations in den Vordergrund zu rücken. Aber François' Worte bereiteten mir Kopfzerbrechen. Sein Urteil über die »Weißen« klang wie eins, das nicht revidiert werden kann; es war eine drastische kulturelle Anklage. Und das war kaum überraschend. Die Beziehung der Dene zum Land hat sich über unzählige Generationen entwickelt und wird weitergegeben in Geschichten und Verhaltensvorschriften. Aber diese sind kulturell exklusiv, und die Denkungsart, die sie erzeugen, können von außen nicht nachgebildet werden. Die Gedankenwelt der Dene ist für den Rest von uns fast unzugänglich. Wenn François Paulette also recht hat – wenn europäische Kulturen die Traditionen komplett verloren haben, dank derer eine Beziehung zum Land aufrechterhalten wird, sind wir dann dazu bestimmt, von unseren Orten entfremdet zu sein? Können wir nie wirklich zu Hause sein?

Eine Antwort auf diese Fragen lieferte mir Jacques Van Pelt, den ich traf, um über Pelikane zu reden – dachte ich zumindest. Dieser Abschnitt des Slave River ist der nördlichste Brutplatz des amerikanischen weißen Pelikans. Ihre Nistplätze konzentrieren sich auf den Felsinseln der Mountain Portage Rapids, aber ich hatte sie in der Luft gesehen, wo sie wie Geister über der Stadt schwebten. Es gibt nur wenige Menschen, die so viel Zeit mit Beobachten, Aufnehmen und Studieren dieser Vögel verbracht haben, wie Jacques Van Pelt. Aber an dem Tag, als ich ihn traf, hatte Jacques keine große Lust, über Pelikane zu reden, zumindest nicht so, wie ich es erwartet hatte. Stattdessen wollte er über Zusammenhänge reden.

Jacques kam 1959 in den Norden und zog im Jahr darauf nach Fort Smith. Er arbeitete in den gesamten nördlichen Territorien bei kommunalen Entwicklungsprojekten für die Regierung. Später betrieb er mit seiner Frau eine Touristikfirma, die für Besucher Ausflüge auf dem Fluss und an Land organisierte. Bei unserer ersten Begegnung begrüßte er mich mit einer Umarmung und nannte mich »Bruder Malachy«. Er bewegte sich nur mühsam, aber sein Verstand war schnell. Er redete mit Begeisterung und Aufregung, allerdings ohne stringente Logik. Einige seiner Wörter ließen mich zusammenzucken, erinnerte sie mich doch an Phrasen des New Age. Er sprach von der »Gemeinschaft von Mensch und Natur« und riet mir, »ich« müsse »wir« werden.

Jacques sprach oft von Kreisen, darüber, dass indigene Völker kreisförmige Häuser gebaut hätten, keine rechtwinkligen. Sie hätten die Bedeutung der Form verstanden, sagte er, und ihre physikalischen und metaphorischen Stärken erkannt. Der sechzigste Breitengrad begeisterte ihn aus demselben Grund; er verbinde Menschen und Orte. Mein Gespräch mit Jacques schien sich ebenfalls in Kreisen zu drehen. In den Stunden, die ich mit ihm verbachte, kehrte er immer und immer wieder zu seiner Vision der »Verbundenheit« und »Zusammengehörigkeit« der Natur zurück. Wenn er über Pelikane sprach, dann nur, um mir zu erklären, was diese Tiere ihn gelehrt hätten. In den letzten Jahrzehnten hatte Jacques zahllose Stunden mit der Beobachtung der Pelikane am Slave River zugebracht, hatte sie gezählt und kennengelernt und andere immer wieder wegen der Anfälligkeit ihrer Population gewarnt. Er war durch die Region gewandert, hatte sie mit dem Kajak befahren, oft für Wochen am Stück. Er hatte Besucher an diesen Ort gebracht, den er liebte, ihn mit ihnen geteilt. Und auch wenn er diese Dinge nun nicht mehr tun konnte, auch wenn sein Rücken krumm und seine Gelenke steif und wund waren, verströmte er noch immer eine fast elektrische Energie und eine unermüdlich positive Einstellung. Und die Zeit, die er mit den Vögeln verbracht hatte, die Zeit auf dem Fluss und im Wald, bildete irgendwie den Kern der Person, die er geworden war.

Ich fühlte mich von ihm angezogen, von seiner Offenheit und Großzügigkeit und der Freude, die in ihm aufzuwallen schien, wenn er redete. Aber der Zyniker in mir schreckte zurück. Während ich ihm zuhörte, fiel es mir schwer, seine Vision der Welt nachzuvollziehen. Ich hatte den Eindruck, Wasser zu greifen, nach etwas zu fassen, das lebendig und plastisch war, das mir aber durch die Finger glitt, wenn ich versuchte, sie darum zu schließen. Und doch konnte ich seine Worte nicht einfach abtun. Ich konnte das Gefühl nicht ignorieren, dass mir irgendein fundamentaler Punkt entgangen war, etwas wirklich Wichtiges, das zu begreifen ich nicht in der Lage oder nicht bereit war.

Erst später traf mich es wie ein Blitz: Hinter der spiritualisierten Sprache, hinter den Plattitüden und der positiven Einstellung war Jacques' Lektion eine sehr einfache. Wichtig war nicht unbedingt das Verständnis. Nur durch genaueres Hinschauen oder intensiveres Nachdenken konnte man die Zusammenhänge zwischen dem eigenen Körper und den Pelikanen auf dem Fluss oder dem Fluss selbst nie ganz verstehen. Das Ausmaß dieser Zusammenhänge überstieg unseren Horizont. Viel wichtiger war das Eingeständnis dieses Zusammenhangs.

In *A Sand County Almanac* schrieb Aldo Leopold von einer »Landgemeinschaft«, die die gesamte Biosphäre eines bestimmten Ortes umfasst. Diese Landgemeinschaft ist nicht getrennt von der menschlichen Gemeinschaft und auch kein Zusatz; beide sind Teile voneinander. Was er beschrieb, verlangt keine spirituelle Erkenntnis oder Erleuchtung, nur ein gewisses Bewusstsein für die Realität. Die Nahrung, die wir essen, ist aus der Erde entstanden und wurde genährt vom Leben anderer Organismen, von der Sonne, die uns wärmt, und dem Wasser, das unseren Durst stillt. Auf unzählige Arten sind wir mit der Welt um uns herum verbunden. Diese Verbindungen sind Tatsachen, und sie existieren auf jeder Ebene, von der atomaren bis zur makroökologischen.

Jacques' Vision von Verbundenheit war ein aktives Anerkennen der Wechselbeziehungen aller Dinge. Es war in gewisser Weise eine ganz banale und gewöhnliche Einsicht, das bewusste Akzeptieren des Offensichtlichen. Und doch fühlt sich heutzutage dieser Akt des Erkennens radikal an, wie auch die reine Idee der Gemeinschaft. Was Jacques propagierte, war eine Art Ortsverbundenheit: ein Einlassen auf den Ort, das vereint ist mit und gestärkt wird durch unser Einlassen auf Menschen. Niemand kann sich völlig von der Welt loslösen, wir sind alle abhängig, immer. Aber wenn wir es nicht schaffen, diese Verbindungen und diese Abhängigkeit anzuerkennen und ihnen wieder Geltung zu verleihen, wenn wir es nicht schaffen, Ortsverbundenheit und Gemeinschaft aufzubauen, dann riskieren wir die Heimatlosigkeit. Und das ist absolut keine Freiheit.

Nach dem Sturm hatten Sam Stokell und Shawn Bell, Journalisten bei der Zeitung der Stadt und gemeinsame Bewohner eines Hauses, Mitleid mit mir und luden mich ein, in ihrem Keller zu campieren, der trockener war als mein Fleckchen unter den Kiefern. Sie kümmerten sich um mich, versorgten mich mit gutem Essen und guter Gesellschaft. Dann, an meinem letzten Tag in Fort Smith und nachdem sich die Wolken endlich verzogen hatten, fuhren sie mit mir zum Fluss.

Im Auto verlangte das Radio unsere Aufmerksamkeit. Auf einen Bericht über die wachsende Prozac-Abhängigkeit in Nordamerika folgte einer über Kokain und seine Auswirkungen auf das Kurzzeitgedächtnis von Schnecken. Sam, Shawn und ich hörten zu, aber irgendwann konnten wir uns das Lachen einfach nicht mehr verkneifen.

Draußen folgte uns eine Staubfahne auf der Kiesstraße, die aus der Stadt führte. Wir bogen links auf den Feldweg nach Osten und zum Fluss ab, fuhren noch ein Stückchen, hielten dann an und schalteten den Motor aus. Stille senkte sich über uns, und als wir ausstiegen, empfing uns eine stechende Hitze, die zwischen den Bäumen völlig bewegungslos war. Ein steiler Pfad führte von dem Weg nach unten, und wir stiegen hinunter, angelockt vom Geräusch des Wassers. Am Fuß des Hangs öffnete sich der Pfad zum Flussufer hin, einem Strand aus Sand und Schlamm, übersät mit toten Bäumen und Holzstücken jeder Größe. Hier war der Fluss vielleicht eine Viertelmeile breit und von einem dicken, suppigen Braun.

Zusammen gingen wir stromaufwärts zu den Mountain Portage Rapids, und bei jedem Schritt wurde der Lärm lauter. Am unteren Ende der Stromschnellen sammelten wir Holz – wir nahmen kleinere Stücke und nur die trockenen – und stapelten sie an einer geschützten Stelle am rosafarbenen Granitufer auf. Neben uns rauschte beständig der Fluss auf seinem Weg in den Norden. Weiß aufschäumend drehte sich das Wasser in Wirbeln und Strudeln um sich selbst, schwoll an zu nicht brechenden Wellen. Es war eine unaufhörliche, turbulente Bewegung, die so hypnotisch wie nervtötend war. Mir fiel es schwer, den Blick abzuwenden.

Wir kauerten uns vor den Holzstapel und versuchten, unser Feuer anzuzünden. Sam und ich hielten Streichhölzer an die Zweige und Rindenstücke und hofften, dass sie Feuer fangen würden. Eine Flamme. Ein bisschen Rauch. Dann nichts mehr. Noch einmal. Nach ein paar Versuchen fingen die Schuppen der Rinde an zu knistern, und plötzlich loderte eine Flamme zwischen den Stöckchen auf. Wir traten einen Schritt zurück und schauten zu, wie es sich ausbreitete und Rauch aus dem Stapel in den Himmel stieg. Das Feuer fraß sich selbst, und wir gingen ein Stück weg, legten uns in die Sonne und warteten, bis es niedergebrannt war.

Als die Flammen schließlich ein wenig geschrumpft waren, versammelten wir drei uns ums Feuer. Wir spießten Würstchen auf dünne grüne Zweige, die wir am Waldrand abgerissen hatten, und legten sie auf einen improvisierten Grill. Der Rauch stieg vom Feuer hoch und in unsere Augen und Lungen. Während wir husteten und würgten, garten die Würste eher schlecht als recht, und als jeder von uns genug gegessen hatte, um satt und zufrieden zu sein, verließen wir unseren Grillplatz und kletterten auf die Felsen darüber.

Zwei junge Pelikane paddelten dicht am Ufer, und weiter draußen auf dem Fluss, inmitten der Felsen und des rauschenden Wassers, waren viele andere. Einige hatten sich auf den Felsen niedergelassen, auf denen sie brüteten, andere fischten, behaupteten sich in dem quirligen Wasser und tauchten die Köpfe unter. Über uns waren noch mehr, mit dicken Bäuchen wie Wasserflugzeuge, die langen gelben Schnäbel nach vorne gestreckt. Die Flügel, reinweiß wie der ganze Rest, zeigten einen dunklen Rand, wenn sie sich in die Luft schwangen. So riesig und schwerfällig sie an Land wirken, so anmutig werden sie im Flug, wenn sie auf der warmen Luft segeln und die schwarzen Spitzen ihrer Flügel blinken. In wenigen Monaten würden diese Vögel in den Süden ziehen, zu Flüssen und Seen um den Golf von Mexiko, um im nächsten Frühling zurückzukehren. Sie wissen immer, wann sie aufbrechen und wann sie sich niederlassen müssen.

Ich dachte an Ib und an Jacques, die nach Fort Smith gekommen und geblieben waren, an Sam und Shawn, die nur vorübergehend hier waren, um zu arbeiten und dann weiterzuziehen. Wie können wir wissen, fragte ich mich, wann wir unseren Platz in der Welt gefunden haben? Wie können wir wissen, wann wir unsere Wanderschaft beenden müssen?

Der Himmel zeigte ein riesiges Blau, ohne jede Wolke, und die Brise, die vom Fluss aufstieg, war gerade stark genug, um die Moskitos in Schach zu halten. Ein Rabe erkundete den Rand des Feuers auf der Suche nach Wurstresten, den stummen Mund weit aufgerissen in der Hitze des Tages. Auf den warmen rosafarbenen Felsen streckten wir drei uns glücklich aus und schlossen die Augen, den Geruch des Feuers in der Nase, den Kopf voll vom Donnern und Brausen der Stromschnellen.

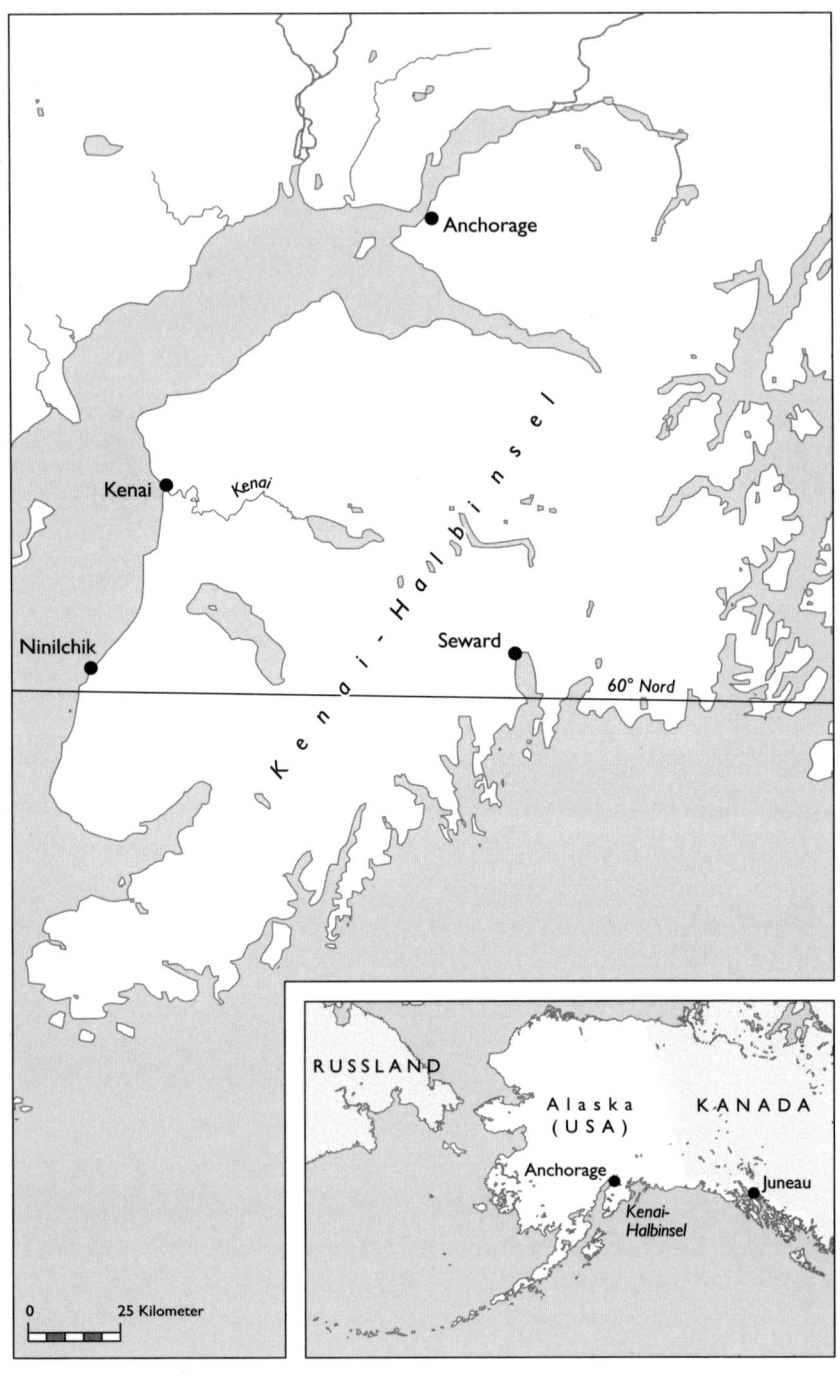

Anchorage

Kenai

Kenai

Ninilchik

Seward

K e n a i - H a l b i n s e l

60° Nord

0   25 Kilometer

RUSSLAND

A l a s k a
(USA)

KANADA

Anchorage

Juneau

*Kenai-
Halbinsel*

ALASKA
zurück zur Natur

Der Regen fiel eigentlich nicht, sondern klammerte sich an die Luft, als würde er aufs Fallen warten. Ein grauer Dunst aus abendlichem Niesel verschleierte die Straße und spülte jede Erinnerung an Wärme weg. Ich saß allein, schaute durch das Fenster eines Cafés nach draußen, einen schweren Karibu-Burger zwischen den Fingern. Draußen stapften Trauben von älteren Männern und Frauen die Fourth Avenue entlang, alle in dunkle Regenjacken gehüllt, die aufgesetzten Kapuzen wie bei einer Versammlung von Mönchen, die Köpfe gegen die unheiligen Elemente gesenkt.

Sewards Kleinboothafen füllte sich mit Kreuzfahrtschiffen und Charterbooten, aus denen diese triefenden Schwärme quollen. Die Straße war gesäumt von Restaurants, Souvenirläden und Agenturen, die Angelausflüge und Naturexkursionen verhökerten. Die meisten Häuser strebten nach einer Art Kleinstadtschnuckeligkeit, doch sie schafften es nicht. Sie wirkten zu verzweifelt, zu aufdringlich, um etwas anderes zu sein als das, was sie waren: Touristenfallen.

Die Tür ging auf, und kalte Luft quoll herein, was den Raum schrumpfen ließ. Eine plappernde Schar Kinder und Eltern folgte dem Schwall zum Verkaufstresen. Ich legte mir die Jacke um die Schultern und kaute weiter an meinem dicken Brocken Brot und Fleisch.

Rings um die Resurrection Bay waren die Berge wolkenverhangen, fast versteckt und doch so präsent und dominant, als würden sie mitten zwischen den Läden und Cafés stehen. Die Berge waren der Hintergrund für alles hier, und ich schaute übers Wasser zu ihnen hinüber und wollte für einen Augenblick den Vordergrund aus Lärm und Hektik vergessen.

Seward ist eine Touristenstadt und bietet seinen Besuchern viele Möglichkeiten, ihr Geld loszuwerden. Auf ihren Straßen herrscht das Gefühl einer von Verkaufsinteresse verseuchten Gastfreundlichkeit; jedes Lächeln und jede herzliche Begrüßung wirken wie das Vorspiel zu einem Verkauf. Doch trotz der wuchernden Souvenirstände und Speiselokalitäten und trotz des simulierten Charmes der Altstadt ist die Hauptattraktion nicht Seward selbst, sondern seine Umgebung. An der Ostküste von Alaskas Kenai Peninsula, die südlich von Anchorage liegt, ist die Stadt der Endpunkt sowohl des Highways wie der Eisenbahn und eine geeignete Plattform, von der aus man seine Zehen »in die Wildnis« stecken kann. Der Kenai Fjords National Park und auch das Alaska Maritime National Wildlife Refuge liegen in der Nähe; Wälder, Gletscher und Fjorde sind von hier einfach erreichbar. Wie viele andere solcher Städte wurde Seward zu dem, was es ist, wegen seiner Nähe zu dem, was es nicht ist.

Zweifellos kann man diese wilden Orte am einfachsten erleben, wenn man sich mit dem Boot dorthin bringen lässt. Tagesausflüge und Minikreuzfahrten gibt es in Hülle und Fülle, und alle versprechen Einsichten in die wilde Natur – Seeotter, Seelöwen, Wale –, dazu Lunchpausen an einsamen Stränden und auf leeren Inseln sowie die Chance, das Alaska jenseits des Asphalts zu sehen. Jeden Morgen schaute ich zu, wie die kleine Flotte der Ausflugsboote unter schweren Wolken südwärts die Bucht durchquerte, und konnte sogar noch am Ufer die Tourführer hören, weil das Knistern ihrer Lautsprecher über das stille Wasser wehte. Diese Armada war ein merkwürdiger Anblick, mit ihrer Fracht aus erwartungsvollen Touristen, die unbedingt einen schnellen Blick auf etwas erhaschen wollten, was sie selbst gar nicht so genau bestimmen konnten. Denn was war das, was sie da hinauszog? Was war es, was sie überhaupt in den Norden geführt hatte? Was genau hofften sie zu finden?

Es heißt, dass Vitus Bering, der zwar nicht unbedingt der erste Europäer war, der Alaska erreichte, es aber glaubte und von vielen immer noch als solcher betrachtet wird, nicht beeindruckt war von dem, was er sah. Vielleicht litt er an der erstickenden Melancholie eines Mannes, der nicht erwartet, seine Heimat je wiederzusehen, vielleicht auch schon an der unbekannten Krankheit, die ihn bald töten und seine Ängste als wohl begründet erscheinen lassen würde, jedenfalls schaute der Däne »gleichgültig und ohne besonderes Vergnügen« auf diesen Ort. Es war seine zweite Reise in den fernen Osten Russlands, in den Diensten des Zaren in St. Petersburg, und im Sommer 1741 erreichte sein Schiff, die *St. Peter,* schließlich den nordamerikanischen Kontinent. Nach Georg Steller, dem deutschen Naturforscher an Bord, jubelte ihr Kapitän keineswegs über seine Entdeckung, sondern »zuckte in unserer Mitte nur die Achseln, als er das Land erblickte«. Seine Männer seien alle Narren, verkündete Bering: »Voller Erwartungen wie schwangere Wildbeutel!« Sie »denken gar nicht daran … wie weit weg wir von der Heimat sind und welche Unfälle noch passieren können«.

Die *St. Peter* ankerte am 20. Juli im Golf von Alaska vor einer Insel, die man inzwischen Kayak Island nennt, fünf Grad östlich von Seward und nur ein paar Meilen vom sechzigsten Breitengrad entfernt. Steller verbrachte die wenigen Stunden, die man ihm gewährt hatte, mit der atemlosen Erkundung der Insel, sammelte neue Pflanzenarten und machte sich Notizen über die menschlichen Bewohner, wie berauscht von der Freude über die Entdeckung.

Bering dagegen ging nicht einmal von Bord. Der Kapitän hatte kaum Interesse an diesem Ort, der den Wissenschaftler so begeisterte und verzauberte. Stattdessen schien er geplagt von der Angst vor dem, was vor ihnen lag, und ganz versessen darauf, vor einem möglichen Wetterwechsel wieder von hier wegzukommen. Am Morgen nach ihrer Ankunft und noch bevor die Mannschaft genügend Zeit gehabt hatte, die Frischwasservorräte des Schiffs komplett aufzufüllen, verkündete Bering, dass man wieder westwärts nach Kamtschatka segeln solle. Diejenigen, die Einwände hatten, wurden ignoriert, und noch an diesem Tag trat die *St. Peter* die Rückreise nach Russland an. Der Kapitän überlebte die Überquerung nicht und mit ihm dreißig seiner sechsundsiebzig Männer.

Das Land, das Bering in diesem Sommer fand, war ein Ort, der bis dahin noch unberührt war von den achtlosen Händen von Kolonisten, Händlern und professionellen Abenteurern. Es war ein Ort mit riesigen Wäldern und hoch aufragenden Bergen, mit fischreichen Flüssen und einem von Vögeln wimmelnden Himmel, mit Küstengewässern, in denen sich Seeotter, Pelzrobben und Wale tummelten, ein Ort der Fülle und des Überflusses, mit einem natürlichen Reichtum, der auf den ersten Blick grenzenlos erschien. Auch wenn Bering, wie andere nach ihm, nicht in der Lage war, dies zu sehen, war Alaska ein Ort mit überwältigendem, beglückendem Potenzial.

Die Männer und Frauen, die jeden Morgen auf die Ausflugsboote drängten, aus der Bucht hinaus- und jeden Abend wieder zurücktuckerten, suchten nach dem, was Steller gesehen hatte. Sie waren auf der Jagd nach jenem Ort der Überfülle und der Grenzenlosigkeit, der die Erstankömmlinge begrüßt hatte. Auf eine merkwürdige Art versuchten sie, in der Zeit zurückzureisen. Ich selber war hin- und hergerissen. Ich wollte auf einer dieser Touren mitfahren, wollte wegsegeln aus dieser Stadt und mit eigenen Augen die Tierwelt und die Wildnis sehen und am Abend dann nach Seward zurückkehren, zu einem Essen in einem Café und dann in die relative Bequemlichkeit meines Schlafsacks und meines Zelts. Aber etwas hielt mich zurück, und einige Tage lang hatte ich Schwierigkeiten, diese widersprüchlichen Gefühle miteinander zu versöhnen. Ich glaube, was mir am meisten Kopfzerbrechen bereitete, war die – beständig beworbene – Vorstellung, dass irgendwo da draußen das wahre Alaska wartete, während hier, wo ich mich befand, etwas ganz anderes war. Diesen gut wassergeschützten Touristen war eine Reise in eine andere Welt versprochen worden, aber mir kam es so vor, als würde diese Welt unmöglich gemacht durch genau ihre Anwesenheit darin. Denn was diesen Passagieren versprochen wurde, war ihre eigene Abwesenheit, und das ist etwas, das wir uns nur vorstellen können. Vielleicht irrte ich mich, aber ich meinte, Enttäuschung in diesen Gesichtern zu sehen, wenn sie am Abend an Land gingen und sich über die Restaurants und Hotels der Stadt verteilten.

An meinem letzten Abend in Seward saß ich mit einem Käsesandwich in der Hand am Strand und schaute über die Bucht nach Süden. Noch am Nachmittag war der Himmel eine breite Palette von Grautönen gewesen, doch die Wolken lösten sich auf, als das Licht schwand. Ich war schon kurz davor zurückzugehen, als ich ihn sah, und dann hätte ich fast gelacht. Unten im Wasser, nur ein paar Meter entfernt, war ein Seeotter – bleichgesichtig und geschmeidig wie eine polierte

Walnuss. Ich sah ihm erstaunt zu. Ich sah ihn tauchen und wieder auftauchen, ohne mich zu beachten oder überhaupt zu bemerken. Ausgestreckt lag er auf dem Rücken, hob mal den einen Fuß aus dem Wasser, mal den anderen. Der Otter hatte etwas gefangen, das aussah wie ein Krebs, und ich hörte das Knirschen seiner Zähne auf dem Panzer. Er hielt sich auf dem Wasser, manchmal vom Wellengang aus dem Gleichgewicht gebracht, doch immer wieder in eine stabile Position zurückrollend wie ein Kajakfahrer.

Zehn Minuten oder länger saß ich noch da und sah oder glaubte zu sehen, wie er seine Mahlzeit genoss, mit katzengleicher Befriedigung im Gesicht. Und als Augenblicke später ein Seelöwe am Otter vorbeiglitt, lachte ich tatsächlich. Ich hatte die Stadt gar nicht verlassen müssen. Die andere Welt hatte mich gefunden.

»Das ist so weit weg vom ursprünglichen alaskischen Fischen, wie es nur geht!«, rief Jeff von der anderen Seite des Boots. Ich grinste ihn an. »Ist schon okay«, sagte ich mit einem Nicken. Und es war wirklich okay. Wie so viele Angler hatte ich schon so lange davon geträumt hierherzukommen, dass ich mir meine Freude nicht trüben lassen wollte, nur weil ich nicht allein war. Ich war glücklich und auch ein bisschen selbstzufrieden. Enttäuscht war ich auf jeden Fall nicht.

Der Kenai River führt vom Kenai Lake im Zentrum der Halbinsel zum Cook Inlet, achtzig Meilen im Westen. Er ist ein wunderbarer Fluss – milchig blau und sonnenfleckig – und extrem beliebt bei Anglern und Wildwasserfans. Wir hatten unser Boot (ein »Cataraft«, um genau zu sein, ein zwischen zwei aufblasbaren Schläuchen montierter Metallrahmen mit zwei Sitzen auf jeder Seite und einem in der Mitte für den Steuermann) in Cooper Landing knapp unterhalb des Kenai Lake zu Wasser gelassen und trieben jetzt auf der Suche nach Fisch stromabwärts. Wir teilten uns den Fluss mit anderen Anglern, in Booten oder am Ufer, und auch mit Reisegruppen auf der Jagd nach Stromschnellen. Zusätzlich zu diesen meist stillen Begleitern war da noch der Sterling Highway, der parallel zum Oberlauf des Flusses verlief. Und auch wenn er nicht zu den vielbefahrensten aller Straßen gehörte, war doch das Brummen des Verkehrs eine ständige Begleitung zum Seufzen des Flusses.

Aber das Angeln hat so eine Art, alles auszublenden, was man ignorieren will, zu verschleiern, was verborgen bleiben sollte. Das Wasser ringsum schwoll in unseren Augen und Ohren an, bis es uns ausfüllte, wie ein Tagtraum oder eine Vision. Wir waren nicht allein, hätten es aber durchaus sein können. Um uns herum war Wald und dahinter schneeverschmierte Hänge. Über dem Wasser tanzten Schwalben wie Schmetterlinge, und höher am Himmel kreiste ein Weißkopf-Seeadler, als würde er derselben unbezwingbaren Strömung folgen wie das Boot. Überall war das weiße Rauschen von Luft und Wasser, und unter uns zuckte und wand sich der Fluss wie ein Muskel.

Wir glitten weiter, und unsere Blicke wanderten von den Rutenspitzen zu den Bergen der Umgebung. Träge Strömungen wichen schnellerem, flacherem Wasser, dann wieder tiefe, wirbelnde Becken. Mike, der die Ruder bediente, hielt uns so dicht am »guten Wasser«, wie er konnte, und ließ uns wissen, wann er optimistisch war oder wann wir uns einer wahrscheinlichen Stelle näherten. Wir warfen aus, ließen die schweren Fliegen sinken, zogen sie dann über den Grund, und jedes

Einholen war durchtränkt von Hoffnung und der erneuerten Vision der Phantomforelle. Immer wieder kamen wir zu solchen Stellen, diesen Orten der Erwartung. Das Wasser bewegte sich auf die richtige Art um die Felsen herum; unsere Augen und Finger konzentrierten sich auf das, was wir nicht sehen konnten, jede Faser von uns war bereit für den Augenblick, da, wie Ted Hughes schrieb, »der ganze Fluss einholt«. Und dann waren wir daran vorbei. Das Boot trieb weiter und trug uns davon, und wir konnten wieder normal atmen.

Ich habe oft darüber nachgedacht, wie das Fischen das Verhältnis zur Zeit verändert. Diese Mischung aus Konzentration und Erwartung, dieser geschärfte Blick auf Schwimmer oder Fliege, dehnt die Gegenwart in jede Richtung aus. Im Gegensatz zum Hügel in Shetland, auf dem die Zeit sich zusammenzieht, bläht sie sich auf dem Wasser auf. Sie lässt mehr Details zu und schwillt zu ungeheurer Breite. Verbunden mit einer unsichtbaren Welt beobachtet und wartet der Angler mit mehr als Geduld. Leicht benommen im Kopf, sowohl völlig in der Gegenwart wie abwesend, richtet er alle Aufmerksamkeit auf die Stelle, wo Luft auf Wasser trifft. Sehen und Ertasten verweben sich. Die Zeit dehnt sich, wie im Augenblick eines Unfalls, und schließlich »verschmelzen alle Dinge zu einem«, wie Norman Maclean schrieb.

Angeln heißt, gehalten zu sein im Herz der Stille, in dem nichts still ist. Es heißt, geduldig auf den Zeitpunkt zu warten, den man sich bereits vorgestellt hat, der vielleicht aber nie kommt. Es heißt, zwischen Zeiten zu leben, in der Erwartung der perfekten Gegenwart. Es heißt, verheddert zu sein in drei Zeitzonen. Wenn ich fische – wenn ich darauf warte, dass die Zukunft zupackt –, kann ich nicht anders, als mich zurücktragen zu lassen zu anderen Tagen und anderen Orten. Ich werde nach Hause geführt, zu kühlen Sommerabenden in Shetland, wo in schwarzen torfigen Lochs glitzernde Forellen zucken und springen. Und weiter zurück, zu meinen ersten Begegnungen mit dem Wasser, in Bächen und Teichen in Sussex, wo ich meine Korkenschwimmer und Sicherheitsnadelhaken auswarf. Und dann wieder zu diesem warmen Augusttag, als mein Vater mich am Seeufer zurückließ und nie wiederkam, als ich so viele Dinge auf einmal verlor, wie ich mir nie hätte vorstellen können, je zu verlieren. All das ist enthalten im Akt des Auswerfens und Einholens.

Jeff und ich lernten uns in den ersten Wochen des Jahres 2002 kennen. Zu der Zeit waren wir Austauschstudenten, die ein halbes Jahr in Kopenhagen lebten und an der Universität der Stadt studierten. Wir hatten wöchentliche Dänischstunden, und eines Abends saßen wir im Klassenzimmer nebeneinander. Wir kamen nicht sofort miteinander zurecht. Wir waren beide eher still und mit jugendlicher Unflexibilität geschlagen. Wir glaubten, Sachen zu verstehen, die jedoch keiner von uns wirklich verstand, und wir hatten unsere Ansichten aus ganz verschiedenen Richtungen bezogen. Unsere Ansichten, vor allem zur Politik, lagen sehr weit auseinander. Bei unserem ersten Treffen beleidigte ich Jeff mit einer flapsigen Bemerkung über den Präsidenten seines Landes, und das hätte sehr gut auch das Ende sein können. Wir hätten nie mehr miteinander sprechen müssen. Aber wir taten es – zuerst aus Höflichkeit und dann aus gegenseitigem Respekt. Von allen Leuten, die ich in dieser Stadt kennenlernte, ist er der Einzige, mit dem ich immer noch in Kontakt bin. Wir wurden Freunde, wenn auch zögerlich, und Freunde sind wir geblieben.

Nach der Universität zog Jeff mit seiner Frau nach Alaska, denn sie stammt aus diesem Staat, und später gründeten sie eine Familie. Er hatte schon lange davon geträumt, in den Norden zu gehen, und sie wollte zurück nach Hause. Seit damals hatten wir uns nur einmal getroffen, sehr kurz, in Shetland. Als ich ihn nun besuchte, lag unsere Freundschaft in einer Zeit, die vergangen war. Die Monate, die wir zusammen verbracht hatten, schienen sehr weit weg zu sein, und unsere Kommunikation in den Jahren dazwischen war kurz und nur sporadisch gewesen, und immer schriftlich. Daraus erwuchs eine Verlegenheit, derer wir uns beide bewusst waren, die aber keiner erwähnte. Doch in dem Boot, verbunden durch das Wasser, verschwand diese Verlegenheit. Der Leerraum zwischen Vergangenheit und Gegenwart löste sich auf. Der Fluss hielt uns zusammen.

Es gibt so viele Zeiten in meinem Leben, an die ich mit Sehnsucht zurückdenke. Einige davon stehen deutlich vor mir – ich kann sie sehen, hören, riechen –, aber sie sind nie deutlich genug. Ich kann das Rascheln der Cordhose meines Vaters bei unseren gemeinsamen Spaziergängen hören; ich kann das Tempo und das Gewicht seiner Schritte spüren. Aber ich kann mich nicht mehr an den Klang seiner Stimme erinnern. Sie ist verloren, und nichts kann sie zurückbringen. In einigen Nächten liege ich wach, gepackt von einer hohlen, erdrückenden Nostalgie. An einigen Tagen ist der Wunsch, zurückzukehren, in eine andere Zeit oder an einen anderen Ort, so stark, dass ich fast geblendet bin von Tränen. Es gibt Menschen, die ich vermisse. Es gibt Orte, die ich viele Monate oder Jahre nicht gesehen habe, die aber so deutlich vor mir stehen, als hätte ich sie erst gestern verlassen. Sie sind so sehr ein Teil meiner Gegenwart wie die Bäume und das Wasser und die Fische, die ich nicht sehen kann.

Wir schauen zurück, so denke ich, in eine Zeit, in der wir

nicht zurückgeschaut haben. Wir spüren ein nostalgisches Sehnen nach einer Zeit ohne Nostalgie. Wir lechzen nach diesen Augenblicken, als wir nicht nach Dingen lechzten, die wir nicht haben konnten. Wir sind ruhelos, um Ruhe zu finden. Zu Hause, unter einem Himmel, den ich fast mein ganzes Leben lang kenne, denke ich dennoch an andere Orte, wo ich gelebt habe – an Fair Isle und Prag und Kopenhagen und Sussex –, und spüre ein schmerzendes, unstillbares Heimweh. Dieses Gefühl ist verwandt, aber nicht identisch mit dem Gefühl, das mich durch meine Teenagerjahre begleitete. Es ist weniger hoffnungslos, aber unausweichlicher. Ich denke an all das, was nicht zurückgebracht werden kann – ein verlorener Sturm der Freuden –, und ich verfluche meine Erinnerungen, so wie ich ihr Fehlen verfluche.

Die Nostalgie wurde erstmals von Schweizer Ärzten im späten siebzehnten Jahrhundert beschrieben. Diese Krankheit, die vorwiegend Soldaten im Krieg befiel, war buchstäblich Heimweh, vom Griechischen *nósto,* nach Hause zurückkehren. Fast zweihundert Jahre lang wurde diese Krankheit – die charakterisiert war nicht nur durch intensives Sehnen, sondern auch durch Angst, Appetitmangel, Ohnmachten, Magenschmerzen und schlimmstenfalls sogar den Tod – als ernsthaftes körperliches Leiden betrachtet. Die einzige Heilung für die am schlimmsten Betroffenen war die Rückkehr an den ersehnten Ort. Doch diese Krankheit ist nicht auf Menschen beschränkt. Die Nostalgie ist nicht nur unser Sehnen. Im Grunde genommen wäre es nur gerecht, das Heimweh als die wesentliche Kraft zu sehen, die Leben an den Kenai, nach Alaska, in diesen ganzen Winkel des Kontinents bringt. Denn wie sonst könnte man ihn nennen, diesen Instinkt – diesen verzweifelten, anadromen Drang –, der die Lachse zurückzieht zu diesem Fluss und zu Tausenden anderen, ähnlichen Flüssen? Was sonst könnte es sein, das diese Fische wieder nach Hause bringt, als eine überwältigende und letztendlich tödliche Nostalgie?

Jedes Jahr um den zehnten Juni stoßen die ersten Blaurückenlachse oder Rotlachse in den Kenai vor. Dieser Ansturm hat einen Zufluss namens Russian River zum Ziel. Sowohl Timing als auch Richtung sind absolut vorhersehbar. Ein wenig früher, ab Mitte Mai, steigen die ersten Königslachse oder Chinook den Fluss hoch. Ein weiterer Ansturm Königslachse kommt dann Anfang Juli, und der nächste der Roten schließlich ein paar Tage später. Zusätzlich wird es zwei Wellen von Coho oder Silberlachsen geben – eine im August, die andere im September –, und schließlich kommen jedes Jahr von Ende Juli bis Ende August die Buckellachse. Diese Fische sind das Lebenselixier des Flusses. Sie sind eigentlich das Lebenselixier des gesamten pazifischen Nordwestens. In außerordentlicher, unvorstellbarer Zahl kehren die Lachse an die Orte ihrer Geburt zurück. In denselben flachen Kiesbänken, in denen sie sich entwickelten, kommen Tausende, Millionen von Fischen zusammen, um zu laichen. Dann sterben sie. Riesige zuckende Massen dieser Tiere, gegen Ende hin immer grotesker – die Haut entfärbt und sich abschälend, das Fleisch bereits am Knochen verfaulend –, erreichen eine bestimmte Stelle und halten an. Das ist ihr Zuhause, von hier können sie weder weiter noch zurück. Und indem sie hier anhalten, indem sie sterben, werden sie zu einem Teil des Ortes selbst. Die Proteinflut aus ihren verwesenden Leibern ernährt alles, direkt oder indirekt, von den Bären und Adlern bis hin zu der Erde und den Bäumen und die nächste Lachsgeneration. Sie wird auch vielen Menschen Nahrung geben.

Ich hatte von den Massen gehört, die im Sommer und Herbst

an diesem Fluss zusammenströmen. Ich hatte auch Fotos gesehen. Dennoch war ich nicht vorbereitet auf den Anblick, der sich uns bot, als wir unter der Highwaybrücke hindurch und am Zusammenfluss von Kenai und Russian vorbeitrieben, wo die Rotlachsangler sich versammelten. Es war surreal und verstörend, wie ein Karneval, zugleich erschreckend und komisch. Eine lange Reihe Angler säumte das Südufer des Flusses, gegenüber der Straße. Sie standen vielleicht zwei oder drei Meter entfernt, wie Pfosten eines Lattenzauns, so weit das Auge reichte. Entlang des Ufers störte nur das gelegentliche Spritzen eines geangelten Lachses die erstaunliche, rhythmische Ordnung des Ganzen.

So groß ist die Menge an Fisch, die sich während dieser Anstürme durch den Fluss bewegt, dass selbst der außerordentliche Druck durch die Angler nicht ausreicht, um die Populationsdichte zu beeinträchtigen. Genug Lachs wird diese Barriere aus Menschen durchdringen, um die gegenwärtigen Zahlen aufrechtzuerhalten und für die Zukunft gesunde Anstürme zu gewährleisten. Und auch wenn Nordamerika im Ruf eines eher entspannten Verhältnisses zu Umweltschutz und Nachhaltigkeit steht, sind die Populationen hier gut überwacht, und Beschränkungen werden rigoros durchgesetzt. Ein deutliches Absinken der Fischzahlen würde reduzierte Fangquoten zur Folge haben. Zumindest in diesem Staat ist die Vorstellung vom Lachs als gemeinsamer Ressource, die schutzwürdig ist, eine sehr mächtige.

Wir trieben mitten durch die merkwürdige Versammlung und gingen dann ein Stückchen stromabwärts, wo die Menge nicht mehr ganz so dicht war, am Nordufer an Land. Wir fanden unsere zwei Stellen an einem schmalen Arm des Flusses und begannen, unsere Leinen auszuwerfen. Das Wasser bewegte sich in eine Richtung, die Fische in die andere. Die Zeit nahm ihre kleinen Spielchen wieder auf. Alles bewegte sich. Nichts war still.

Zwei Tage später und ein paar Meilen nördlich von Seward hielt ich auf einem Parkplatz am Ausgangspunkt des Wanderwegs zum Grayling Lake an. Sonst standen keine Fahrzeuge da, aber der Highway führte nahe daran vorbei und die Stadt war auch nicht weit weg. Der Himmel war bedeckt, und leichter Niesel trübte die Luft. Als ich die letzten Einträge im Gästebuch überflog, war ich enttäuscht. »Keine Fische.« »Keine Fische.« »Keine Fische.« Ich überlegte, ob ich weiterfahren und es woanders versuchen sollte, aber der Nachmittag war schon fortgeschritten, und meine Begeisterung ließ allmählich nach. Außerdem war ich auf Äschen aus, und wenn irgendwo welche zu fangen waren, dann hier. Ich schrieb meinen Namen, das Datum und meine Ankunftszeit ins Buch (damit potenzielle Retter diese Details kannten, sollte ich verloren gehen), und holte meine Sachen aus dem Pick-up.

Als ich vom Kies auf den Wanderweg trat, war es, als würde ich eine Grenze überschreiten. Oder genauer, ein Gleichgewicht stören. Ein Parkplatz in Alaska ist nicht gerade das, was man sich unter Zivilisation vorstellt, und ein beschilderter Pfad ist nicht unbedingt Wildnis. Aber es gab eine Veränderung – ein Wechsel von einer Seite der Skala auf die andere –, und in mir spürte ich diesen Wechsel als Angst.

Eins der Kennzeichen von Zivilisation ist vielleicht die unbestrittene Stellung des Menschen an der Spitze der Nahrungskette. Wo Konkurrenten nicht einfach ausgerottet wurden, wie in Großbritannien, wurden sie zumindest stark unterdrückt oder in Reservate oder schrumpfende Taschen wilden Lands verbannt. Aber in Alaska sind es die Menschen, die in Taschen leben, Städte und Dörfer, die nur durch dünne Straßenbänder miteinander verbunden sind. Trotz des stetigen Vordringens der Industrie, vor allem Öl und Tourismus, ist der größte Teil des Landes völlig unentwickelt. Sogar die Kenai Peninsula, die eine große Zahl an Besuchern anzieht, wird dominiert von einem Nationalpark, einem Schutzwald, einem »staatlichen Wildnispark«, »Wildnisbereichen« und dem Kenai National Wildlife Refuge, einer 800 000 Hektar großen Schutzregion, die 1941 von Franklin Roosevelt gegründet wurde. Man muss in Alaska nur eine Stadtgrenze überschreiten – die Straße oder den Parkplatz verlassen –, und die Regeln der Zivilisation treffen nicht mehr zu.

Als ich diese ersten Schritte auf dem Pfad und in den Wald machte, stieg mir die Angst sehr schnell in die Kehle. Während ich mich zwischen dicken Sekundärwald-Bäumen bewegte, mit einer Sicht, die fast bei null lag, spürte ich, wie mein Herz schneller schlug. Meine Angst war kompliziert und verwirrend, doch im Gehen fand das Pochen in meinem Herzen ein einfaches Wort: Bär.

Mit Angelrute, Ausrüstungstasche und Watstiefeln in der Hand fühlte ich mich sehr verletzlich, und ich blieb fast sofort stehen, um mein Gepäck neu zu ordnen. Die Stiefel warf ich mir zusammen mit der Tasche über die Schulter. In einer Hand hielt ich die Angelrute, die andere umklammerte eine Dose Bärenspray in meiner Jackentasche. Ich kontrollierte, ob ich sie schnell und leicht herausziehen konnte; dann steckte ich den Zeigefinger durch die Schlaufe an der Verriegelung und richtete Augen und Ohren in den Wald.

Pfefferspray ist so ziemlich die letzte Rettung, wenn man

einem Bären gegenübersteht. Da es bei einem Abstand von ein paar Metern wirkungslos ist, bringt es nur etwas, wenn man angegriffen wird. Und wenn man von einem Tier angegriffen wird, das aufrecht um die zwei Meter groß und 600 Kilo schwer sein kann und das so schnell wie ein Pferd laufen kann, ist es wichtig, dass das Spray Wirkung zeigt. Wenn nicht, liegt die einzige Chance auf ein Entkommen darin, sich tot zu stellen und zu hoffen, dass der Bär das Interesse verliert. Vielleicht grapscht er nach einem und bricht einem dabei alle Knochen. Wenn man kein Glück hat, muss man sich nicht lange tot *stellen*. In den wenigen Wochen, die ich in Alaska verbrachte, wurden zwei Menschen von Braunbären verletzt. Keiner der Angriffe war tödlich, aber beide brachten die Opfer – in einem Fall einen Arbeiter im Norden, im anderen einen Radfahrer in Anchorage – ins Krankenhaus.

Am besten vermeidet man so einen Angriff, so sagte man mir, indem man viel Lärm macht – wenn man nicht die ganze Zeit im Haus bleiben will. Bären werden wütend, wenn man sie überrascht oder bedroht, und wann immer es geht, halten sie sich von Menschen fern. Viele Wanderer tragen Glocken, um Bären vor ihrem Kommen zu warnen, andere singen unterwegs einfach. Manchmal fühlt es sich merkwürdig an, sich seinen Ängsten auf diese Art zu stellen, indem man die Gefahr wissen lässt, dass man kommt. Am liebsten hätte ich mich unbemerkt und unversehrt durch den Wald geschlichen, aber ich befolgte den Rat, den man mir gegeben hatte, und versuchte zu singen.

Während der Pfad nun in Primärwald hineinführte und die Geräusche des Highways hinter mir zurückblieben, spürte ich die Anwesenheit des Bären wie einen Geist zwischen den Bäumen. Der Wald war von ihm heimgesucht, wie auch ich.

Unter dem Blätterdach schien eine ganze Gruppe von Geistern zu wohnen, unsichtbare Insekten umschwirrten mein Gesicht, und über mir bewegten sich ungesehen Vögel; sogar die Bäume selbst ließen meine Schritte nicht unberührt. Der ganze Wald schien sich meiner bewusst zu sein und betrachtete mich mit einer Aufmerksamkeit, die sich in meiner Wachsamkeit spiegelte.

Das Singen hielt ich nicht lange durch. Irgendwie schienen keine Worte die richtigen zu sein, und der Klang meiner Stimme wirkte fremd und störend. Mein Mund wurde trocken, und ich verlegte mich aufs Summen, sowohl beliebige Tonfolgen wie bekannte Melodien – einige auf lächerliche Art fehl am Platze und doch merkwürdig tröstend. Ich versuchte, mich selber von außen zu sehen: ein Mann allein, der voller Angst durch einen alaskischen Wald geht, beladen mit Angelausrüstung und aus voller Brust »Mr Tambourine Man« summend. Ein Bär würde mit Sicherheit eher lachen als angreifen.

Nach etwa zehn Minuten ließ mich etwas stehen bleiben und den Kopf drehen. Ich stand bewegungslos da und lauschte. Mein Atem war laut, und mein Herz hämmerte. Doch noch ein anderes Geräusch durchbrach die Stille des Waldes. Ein rhythmisches Stampfen, wie von Füßen oder Pfoten, und es kam auf mich zu. Ich drehte mich in die Richtung des Geräuschs und starrte in den Wald. Nachdem ich das Tier zum ersten Mal gehört hatte, konnten nur wenige Sekunden vergangen sein, bis ich sah, wie es auf mich zukam, aber in dieser kurzen Zeit hatte ich mir sehr detailliert vorgestellt, was mir bevorstand. Mein Puls hatte sich dem Tempo des Stampfens der vier Füße angeglichen. Das Spray war aus der Tasche und fest umklammert in meiner Hand. Angespannt, in banger Erwartung und voller Bedauern, stand ich da. Und dann kam es.

Hätte ich eine Chance bekommen, das Tier zu identifizieren, bevor es in Sicht kam, hätte ich raten müssen und kaum einen Treffer gelandet. Ein heranstürmender Bär wäre wohl eher unwahrscheinlich gewesen, aber ein großer, rennender Labrador mit heraushängender Zunge schien auch nicht gerade naheliegend. In diesem speziellen Augenblick war ich nicht fähig zu lachen, doch wenn ich es gekonnt hätte, wäre ich wahrscheinlich vornübergebeugt auf die Knie gefallen.

Der Hund hatte ein Namensschild, aber keinen Namen, sondern nur eine eingeritzte Telefonnummer auf der einen Seite des Metallschilds. Ich wartete darauf, dass er sich wieder trollte, gab ihm auch Befehle und deutete in die Richtung, aus der er gekommen war. Aber in der Gegend war niemand, und der Hund stand einfach da und schaute mich an, als wollte er mich drängen weiterzugehen. Eigentlich hatte ich mir ja einen Wanderbegleiter gewünscht, jetzt hatte ich durch Zufall einen gefunden, und so drehten wir beide uns um und gingen auf dem Pfad weiter, erst folgte er mir, dann lief er voraus und blieb alle paar Meter stehen, um an etwas zu schnuppern – einem Baum oder einer unsichtbaren Spur am Wegesrand. Als ich sah, wie er lief, sich umdrehte, schnupperte und lauschte, dann wieder lief, wurde mir klar, wie unwissend ich in dieser Umgebung war. Der Wald war voller Zeichen, aber ich konnte sie nicht lesen. Hier gab es eine Sprache, ein komplexes Vokabular, das ich so gut wie nicht kannte und das zu verstehen oder zu übersetzen ich nicht einmal hoffen konnte. Mit dem Spray in der Hand und summend wie ein Trottel, war ich hilflos: so dumm wie ein Bär in einem Buchladen.

Leute, die Tieren in freier Wildbahn begegnen, reden oft davon, in den Augen, die ihren Blick erwidern, eine Art Intelligenz zu erkennen, eine angeborene Weisheit. Aber die Geschichte kann man auch umdrehen: Diese Augen können Spiegel sein. Denn was wir in dem fremden Blick erkennen, ist unsere eigene Dummheit. Auge in Auge mit einem Lebewesen, das sich selbst und seine Stellung so komplett kennt, das seine Bestimmung und seine Bedürfnisse ohne die Last des Zweifels versteht, sehen wir sofort, wie unwissend wir sind. Tier wie Mensch werden bei einer solchen Begegnung voller Fragen sein, doch nur das Tier wird befriedigende Antworten finden.

Das ist die Wurzel meiner Angst: diese gebildete Unwissenheit, dieses Fehlen von Verständnis. Bombardiert mit Informationen, die ich nicht interpretieren konnte, war ich ängstlich und überwältigt. In den Schatten des Waldes waren meine Augen nur von beschränktem Nutzen, mein Gehör war unterentwickelt und meine Nase so gut wie nutzlos. Mit derart unzulänglichen Sinnen lief ich immer Gefahr, überrascht zu werden. Und wie mein neu gewonnener Freund bewiesen hatte, konnte sogar ein Tier, das bemerkt werden wollte, mich überrumpeln. Worauf ich mich verlassen musste, waren meine Gedanken – die an einem Ort wie diesem eher lähmend als tröstend sind – und meine Instinkte.

Carl Jung glaubte, dass im Kontakt mit der natürlichen Welt unsere Abhängigkeit von der Sprache unser größter Nachteil ist. Er hielt den Spracherwerb des Menschen für eine große Leistung, sah aber auch, dass damit ein Verlust des Instinkts und folglich eines Aspekts der Realität einhergeht. Unser Bewusstsein werde zum Opfer seiner eigenen Unterscheidungskraft. Mit Fremdem konfrontiert, haben wir Mühe zu verstehen. Unsere Karte durch die Welt – die Sprache – kann uns nicht länger führen. Stattdessen erzeugt sie eine Distanz zwischen uns selbst und den Dingen, die wir beobachten, sowie dem, was uns beobachtet. Wie der glänzende, süße Apfel am

Baum der Erkenntnis trennt das Wort uns von der Welt. Nicht das Paradies ist verloren, sondern wir selbst. Nun bekam ich Angst und hasste sie. Ich hasste sie für alles, was sie über mich sagte. Dort im Wald trat ein tiefer Konflikt zutage, ein Konflikt zwischen meinem Wunsch, menschlichen Orten zu entfliehen, und meinem – immer stärker werdenden – Wunsch, von diesem Ort zu fliehen. Ich war angezogen und zugleich abgestoßen; ich war fasziniert und verängstigt. Die Wildnis war ebenso sehr in mir wie ich in ihr.

Schließlich erreichten mein namenloser Begleiter und ich den See, der aus dem Wald auftauchte wie ein nachträglicher Gedanke, eine Erläuterung von etwas zuvor Gesagtem. Ans Ende des Pfads zu gelangen, hatte viel länger gedauert, als ich erwartet hatte – vielleicht 35 Minuten oder mehr, obwohl es hier schwer war, sein Zeitgefühl zu behalten –, aber ich war erleichtert, als ich das Wasser sah, und erleichtert, endlich stehen bleiben zu können. Vom See her kam eine gute Brise, und der Regen fiel stetig und tüpfelte den Wasserspiegel. Bäume drängten sich fast bis ans Ufer, und durch den Nebel rollten lädierte Wolken von den Bergen herunter. Die Luft war wie Gaze, grau vor Regen.

Ich richtete die Rute her, band eine kleine dunkle Fliege an die Leine und fettete die Flügel ein, damit sie an der Oberfläche schwamm. Ich hatte keine Ahnung, was eine Äsche mochte, doch dieser Köder schien mir einen Versuch wert zu sein. Ich watete hinein, bis mir das Wasser an die Taille reichte, fing an auszuwerfen und sah zu, wie sich die Fliege aufs Wasser senkte. Die entmutigenden Bemerkungen, die ich im Gästebuch gelesen hatte, verdrängte ich. Nach etwa fünfzehn Minuten, als die Fliege allmählich einzusinken begann, gab es einen Ruck an der Leine und beim nächsten Auswerfen noch einen. Dann wieder nichts. Ich watete aus dem Wasser, ging ein paar Meter am Ufer hoch und warf im selben Seeabschnitt wieder aus. Inzwischen regnete es fester, aber ich achtete nicht mehr darauf. Noch ein Auswerfen. Dann ein Zögern. Die Leine verfing sich, als ich sie einholen wollte. Ein Stopp. Ich zog wieder. Einmal. Zweimal. Beim zweiten Zurückziehen gab es einen Widerstand. Ich hob die Rute, und da war der Fisch. Er zappelte spritzend an der Oberfläche, die silberne Schwanz- und die große Rückenflosse tauchten auf. Meine allererste Äsche.

Zwanzig Minuten später gab es wieder einen Stopp. Ein Ziehen. Ich holte wieder ein, und ein Fisch war an der Leine, ein größerer diesmal. Er wehrte sich stärker. Die Leine zitterte, zuckte und zerrte in schnellem Rhythmus. Eine Spur im Wasser, ein seitliches Ausbrechen und ein stärkeres Ziehen. Dann ein Spritzen, das die Stille zerriss wie ein Schuss, und diese wunderbare perfekte Rückenflosse in der Luft. Ich tötete den Fisch und nahm ihn aus. Dazu hielt ich ihn in der rechten Hand und das Messer in der linken, schnitt zuerst durch den Hals und zog das Messer dann durch den Bauch, riss die Eingeweide heraus und ließ sie ins Wasser gleiten. Ich schnitt Kopf und Schwanz ab und warf sie ebenfalls ins Wasser, sah zu, wie sie versanken, wickelte den Fisch dann ein und steckte ihn in die Tasche. Ich wusch mir die Hände im See.

Mit diesem Geruch an den Fingern und dem Fisch in meiner Tasche wurde ich wieder nervös und beschloss aufzubrechen. Ich hatte getan, weswegen ich gekommen war, und ließ den Ort nun sehr gern hinter mir. Ich packte meine Sachen zusammen und legte mir die Watstiefel so über die Schulter, dass ich mit dem Spray in der rechten Hand gut gehen konnte. Dann machte ich mich auf den Weg. Und blieb fast sofort wieder stehen. Nur ein paar Meter von mir entfernt war etwas, das ich zuvor nicht bemerkt hatte, etwas, das mir bei meiner Ankunft nicht aufgefallen war. Auf dem Boden, vom dichten Gebüsch fast verdeckt, war eine Art Senke, eine Stelle, an der die Pflanzen abgeknickt und plattgedrückt waren. Zweige waren abgebrochen, und überall lagen braune Fellbüschel herum. Da war auch ein merkwürdiger Geruch: dick und ölig, wie Lanolin. Hier hatte noch vor Kurzem etwas gelegen.

Rückblickend betrachtet hätte ich besser ein Büschel aufgehoben und mitgenommen, nur um sicherzugehen: War es ein Bär, oder war es ein Elch? Damals aber dachte ich überhaupt nicht daran. Panik durchfuhr mich, und ich richtete mich auf, packte meine Sachen und ging davon, ohne mich umzusehen. Der Hund ohne Namen hatte mich schon längst wieder verlassen, und so ging ich allein zum Auto, wäre am liebsten gerannt und wünschte mir, der Pfad wäre endlich zu Ende. Es schien Stunden zu dauern, und diese Angst, diese dumme, ignorante Angst verließ mich erst, als ich den Parkplatz erreicht und mich wieder abgemeldet hatte. Und dort, im Gästebuch, sah ich nun etwas, das mir zuvor nicht aufgefallen war: Vor drei Tagen hatte jemand die folgenden Worte geschrieben: »Habe am See einen großen Braunbären gesehen.« Hätte ich das gelesen, als ich ankam, hätte ich mich gar nicht auf den Weg gemacht. Ich war froh, dass ich es nicht entdeckt hatte.

An diesem Abend nahm ich den Fisch aus meiner Tasche, filetierte ihn und rieb ihn mit Salz und Pfeffer ein. Ich briet ihn in Butter, und die Haut knisterte und zog sich in der Hitze zusammen. Ich schmeckte noch einmal den See.

Einen Großteil meiner Zeit in Alaska verbrachte ich mit Fahren. In einem alten roten Pick-up, den ich mir von Jeff geliehen hatte, durchstreifte ich die Kenai Peninsula auf dem Highway von Anchorage nach Seward nach Homer und wieder zurück. Mit Rucksack, Zelt und Schlafsack auf dem Rücksitz spürte ich eine Art von Freiheit, die mich auf diesen kurvigen Straßen immer weitertrieb. Ich fuhr hinter Wohnwagen oder Campingmobilen, groß wie Busse, her und überholte keinen einzigen. Einmal, am Geburtstag meines Bruders, machte ich einen Umweg von fast zwei Stunden auf der Suche nach einem öffentlichen Telefon, um ihn anzurufen, fuhr dann wieder zurück und genoss jede dieser zusätzlichen Meilen. Berge umringten mich wie Zuschauer, imposant ragten sie über der Straße auf. Das war ein Ort, an dem man sich leicht klein fühlen konnte.

An einem stillen Abend fuhr ich knapp außerhalb des Dorfes Moose Pass an einem Weiher am Straßenrand vorbei, in dem ein Elch knietief im Wasser stand, ohne sich vom Verkehr stören zu lassen. Er war riesig – an den Schultern zwei Meter hoch – und sah fast komisch aus, wie eine Kuh auf Stelzen. Sein merkwürdiges breites Geweih wirkte nicht majestätisch wie bei einem Hirsch, aber trotzdem fantastisch. In dieser abgeschlossenen, kleinen Welt sitzend, rumpelte ich über die Halbinsel und hielt an, wenn ich Lust dazu hatte. Nachts baute ich mein Zelt auf, aber ich schlief nie gut. In diesen Hochsommertagen wurde es nicht richtig dunkel, und ich döste nur in meinem hellen Zelt. Manchmal öffnete ich desorientiert die Augen und wusste nicht, wie spät es sein könnte, nur die Stille von der Straße her sagte mir, dass der Morgen noch Stunden entfernt war.

Die Landschaft war immer erstaunlich. Manchmal war es

schwer, sich auf die Straße zu konzentrieren, so schön war die Welt jenseits des Asphalts. Blaue Gletscherflüsse ergossen sich durch felsige Täler, umgeben von schneebedeckten Gipfeln. Silbrige Seen tauchten auf und verschwanden wieder – Gerüchte zwischen den Bäumen. Pappelsamen trieben durch die Luft wie Sommerschnee. Der Himmel verengte und weitete sich. Das Land lud sowohl das Auge wie die Seele ein. Doch überall auf der Halbinsel, inmitten der rosa und purpurnen Blumen am Straßenrand, der Bäume und hohen Sträucher, inmitten der Flüsse, Bäche und Seen waren Schilder: »Privatbesitz«, »Betreten verboten«, »Zutritt verboten«. Ketten versperrten Zufahrten und Nebenstraßen; es gab Vorhängeschlösser und hohe Zäune; es gab Grenzen, die nicht überschritten werden konnten.

Es ist schwer zu erklären, warum genau diese Schilder mir ein Dorn im Auge waren. Vielleicht weil ich in einem Land lebe, in dem es keine Zutrittsbeschränkungen gibt. Oder vielleicht hat dieser spezielle Landstrich etwas an sich – mit seiner Größe, seiner Wildheit und seinen Wundern –, das den Gedanken an Besitz und Ausgrenzung fremd erscheinen lässt. Ich dachte zurück an Grönland, wo man Land nicht privat besitzen kann und wo die Beziehung zwischen Mensch und Ort auf dem Gedanken der Nutzung und der Gemeinschaft fußt. Ich dachte daran, wie angemessen das wirkte und wie unangemessen sich diese Schilder anfühlten. »Draußen bleiben«, sagten sie. Worauf ich, aus der Kabine meines Pick-ups heraus, mit zwei ähnlichen anstößigen Worten reagierte.

In Alaska, wie in den ganzen Vereinigten Staaten, ist die Beziehung zwischen Land und Leuten, vor allem zwischen »Wildnis« und Menschen, belastet mit historischem und kulturellem Gepäck. Land ist etwas, das auszubeuten und zu bewahren ist; es stellt die Vergangenheit wie die Zukunft des Landes dar; es ist anfällig und dominierend. Auch hier herrscht die Vorstellung einer Grenze, mit allen emotionalen Implikationen des Worts, und bringt ihr eigenes straffes Bündel aus Konflikten und Widersprüchen mit sich. Nicht zuletzt beim Thema Eigentumsrecht.

So anstößig mir diese Schilder auch erscheinen mochten, ist privater Landbesitz hier tatsächlich nicht die Norm, wie es anderswo in den USA sehr wohl der Fall ist. Der Großteil des alaskischen Landes ist, auf die eine oder andere Art, im Besitz des Staates oder der Zentralregierung, und das Ausmaß, in dem sie Erschließung erlauben – ob nun großflächiger Bergbau oder die Errichtung von Hütten oder Wohnhäusern –, ist verständlicherweise kontrovers. Weniger als ein Prozent des Staates ist in privaten Händen, mit einer Ausnahme, die für Außenstehende überraschend ist.

Vor Ankunft der Europäer besaßen die alaskischen Ureinwohner Alaska nicht. Tatsächlich wussten sie nicht einmal, was Landbesitz bedeutete (genauso wenig wie sie den Begriff der »Wildnis« verstanden). Sie brauchten ihn auch nicht. Wie die Inuit Grönlands waren die Ureinwohner Nordamerikas Nutzer des Landes und seiner Ressourcen. Sie wohnten auf ihm und waren auf ihm zu Hause. Besitz war nicht nur bedeutungslos, er wäre auch völlig kontraproduktiv für eine nachhaltige Beziehung zu dem Ort gewesen.

Doch das änderte sich, genau wie für die Indigenen auf dem gesamten Kontinent, als das Land, das sie nie als ihren Besitz betrachtet hatten, von Kolonisten usurpiert wurde. Und zumindest hier änderte es sich noch einmal mit der Verabschiedung des Alaska Native Claims Settlement Act (ANCSA) 1971, wonach die 60 000 Indigenen des Landes insgesamt eine Milliarde Dollar Entschädigung erhielten sowie 17 600 000 Hektar Land, aufgeteilt auf regionale und lokale »Körperschaften«. Wie John McPhee sagte: »Das war vielleicht die große, letzte und ausgleichende Zahlung für alle Ansprüche der Ureinwohner der amerikanischen Geschichte – ein Versuch, etwas auszulöschen, das mehr war als nur Rechtstitel ... Die Ureinwohner Alaskas waren plötzlich kollektiv reich.« In gewisser Hinsicht war das ein echter Sieg, und es war mit Sicherheit besser als alles, was den indigenen Völkern sonst wo im Lande angeboten wurde. Aber der Preis dieses Abkommens war, ein Besitz- und Wertesystem zu akzeptieren, das nicht ihr eigenes war. Es hieß, in anderen Worten, Mittäterschaft.

Susan Kollin schrieb: »Das von ANCSA eingeführte Körperschaftsmodell brachte neue Formen der ›institutionalisierten Konkurrenz‹ mit sich, die zwischen indigenen Völkern bis dahin nicht existierten und gewohnte Glaubenssätze verletzen, indem sie reziproke Beziehungen zur natürlichen Welt schmieden.« Die Auswirkungen dieser Veränderung sind sozial und psychologisch, aber auch finanziell. Als sie über die Einhegung von Gemeindeland in Privatbesitz in England schrieb, beobachtete Deborah Tall, dass »nach der Einhegung das gemeinschaftliche Gefühl für Ort und Identität unterteilt wurde in zahlreiche umzäunte und gut geschützte private Loyalitäten«. Diese privaten Loyalitäten wurden durch ANCSA den alaskischen Ureinwohnern auferlegt.

Vor Kurzem kaufte Jeff sich ein Stück Land von der Regierung. Der Staat verkauft weiterhin kleine Parzellen an Privatpersonen, die dort ein Anwesen errichten oder wenigstens eine Hütte bauen wollen, und genau das wollte Jeff tun: eine Hütte bauen, in der er mit seiner Familie Zeit verbringen kann, auf dem Land. Obwohl er im Süden, in Washington State, aufwuchs, hat er sich immer auf diesen Ort gefreut, sich nach ihm gesehnt. Nach Abschluss der Universität kam er hierher. Und jetzt, da er sich hier mit seiner Frau und seinen Kindern niedergelassen und eingelebt hat, verstehe ich ihn auf eine Art, wie ich ihn früher, so glaube ich, nie verstanden habe.

Eines Nachmittags brachen wir von Anchorage auf, um sein »Grundstück« zu besuchen. Von der Stadt aus war es eine zweieinhalbstündige Fahrt, dann ein kurzes Stück auf einem Feldweg in den Wald hinein. Als der Weg unpassierbar wurde, stiegen wir aus und marschierten los, zuerst noch auf einem Pfad, dann mitten durch den Wald. Das Vorankommen war schwierig, es ging über umgestürzte Bäume und Sträucher und dann einen steilen Abhang hoch, an dessen Kante das Land sich zuerst abflachte und dann wieder senkte. Nach einem Waldbrand vor ein paar Jahren waren einige Bäume jetzt spröde und tot. Einige standen noch, in komischen Winkeln, andere barsten unter unseren Füßen. Auf dem Boden wimmelte es von Pflanzen – Glockenblumen und Labrador-Porst. Schneeschuhhasen flitzten hinter Büsche, wenn wir uns näherten. Alle paar Minuten rief Jeff mit gelassener Stimme: »Hey, Bär, wir wollen hier nur mal kurz durch. Keine Überraschungen.« Sooft er das sagte, war ich erleichtert.

Es war leicht, zwischen den Bäumen die Orientierung zu verlieren, und wir gingen etwa eine halbe Stunde, bis wir links von uns einen See sahen. Als wir stehen blieben, um übers Wasser zu schauen, fiel mir die Stille auf. Nirgendwo ein menschliches Geräusch, nur die Luft, die in den Ästen raschelte. Irgendwo nicht weit weg schrie ein Adler. Moskitos umschwirrten unsere Gesichter. Die Stille schien sich aus der Erde selbst zu erheben. Wir fanden den Eckpfosten des Grundstücks und folgten dem

Markierungsband, zuerst zu einem kleinen Weiher, dann zu einem weiteren See. Keine dieser Wasserflächen hat bis jetzt einen Namen, und Jeff will sich alles gut überlegen, bevor er seine Markierung auf die Karte setzt. Wir hatten einen Ort weit weg von den Menschen erreicht, wo die Dinge keinen Namen hatten. Es fühlte sich wirklich sehr weit weg an, von der Straße, von der Stadt, von zu Hause.

Ich fragte Jeff noch einmal, warum er gerade hier eine Hütte bauen wollte, ob er versuche, vor anderen Menschen zu fliehen. Ich spürte, dass er defensiv wurde. Es geht nicht um Flucht, sagte er, und auch nicht darum, ein Leben ohne gesellschaftliche Zwänge zu führen. »Ich will einfach nur ein bisschen Ruhe und Frieden.« Er wusste, dass mir die Vorstellung, dieses Land zu besitzen, nicht so recht behagte, und dieses Unbehagen färbte unser Gespräch. In Wahrheit aber war ich, trotz meiner Vorbehalte, zutiefst neidisch. Ich war neidisch auf den Trost, den er hier zu finden schien – ein Trost, der für mich mit meinen Ängsten unerreichbar war. Aber wenn ich ehrlich bin, war ich auch neidisch auf genau diese Eigentümerschaft, die mir solche Magenschmerzen bereitete. Es war ein ruhiger, wunderbarer Ort, und es fiel mir nicht schwer zu sehen, warum er hier nicht nur Zeit verbringen, sondern ihn auch als sein Eigen betrachten wollte.

Ich bekam ein schlechtes Gewissen wegen meines Argwohns gegenüber seinem Landerwerb und weil ich zugelassen hatte, dass meine Abneigung gegen das Wort – Besitz – zu einem Vorurteil geworden war. Jeff betrachtet diesen Ort nicht als Gut. Rein juristisch gehört es ihm, aber ich glaube, sein Wunsch ist, dass dieses Gehören tiefer geht, über Recht und Besitzanspruch hinausreicht. Was er im Lauf der Zeit hier zu finden hofft, ist ein Gehören, das komplex und wechselsei-

Shetland: Mousa Broch

Grönland: Treibeis bei Nanortalik

Kanada: Pelikane auf dem Slave River

Alaska: Lachsfischer auf dem Kenai River

St. Petersburg: Der eherne Reiter

Finnland: Die Altstadt von Ekenäs

Schweden: Gamla Uppsala (Alt-Uppsala)

Norwegen: Stolmen

tig ist: eine Beziehung, die auf Zuneigung, Hingabe und Liebe basiert. Diese Hoffnung kann ich verstehen.

So standen wir beide also an diesem See und schauten durch eine Wolke aus Moskitos übers Wasser. Drei Enten kreuzten still am anderen Ufer. »Mir gefällt's hier«, sagte Jeff.

»Mir gefällt's auch.«

Als wir an diesem Abend in die Stadt zurückfuhren, redeten wir entspannter und offener, so schien es, als je zuvor.

An der Westküste der Kenai Peninsula streift der sechzigste Breitengrand die Randbezirke einer Kleinstadt. Der Sterling Highway führt zwar mitten durch Ninilchik, doch der Ort erstreckt sich in beide Richtungen – hinunter zum Strand, wo das alte Dorf liegt, und hinauf ins Flusstal. Die meisten Geschäfte drängen sich am Highway, sie hoffen auf Laufkundschaft: die Tankstelle, der Gemischtwarenladen, der Messer, Angelausrüstung und Lebensmittel führt; ein chinesisches Restaurant, ein Diner.

Unten am langen, steinigen Strand saß ich in der warmen Sonne. Hohe Wolkenschlieren zogen sich über das Cook Inlet, und am Horizont ragten die dunstig blauen Gipfel von Vulkanen in die Höhe. Der fünfzig Meilen entfernte Mount Redoubt erhob sich über seine Nachbarn, einen Wolkenschal um seine Mitte. Eine hohe, bewaldete Klippe hängt hier über dem Strand, mit Hütten und Campingplätzen oben auf dem Plateau. Eine Krähe patrouillierte an der Flutgrenze und verlangte wiederholt, dass ich ihre Futterstelle räumte. Draußen im Wasser sprangen dicht am Ufer Lachse. Fisch um Fisch schnellten die dicken silbrigen Leiber mit zuckenden Schwänzen in die Luft und tauchten wieder in den Ozean. An der Flussmündung, neben dem alten Ninilchik-Dorf, sah ich einen jungen Weißkopfseeadler badend ins Flachwasser waten. Er tauchte einen Flügel ein, dann den anderen, senkte den Kopf in die Strömung, dann den Schwanz. Er planschte im Wasser, streckte beide Flügel und schüttelte sich und wiederholte den Prozess.

Unten im Dorf teilten sich verrottende Boote und baufällige Schuppen den Platz mit neuen Wohnhäusern und renovierten Hütten. Dies ist eine der ältesten Siedlungen auf der Halbinsel, Anfang des neunzehnten Jahrhunderts wurde sie von Angestellten der Russisch-Amerikanischen Gesellschaft zum ersten Mal bewohnt. Als Russland Alaska 1867 an die USA verkaufte, blieben viele dieser Arbeiter hier, und über dem Dorf erhebt sich eine Holzkirche mit fünf winzigen Zwiebeltürmen. Es ist die orthodoxe Kirche, errichtet 1901 und noch immer in Betrieb, auch wenn die Gottesdienste heute auf Englisch sind. Im Inneren steht ein Ikonen-Triptychon, bedeckt mit vergoldeten Porträts, darunter auch eins des heiligen Hermann, der aus Westrussland nach Alaska kam und sein Leben als Eremit auf Spruce Island beendete. Der Friedhof vor der Kirche war überwuchert und blühte vor Leben. Ein alter Mann kniete zwischen den weißen Kreuzen, reparierte die niedrigen Zäune um die Gräber und stutzte den sie überwuchernden Löwenzahn. Elstern flatterten vom Kirchendach aufs Gras und flogen dann krächzend in die Bäume. Adler segelten langsam durch das Blau über meinem Kopf. Vögel streuten ihren Gesang über die Erde.

Leute kommen aus den unterschiedlichsten Gründen nach Alaska. Nach Ninilchik kommen sie, um zu angeln. Ich traf einige dieser Besucher in der Herberge über dem Fluss, in der ich untergekommen war. Da war Bill, ein Achtzigjähriger aus

Chicago, der zweimal im Jahr in den Norden kommt, um zu fischen oder zu jagen, und der manchmal seine Enkel mitbringt. Bill erzählt jedem, der sie hören will, Geschichten von seinen früheren Aufenthalten hier. Dann waren da Frank und Elaine aus San Francisco. Sie waren für zwei Wochen hier und bezahlten jeden Tag für organisierte Angelausflüge: an einem Tag Heilbutt, am nächsten Königslachs. Elaine blieb im Ort, und wenn Frank mit seinem Fang zurückkam, zerlegte sie seine Beute und steckte sie in Gefriertüten, um sie mit nach Hause zu nehmen. »Der Fisch kostet uns ungefähr 800 Dollar pro Pfund«, lachte sie. Frank schaute sie an und lächelte stolz.

Andere kommen hierher, um »Wildnis zu sehen«, dieses vage, unbestimmbare Ding, das, wie sie meinen, in ihrem Leben fehlt. Sie kommen, um Natur zu erleben, sie anzusehen oder sich in ihr zu bewegen und dann wieder nach Hause zu fahren. Darin liegt eine Art Nostalgie: der Wunsch, zu etwas zurückzukehren, das verloren ist oder gerade verloren wird, und eine Verbindung dazu aufzubauen. Es ist eine Sehnsucht nach der Vergangenheit des Landes, nach einem eingebildeten amerikanischen Eden, vor Kolumbus und vor Bering. Die Wildnis zu besuchen, heißt, »aus der Geschichte und in eine ewige Gegenwart« zu steigen, wie Gary Snyder es formulierte, »eine Lebensweise, die an den langsameren und stetigeren Prozess der Natur angepasst ist«. Dieses Heraussteigen bedeutet für diejenigen, die kommen, um hier zu leben, Freiheit. Es ist die Chance, den Vorschriften und der Bürokratie und dem Lärm und dem Durcheinander der modernen Welt zu entkommen. »Die letzte Grenze«, wie dieser Staat oft genannt wird, ist eine Art Zufluchtsort oder spiritueller Hafen, so wie Amerika selbst es für die ersten Pioniere war, und er bietet Menschen die Gelegenheit, sich mehr wie sie selbst zu fühlen.

Einige kommen nach Alaska – und ich glaube, Jeff gehört dazu –, weil sie von dem Ort träumen und dieser Traum sie nicht mehr loslässt.

In der kürzesten Nacht des Jahres saß ich am Strand von Ninilchik und schaute nach Westen. Zur Sommersonnwende steht die Sonne an jedem Punkt des Breitengrads für knappe neunzehn Stunden über dem Horizont. Und auch wenn sie untergeht, tut sie das in einem so flachen Winkel, dass das Licht nie völlig erlischt. Schlimmstenfalls, bei schlechtem Wetter, könnte man diese Nächte düster nennen, aber wenn der Himmel klar ist, bleibt genug Licht, um draußen ein Buch zu lesen (oder Golf zu spielen, wie die Tourismusindustrie in Shetland nie müde wird zu betonen). Es ist ein merkwürdiges Licht, dieses Mitternachtsleuchten. Zu Hause nennen wir es »*simmer dim*«, also etwa »simmernder Dämmer«: ein ausgewaschenes Rosé, in dem die Farben verblassen und die Konturen weicher werden. Ein Tag schmilzt übergangslos in den nächsten, eine Verbindung entsteht.

Um neun Uhr abends stand die Sonne noch hoch, und ein Lichtschwert lag auf dem Cook Inlet, mit der Spitze auf dem Gipfel des Mount Redoubt. Die Berge verblassten zu Silhouetten, Schnee war kaum mehr von Fels zu unterscheiden. Sie schienen aufrecht zu sitzen, wie knapp über dem Horizont auf einer dünnen weißen Linie schwebend. Fedrige gelbe Wolken durchzogen den blauen Himmel. Knapp vor der Küste fischten noch Boote. Und durch mein Fernglas sah ich einen Otter, der auf dem Rücken trieb. Ein Weißkopfseeadler quälte eine Schar Enten, alle tauchten panisch, wenn der Raubvogel tief über sie hinwegflog, immer wieder. Auf dem Strand lärmten vier Quads, während zwei Adler still am Wellenrand saßen, umgeben von einem Trupp rastloser Möwen.

Um zehn Uhr stand die Sonne knapp über dem Mount Redoubt. Die wenigen Wolken waren von hinten erleuchtet und glühten an den Rändern. Ein paar Leute hatten weiter unten am Strand ein Lagerfeuer errichtet und warteten auf Mitternacht. Ich lehnte mich zurück und schloss die Augen, ließ den Wind mein Gesicht umspielen. Ich dachte daran, wo ich war, auf halbem Weg meiner Reise; auf halbem Weg nach Hause.

Um halb zwölf war die Sonne hinter die Berge getaucht, über dem Land sammelte sich eine dicke Wolke. Die letzten Reste des Tages huschten über das Cook Inlet, und es blieb der süße Nachgeschmack des Lichts. Als Mitternacht kam, nahm ich meine Tasche und ging zum Pick-up zurück, ließ Nacht und Strand hinter mir.

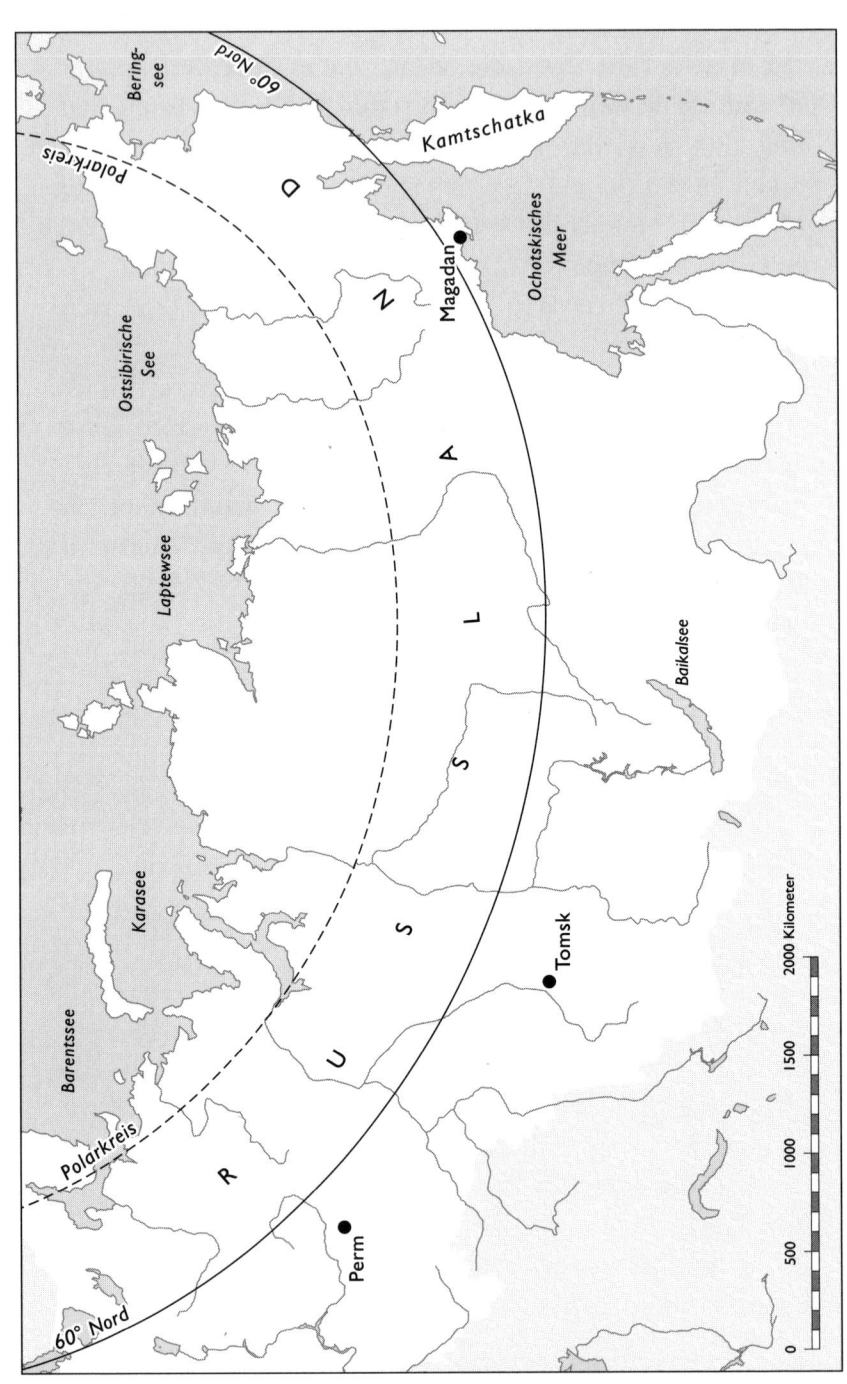

SIBIRIEN
Land im Exil

Auf der Weltkarte gibt es nur wenige Namen, die eine so schwere Last tragen wie Sibirien. Diese vier kurzen Silben sind inzwischen viel mehr als nur ein Ort. Sie werfen einen Schatten, beschwören eine Horde hässlicher Bilder herauf: von undurchdringlichen Wäldern und gesetzlosen Städten, von Armut und Alkoholismus, von intensiver Kälte und intensiver Grausamkeit. Das ist eine Region, die im Bewusstsein lebt, in Tagträumen und Albträumen; sie ist mehr vorgestellt als gesehen. Und diese Bilder reflektieren wie eine Wolke aus Spiegeln das Land selbst, sie verhüllen es und lenken von ihm ab. Es ist ein Ort, der hinter seinem Mythos fast verschwunden ist.

Um etwas über Sibirien zu sagen, muss man mit der Größe anfangen, denn die enorme Ausdehnung des Landes ist wesentlich für seine Geschichte. Obwohl es mehr als fünf Millionen Quadratmeilen bedeckt – fast zehn Prozent der Landmasse der gesamten Welt –, hat Sibirien weniger als vierzig Millionen Einwohner. Es erstreckt sich von den Bergen des Urals im Westen bis zum Pazifischen Ozean im Osten, von den mongolischen Steppen im Süden bis zur eisigen Arktis im Norden. Das ist eine Gegend, die größer ist als Amerika und Westeuropa zusammengenommen.

Als ich einundzwanzig war, ging ich nach Kamtschatka, im fernen Osten Russlands. Ich hatte den wunderbaren Namen

Kamtschatka und eine Beschreibung in einem Reiseprospekt gefunden und beschlossen, dorthin zu reisen. Das war ein Ort, an dem keiner, den ich kannte, je gewesen war. Es klang exotisch und schien, zumindest auf der Karte, sehr weit weg. Auf der Reise dorthin, von Shetland nach London, von London nach Moskau, von Moskau nach Petropawlowsk, schien es noch weiter weg zu sein. Dieser letzte Teil der Reise, von Russlands Hauptstadt in seine entlegenste Region, ließ mich daran zweifeln, ob ich die ungeheure Ausdehnung des Landes wirklich verstand. Der Flug dauerte neun Stunden und überquerte acht Zeitzonen. Stunde um Stunde zog das Land unter uns vorbei, tauchte hin und wieder aus den Wolken auf, enthüllte aber nichts. Land, Wasser, Raum, nichts. Was unter uns lag, schien so gut wie blank, wie eine Wüste oder ein Meer. Aus dieser Höhe, dieser Entfernung, wirkte es leer.

In den Zeiten des Kalten Kriegs war Kamtschatka, wie viele Teile Russlands, für Außenstehende so gut wie verschlossen, auch für die eigenen Bürger des Landes. Es gab eine Basis für Atom-U-Boote auf der Halbinsel und gibt sie immer noch, in der Nähe von Petropawlowsk, der Hauptstadt der Region, die 1740 von Vitus Bering gegründet wurde und nach seinen beiden Schiffen benannt ist, die *St. Peter* und die *St. Paul*. Kamtschatka war außerdem eine Basis für die internationale Überwachung, ist die Halbinsel doch die Region, die der Westküste Amerikas am nächsten ist, und auf Hügeln war diese Vergangenheit zwischen den Bäumen immer noch sichtbar. Aber in dem guten Jahrzehnt, das zwischen dem Ende der Sowjetunion und meinem Besuch vergangen war, hatten die Türen sich langsam für Außenstehende geöffnet. Individualreisen wurden immer noch zu verhindern versucht, aber organisierte Besuche waren möglich, deshalb gesellte ich mich zu einer kleinen

Reisegruppe – ein halbes Dutzend Fremde in einem fremden Land – und ging nach Osten.

Wir verbrachten nur zwei Wochen auf der Halbinsel, aber in dieser Zeit verliebte ich mich heftig. Zusammen mit meinen Mitreisenden stieg ich in den stinkenden Rachen des Mutnowski-Vulkans und campierte zwei Tage an seinem Fuß, als der letzte Ausläufer eines Taifuns uns in unseren ramponierten Zelten festsetzte. Ich badete in heißen Quellen, die der Erde entsprangen wie Segnungen. Ich stand neben dem Fluss Kamtschatka, während Riesenseeadler über mir kreisten und ein junger Braunbär auf dem gegenüberliegenden Ufer patrouillierte. Überwältigt starrte ich hinaus über Land, so riesig und so wunderschön – ich konnte kaum glauben, dass man ihm zu existieren erlaubte. Als ich Russland verließ, war ich betört. Etwas an diesem außerordentlichen Ort packte mein Herz und ließ es nicht mehr los.

Für einen Großteil meines Lebens habe ich mich der Liebe fern gefühlt – zwar in Sicht, aber außer Reichweite. Es ist eine Empfindung, die mein Gefühl des Abgetrenntseins widerspiegelt, das mich von Jugend an begleitete. Und auch wenn es zum Teil selbst verschuldet sein mag – ein Vermeiden von allem, dessen Verlust mich schmerzen könnte –, ganz sicher bin ich mir nicht. Diese Knoten, in denen wir uns verfangen, werden nicht bewusst oder absichtlich geknüpft, sondern eines Tages wachen wir einfach auf und sehen uns gebunden. Aber wegen dieser Ferne waren Augenblicke, in denen Liebe oder etwas wie Liebe mich gepackt hat, unvergesslich und wichtig. Und dies war so einer.

Der sechzigste Breitengrad verläuft durch den Norden der Halbinsel Kamtschatka und über das Ochotskische Meer zum »Festland«, wobei er dicht an der Stadt Magadan vorbeikommt. Diese Stadt wurde, wie fast jeder Ort in Sibirien, zum Symbol für das Grauen, für das die Region im zwanzigsten Jahrhundert bekannt wurde. Denn Magadan war Hafen und Verwaltungszentrum der Organisation Dalstroi, der Betreiberin der Gulags im russischen Nordosten. Das waren die Lager, die kollektiv als Kolyma berüchtigt wurden. Das Gulagsystem der Zwangsarbeitslager, das seinen Zenit unter den wachsamen Augen von Josef Stalin erreichte, wird inzwischen als einer der abscheulichsten Akte der Barbarei des zwanzigsten Jahrhunderts betrachtet. Viele Millionen wurden in diesen Lagern eingesperrt, und viele Millionen starben. Das Ausmaß des Geschehens ist fast so unvorstellbar wie das Ausmaß von Sibirien selbst.

Aber die Geschichte der Region als Ort des Exils und der Gefangenschaft beginnt nicht mit Stalin oder Lenin, sie geht viel weiter zurück. Tatsächlich wurde Sibiriens Wert als Müllhalde für Missliebige schon entdeckt, als Russland im siebzehnten Jahrhundert begann, die Länder östlich des Urals zu erkunden. In einer verqueren Nachahmung des amerikanischen Zugs nach Westen wurde die Bewegung der Forschungsreisenden, Fallensteller und Händler in Russland begleitet von einem anderen Strom: Menschen, die man ins Exil zwang. Es ist eine außerordentliche Tatsache, dass, obwohl der erste europäische Russe erst 1639 die Pazifikküste erreichte, am Ende dieses Jahrhunderts zehn Prozent der sibirischen Bevölkerung bereits aus Verurteilten bestand.

In Amerika wurde der Westen zum Symbol von Hoffnung und Fortschritt der Nation; in Russland repräsentierte der

Osten immer eine dunklere und zwiespältigere Vision. Er bot Reichtum, in Form von Pelzen und Gold, aber er blieb immer ein ferner Ort, weit weg vom Herzen des Landes. Während Amerika expandierte, um seine natürlichen Grenzen zu füllen, blieben Russlands Macht und Reichtum, wo sie immer waren, auf der anderen Seite des Urals. Sibirien wurde erobert, aber nie wirklich in die Nation integriert. Die Region wurde als so entfernt und verschieden betrachtet, dass, als die Dezember-revolutionäre 1826 ins Exil geschickt wurden, weil sie geplant hatten, Zar Nikolaus I. zu stürzen, Nikolai Basargin, einer der ihren, schrieb, er betrachte sich nicht länger als »einen Bewohner dieser Welt«.

Nach Sibirien geschickt wurde man wegen einer ganzen Reihe von Verbrechen. Von echten revolutionären Aktivitäten wie die der Dekabristen bis zu scheinbar harmlosen wie Tabakschnupfen oder Wahrsagerei: Alles konnte zur Verbannung führen. Und die konkrete Ausformung dieser Strafe unterschied sich ebenfalls beträchtlich. Für einige bedeutete das Exil kaum mehr als eine erzwungene Veränderung der Adresse, aber viele andere wurden in Arbeitslager geschickt, die Vorläufer der Gulags. Diese Lager dienten wie die Gulags einem doppelten Zweck: Sie entfernten nicht nur unerwünschte Elemente aus der Gesellschaft und stellten sie dort ab, wo sie keinen Schaden mehr anrichten konnten, sondern lieferten auch eine große, billige Arbeiterschaft zur Ausbeutung der natürlichen Ressourcen Sibiriens. Es waren keine Konzentrationslager im selben Sinne wie diejenigen, die von den Nazis betrieben wurden. Ihr Ziel war es, Geld zu verdienen, und im Wesentlichen übernahmen die Sträflinge die Rolle von Sklaven. Der Tod war nicht der beabsichtigte Ausgang für die Gefangenen. Zumindest nicht am Anfang. Er war ganz einfach ein Berufsrisiko.

Auch wenn die Zaren sich vor der Revolution mit Sicherheit der Zwangsarbeit bedienten, war doch das Ausmaß und die Brutalität des in den ersten Jahrzehnten des zwanzigsten Jahrhunderts entwickelten Systems völlig beispiellos. Als die Bolschewiken 1917 die Macht übernahmen, waren rund 30 000 Personen in Lagern quer durch Sibirien inhaftiert. 1953 aber, dem Jahr, in dem Stalin starb und das Netzwerk allmählich aufgelöst wurde, befanden sich 2,5 Millionen Gefangene in den Gulags. Dies war ein System der Verbannung und der Sklaverei, das das ganze Land durchseuchte wie die Pocken, und es war größtenteils von der Paranoia und der Rachsucht eines einzelnen Mannes befeuert.

Unter den Tausenden von Lagern in der gesamten UdSSR erwarben diejenigen in Kolyma sich den Ruf, die schlimmsten zu sein. Die Region war, mit Alexander Solschenizyns Worten, »der Kältepol der Grausamkeit«. Die Isolation, die extremen Temperaturen, die schwierige, gefährliche Arbeit und die daraus folgenden hohen Sterberaten waren legendär. Die Gefangenen waren unterernährt und wurden unter unhygienischen Bedingungen gehalten, zusammengepfercht in eiskalten Baracken, in denen es von Läusen und anderen Insekten wimmelte. In den Jahren nach 1937, als Dalstrois erster Chef – der von Stalin als zu weich betrachtet wurde – entfernt und exekutiert wurde, war Kolyma eine Hölle, aus der fast nur der Tod ein Entkommen versprach.

Unter Gefangenen war Kolyma als »der Planet« bekannt. Wie Basargin ein Jahrhundert zuvor hatten die nach Magadan Transportierten das Gefühl, in eine völlig andere Welt zu reisen, und die schiere Schwierigkeit, diesen Ort zu erreichen, unterstrich dieses Gefühl noch. Die Sträflinge mussten mit dem Zug quer durchs Land fahren, in überfüllten, schmutzigen Viehwaggons, mit unzureichender Nahrungs- und Wasserversorgung. Im Sommer starben viele unterwegs an Durst oder Krankheiten, im Winter erfroren sie. Es dauerte einen Monat oder mehr, um von Moskau aus die Pazifikküste zu erreichen, und dort angelangt, wurden die Gefangenen in Auffanglager gepfercht, bis sie per Schiff nach Magadan gebracht wurden.

Diese Schiffe waren dem Vernehmen nach schlimmer als der Transport über Land. Für einen Großteil der einwöchigen Fahrt durch das Ochotskische Meer vor der Küste Japans wurden die Sträflinge in Frachtbereichen eingesperrt, die nie für den Personentransport gedacht waren. So viele drängten sich unter Deck, dass, wie einige behaupteten, es unmöglich war, sich hinzulegen. Essen wurde von oben hineingeworfen, und die Gefangenen lebten, oft seekrank und sonst wie leidend, in ihrem eigenen Dreck. Gewöhnliche Kriminelle herrschten in diesen »schwimmenden Kerkern«, wie der Historiker Robert Conquest sie nannte, stahlen Essen und Kleidung von den politischen Gefangenen und verstümmelten oder töteten jeden, der sich ihnen in den Weg stellte. Frauen und junge Männer wurden massenhaft vergewaltigt, ohne Konsequenzen für die Täter, und diejenigen, die unterwegs starben, wurden von den Wachen einfach ins Meer geworfen.

So tief war das nackte Elend dieser Reise, dass die Lager selbst kurzfristig als Erlösung erschienen sein mochten. Wenigstens gab es hier eine Ration Essen für jeden und auch ein wenig Wärme, wenn auch nicht annähernd genug von beidem. Und es herrschte ein Mindestmaß an Ordnung. Doch jedes Gefühl der Erlösung dürfte nur so lange gedauert haben, bis die Realität des Lebens in Kolyma ins Bewusstsein drang. Die Hauptarbeit der Gefangenen nach ihrer Ankunft war der Bergbau, vorwiegend Gold und andere wertvolle Metalle und später Uran. Den Gefangenen wurden Arbeitspensen gesetzt, die auch in Schichten von zwölf bis sechzehn Stunden nicht erfüllt werden konnten. Und wenn ihre Produktivität zu tief sank, verminderte sich auch die Essensration. Und wenn sie, was fast unausweichlich war, wegen des Hungers noch weiter sank, riskierte man, als »Saboteur« erschossen zu werden. Die Tatsache, dass es nie genug Essen für alle gab, sorgte dafür, dass jeder nur auf sein eigenes Wohl bedacht war. Mit der Zeit, inzwischen kaum mehr als Skelette, beherrscht von Hunger, Durst und Erschöpfung, hörten die Gefangenen auf, sie selber zu sein; hohle Menschen wurden aus ihnen, mit nur noch den nacktesten und niedrigsten Gefühlen. Warlam Schalamow, der vierzehn Jahre in Kolyma verbracht hatte, schrieb: »Alle menschlichen Gefühle – Liebe, Freundschaft, Neid, Sorge um den Nächsten, Mitleid, das Streben nach Ruhm, Ehrlichkeit – hatten uns zusammen mit dem Fleisch verlassen, das von unseren Leibern geschmolzen war.«

Von denen, die die Lager überlebten, waren viele für immer gebrochen. Sie waren befreit, aber nicht frei. In seinen *Aufzeichnungen aus einem Totenhaus,* einem fiktiven Bericht über die vier Jahre, die er in den 1850ern in Sibirien verbrachte, schrieb Fjodor Dostojewski darüber, wie einige Sträflinge nach ihrer Freilassung die Freiheit, nach der sie sich gesehnt hatten, in den Städten und Dörfern, in die sie zurückkehrten, nicht finden konnten. Manchmal sei ein gelassener, gewissenhafter Mann, der versprochen habe, ein fähiger Bauer und ein guter, gesetzter Bürger zu werden, in den Wald davongelaufen. Diese ehemaligen Gefangenen wurden »unverbesserliche Vagabunden«, die ihre Familien verließen, um für immer herumzuwandern und ein Leben zu führen, das »arm und schrecklich, aber frei und voller Abenteuer« war.

Dostojewskis Erfahrung spiegelte sich auch im zwanzigsten Jahrhundert, als frühere Gulaginsassen sich nicht mehr an das bürgerliche Leben anpassen konnten, an die Orte und Städte, in denen sie früher gelebt hatten. Zu Hause konnte für diese Ex-Gefangenen nicht mehr ein einzelner Ort sein. Familie, Arbeit, Verantwortlichkeit, alles wurde zu Ketten, die man letztendlich sprengen musste. Die Taiga wurde ihr Zuhause; das Land selbst war Freiheit.

Natürlich hatte Sibirien bereits seine Population der Wanderer: indigene Russen – Ewenken, Sacha, Nenzen, Tschuktschen, Korjaken, Jukagiren und andere –, die bis zu Sowjetzeiten nomadisch gelebt, Rentiere gehalten und wilde Tiere gejagt hatten. Ihre Bewegungen wurden bestimmt durch die natürliche Migration der Tiere, von denen sie abhängig waren. Der Gedanke einer festen Siedlung – sich an einen Ort zu binden und dort zu bleiben – war ihnen völlig fremd; im Kontext ihres Lebens ergab das keinen Sinn. In der Taiga an einem Ort zu bleiben, hieß zu sterben.

In der Region um Magadan war die vorherrschende indigene Kultur die der Ewenken, die in kleinen Familiengruppen lebten und Rentiere hielten. Seit über zweitausend Jahren, seit der Domestikation dieser Tiere, war die Beziehung zwischen Mensch und Rentier der Mittelpunkt ewenkischen Lebens, da diese Tiere fast alles lieferten, was sie zum Leben brauchten. Ihr Fleisch wurde gegessen und ihre Milch getrunken; ihr Fell wurde für Kleidung und für Behausungen genutzt; aus ihren Geweihen konnte Werkzeug hergestellt werden. Fische, Kräuter, Beeren, wilde Säugetiere und Vögel brachten Vielfalt in den Speiseplan, doch die Rentiere gaben Stabilität. Ohne sie wäre das Leben in Sibirien so gut wie unmöglich gewesen. Die Beziehung der indigenen Sibirier zum Land war eine sehr intime. Um am Leben zu bleiben, war es grundlegend, die Gegend zu kennen, durch die man sich bewegte, sie psychisch und geografisch zu kennen, aber auch ihren Charakter. Dieser Charakter war das Wesen des Ortes, seine Seele oder sein Geist. Und für die Ewenken, wie für andere sibirische Völker, waren Geister eine echte, bewusste Präsenz im Land, die man respektieren, beachten und wenn nötig besänftigen musste. Alles an diesem Ort hatte einen Geist – jedes Tier, jeder Fluss, jeder Berg und jedes Tal – und »weil solche Kreaturen, Orte und Objekte eine Art von Bewusstsein haben, haben sie auch Absichten«, wie Piers Vitebsky meinte. Um sicher und erfolgreich zu leben, muss man deshalb »sich bemühen, die Stimmungen der eigenen Umgebung zu erkennen und sein Verhalten entsprechend anzupassen, um die eigenen Ziele zu erreichen und Katastrophen zu vermeiden«.

Dieses Verständnis der Welt als fühlender Ort dürfte früher einmal ziemlich allgegenwärtig gewesen sein. Heute aber erscheint das schwer vorstellbar, wenn man es aus der Distanz, aus der mehr oder weniger seelenlosen Bequemlichkeit unserer Gegenwart betrachtet. Doch Schatten davon lauern noch immer in unserer Art zu denken und in unserer Sprache, und sie liegen nicht weit unter der Oberfläche. Sibiriens Klima ist brutal, wie man sagen könnte, und das Land selbst *grausam* und *unbarmherzig*. Diese Adjektive sind metaphorisch gemeint, doch wenn wir einem Ort solche Eigenschaften zuschreiben, ist es kein so riesiger psychologischer Sprung mehr, sich die Möglichkeit einzugestehen, dass sie vielleicht keine Metaphern sein könnten. Wenn man sagt, dass Sibirien ein unbarmherziger Ort ist, identifiziert man ein Element seines Charakters, seines Geistes. Und in schwierigen Zeiten, angesichts der Realität dieses Mangels an Barmherzigkeit, wächst die Anerkennung dieser Geister unweigerlich. In den *Erzählungen aus Kolyma* sieht ein Gulgaggefangener dies mit furchteinflößender Klarheit: »Die Natur im Norden ist nicht unpersönlich oder gleichgültig«, sagt er, »sie steckt unter einer Decke mit denjenigen, die uns hierhergeschickt haben.«

In Zentralkamtschatka besuchten meine Reisebegleiter und ich eine Gruppen Ewenken. Im Dorf Esso bestiegen wir einen klapprigen orangen Helikopter, der uns laut und nervös auf ein baumloses Plateau brachte, das sich von unserem Leben unendlich weit weg anfühlte. Als wir ausstiegen und der Motor abgestellt wurde, wich das Donnern der Motoren einem Donnern von Hufen, als Hunderte von Rentieren – einige weiß, einige bunt gescheckt, die meisten aber von einem dunklen Schokoladenbraun – sich in einem engen Verteidigungsring gegen den Uhrzeigersinn drehten. Am Rand des Rings standen Männer in khakifarbener Bekleidung und beobachteten die Tiere. Einer hatte ein Lasso zwischen den Fingern. Dann wurde ohne Vorwarnung eine Schlinge geworfen, und ein Rentier wurde aus der Gruppe herausgezogen. Es tauchte tänzelnd und bockend am Ende des Seils auf – unbeschadet, lebendig und energiegeladen. Wir sahen schweigend zu, wie die Männer das Tier von der Gruppe wegzerrten und es dann fest zu Boden drückten. Eine Klinge wurde an der Schädelbasis in den Nacken gestochen, was es sofort tötete. Was eben noch lebendig und aufregend gewesen war, war nun tot.

Es dauerte nur Augenblicke, bis das Tier in verwendbare Stücke zerlegt war. Die ersten Schnitte wurden längs der Beine nach oben geführt, dann wurde die Haut zurückgezogen. Der Kopf wurde abgetrennt und, vom Lager abgewandt, verkehrt herum auf den Boden gestellt. Dann wurde mit atemberaubender Geschicklichkeit die Haut vom Körper gerissen und der

Kadaver ausgenommen. Mehr Leute kamen dazu, mit Messern in den Händen und jeweils einer speziellen Aufgabe. Sechs Männer und eine Frau arbeiteten zusammen, zerschnitten das Tier in seine Bestandteile, zerteilten es in Nahrung und Fell. Zigaretten hingen ihnen aus dem Mund, als sie sich über den Körper beugten und schnitten und zerteilten. Auf dem Boden neben dem Fleisch wurde ein kleines, rauchendes Feuer entzündet, um Insekten abzuhalten.

Als die Arbeit getan war, wurden wir ins Gemeinschaftszelt eingeladen, einen großen Bau mit Holzgerüst, mit einem offenen Feuer in der Mitte und einem geschwärzten Kessel, der darüber hing. In diesen Kessel kamen das Herz des Tiers und andere Fleischstücke, und für ein oder zwei Stunden saßen wir mit den Ewenken beisammen, redeten, tranken Tee und aßen das Tier, das wir eben sterben gesehen hatten.

Öfter als an jedes andere Erlebnis während meiner Zeit im Kamtschatka denke ich zurück an diesen Tag mit den Ewenken. Dort, inmitten von Bergen und Rentieren, war etwas, das mich beeindruckte und sich mir einprägte, das ich aber nie ganz verstanden habe. Ich wusste natürlich, dass es bei jeder Interaktion zwischen Touristen und Einheimischen immer eine gewisse Falschheit gibt und dass eine große wirtschaftliche Perversität unsere Begegnung überhaupt erst ermöglicht hatte. Doch dahinter, hinter alldem, lag etwas, das mich bewegte und noch immer bewegt. Es war etwas im Donnern dieser Hufe, in der Trennung von Haut und Fleisch. Es war etwas im Teilen des Essens. An diesem Tag wurde ich Zeuge einer Vertrautheit zwischen Menschen und ihrem Ort, die weit über das hinausging, was Worte beschreiben können. Es war ein Band, das mehr war als ein Band; es war eine Liebe, die mehr war als Liebe. Dort in Kamtschatka waren diese Leute nicht wirklich vom Land zu trennen. Sie und es waren Teile voneinander. Es war eine Art von Verbindung, die normal und zugleich außergewöhnlich war, und obwohl ich wusste, dass eine solche Übereinstimmung in der Welt, in der ich lebe, nicht mehr wirklich möglich ist, spürte ich, als ich sie sah, zum ersten Mal ihr Fehlen. Und von da an, von dieser Erkenntnis an, gewann meine Sehnsucht Gestalt.

Der Besuch im Lager der Ewenken war in gewisser Weise irreführend. Während das Leben auf dem Land genau so aussah, wie es in unserer Vorstellung seit Jahrhunderten ausgesehen hatte, hat sich in den letzten hundert Jahren für alle einheimischen Völker Sibiriens sehr viel geändert. Tatsächlich wurden in dieser Zeit ihre Kultur und ihre Lebensweise herabgewürdigt, bedroht und absichtlich pervertiert, mit Konsequenzen, die sich quer durchs Land noch immer zeigen. Für die Sowjets, die Anfang des zwanzigsten Jahrhunderts die Macht übernahmen, waren Nomaden ein Problem. Die Behörden glaubten, dass die Lebensweise der einheimischen Völker sozial rückständig sei, nicht vereinbar mit der neuen Wirtschaftsform. Ihre Lösung dafür war äußerst zerstörerisch. Ab den 1920ern wurde die Rentierhaltung genauso behandelt wie jede andere Form der Landwirtschaft und letztendlich unter die Kontrolle der riesigen staatlichen Farmen gebracht. Hirten wurden zu Arbeitern, die nicht mehr für sich selbst schufteten, sondern für ein Gehalt von den Geschäftsführern der Farmen. Zusätzlich erschufen die Behörden »Eingeborenendörfer«, in denen die Hirten zu wohnen hatten, wenn sie nicht auf »Schicht« auf dem Land waren. Die Anzahl der Männer, die mit den Rentieren arbeiteten, wurde begrenzt – Löhne wurden nur unentbehrlichen Angestellten bezahlt –, und die Anzahl der Frauen wurde noch stärker begrenzt, normalerweise auf nur eine pro Herde. Auf diese Art begannen Familien zu zerbrechen, da die Väter oft für lange Zeit abwesend waren. Die Situation wurde noch verschlimmert durch die Abschiebung vieler Kinder in weit entfernte Schulen, wo man ihnen durch Bildung die Lebensweise ihrer Eltern abgewöhnen wollte. Neben diesen materiellen Veränderungen war auch die spirituelle Welt der Menschen bedroht. Vor allem Schamanen, die für den Fortbestand des indigenen Verständnisses des Landes und seiner Geister grundlegend waren, wurden verfolgt, ermordet und letztendlich ausgerottet. (Das Wort »Schamane« ist ewenkischen Ursprungs, doch ähnliche Gestalten gab es in ganz Sibirien und Nordskandinavien und gibt es in Jäger- und Nomadengesellschaften weltweit immer noch.) Die Sowjets gaben sich große Mühe bei dem Versuch, die einheimische Denkart durch ihre eigene brutale Logik zu ersetzen. So wurden zum Beispiel Schamanen, die sich in ihren traditionellen Ritualen auf »Seelenreisen« begaben, bei denen sie »flogen«, manchmal auf dem Rücken eines Rentiers, aus Hubschraubern geworfen, um zu beweisen, dass sie es eben nicht konnten.

Der Plan der Sowjets war größtenteils erfolgreich, denn sie erreichten fast alles, was sie sich vorgenommen hatten. Obwohl spirituelle Vorstellungen in der einheimischen Bevölkerung noch immer weit verbreitet sind, sind die Schamanen verschwunden, und das Nomadentum wurde minimiert, soweit es realistischerweise möglich war. Aber diejenigen, die mit den Auswirkungen zu leben hatten, zahlten einen hohen Preis dafür.

Als die Sowjetunion zusammenbrach, waren die Völker Sibiriens so verletzlich wie nie zuvor. In siebzig Jahren von außen aufgezwungenen sozialen Umwälzungen hatten die

Gemeinschaften der Region die Autarkie verloren, die für ihr Überleben nötig war. Rentierhirten, die sich jahrtausendelang nur auf ihre Fähigkeiten und ihr Wissen um das Land und seine Tiere verließen, waren abhängig geworden von Lieferungen und Diensten, die von woanders herkamen, von Tierärzten, von Lufttransporten, von endloser Bürokratie, von Wodka. Und als der Kommunismus verschwand, verschwand das ökonomische Sicherheitsnetz des Staates ebenfalls.

In Einheimischendörfern sind die Folgen dieser Veränderung allzu sichtbar. Alkoholismus, Drogenmissbrauch, Gewalt und Selbstmorde: eine altbekannte Liste. Junge Menschen fühlen sich ihrer Kultur und ihres Landes entfremdet. Vor allem Frauen, die man jahrzehntelang gedrängt hatte, eine Arbeit aufzunehmen, anstatt sich mit der Tierhaltung zu beschäftigen, fühlen sich jetzt völlig abgetrennt von dieser Lebensweise. Sie sind verloren in einem Land, zu dem sie keine Beziehung mehr haben.

Was in Sibirien passierte – das erzwungene Ende des Schamanismus, die Umstrukturierung und Ortsfixierung indigenen Lebens –, war das Aufzwingen fremder Werte auf eine Landschaft und eine Lebensweise, die von dieser Landschaft abhängig war. Das gesamte Wissenssystem der Ewenken, ihre Kultur und Identität, orientierte sich an der Taiga und den Rentieren. Doch in der Sowjetzeit verlagerte sich diese Orientierung. Sie richtete sich auf die Dörfer und die Städte. Die Hirten merkten, dass ihr Leben nebensächlich geworden war. Die Taiga wurde jetzt als Arbeitsplatz betrachtet, das Rentier als Produkt. Zur selben Zeit, als die sowjetischen Behörden Gefangene physisch in die Gulags verbannten, verbannten sie einheimische Sibirier psychisch aus ihrer Heimat; sie trennten sie von ihrer Lebensweise und ihrem Denken, die sich über Tausende von Jahren natürlich und notwendigerweise an diesem Ort entwickelt hatten.

Die Sehnsucht nach Heimat und die Sehnsucht nach Liebe sind sich so ähnlich, dass sie fast untrennbar sind. Der Wunsch, von einer Person oder einem Ort gehalten und gebraucht zu werden; der Drang, zu etwas zu gehören und dass das eigene Sehnen erwidert wird; das Bedürfnis nach Intimität. Diese Bedürfnisse, dieser Drang und diese Sehnsucht waren in mir, als ich nach Kamtschatka reiste, wie schon seit Jahren. Aber sie hatten noch keinen Weg gefunden, sich auszudrücken. Als ich mich verliebte, hatte ich etwas, einen Ort gefunden, auf den ich meine Sehnsucht aus sicherer Distanz projizieren konnte. Kamtschatka war wunderschön und geheimnisvoll, und in seinem Herzen war eine Stille, die vorübergehend die Ruhelosigkeit in meinem zu besänftigen schien. Aber Kamtschatka war auch, ziemlich buchstäblich, auf der anderen Seite der Welt. Zu der Zeit hatte ich Shetland als meine Heimat akzeptiert, war aber noch nicht so weit, es als solche zu lieben. Meine Vernarrtheit in Kamtschatka war zuerst einmal ein Zeichen dafür, dass diese Gefühle sich in mir entwickelten. Und sie war auch ein Zeichen dafür, dass Ort und Landschaft ein Fundament für Liebe sein konnten.

In den Monaten nach meinem Besuch in Kamtschatka dachte ich oft an diese Halbinsel zurück. Ich blieb in Kontakt mit den Menschen, die ich dort kennengelernt hatte. Ich las alles, was ich darüber finden konnte. Ich schaute mir wie besessen meine Fotos an. Ich lernte sogar das kyrillische Alphabet und schlug mich mit dem Russischen herum. Ich machte

Pläne, zurückzukehren und mehr Zeit dort zu verbringen, um die Region richtig kennenzulernen. Aber ich kehrte nie zurück. Wie jede Vernarrtheit klang auch diese wieder ab. Sie hörte auf, sich auf so überwältigende Art in meine Gedanken zu drängen, und letztendlich hörte sie auch auf, mich wegzulocken. Die Reise dorthin wäre zu teuer, entschied ich, zu kompliziert, zu weit, und die Realität des Zurückkehrens wäre wahrscheinlich enttäuschend. Langsam wurden meine Träume von Kamtschatka beiseitegelegt.

Als ein Ort des Exils ist Sibirien außerordentlich effektiv. Es ist riesig, kalt und absolut fremdartig: ein natürliches Behältnis für unsere Ängste und der ideale Ort, um unerwünschte Personen loszuwerden. Aber der Grund, warum es ein abgesondertes Land blieb – im Gegensatz zum amerikanischen Westen, der in das Land eingegliedert wurde –, liegt meines Erachtens ebenso sehr in uns wie im Land selbst. Denn in Sibirien widersetzen sich das Land und das Klima dem europäischen Verständnis von Heimat; sie widersetzen sich unserem Wunsch, uns irgendwo niederzulassen. Die Pioniere in Amerika bewegten sich nicht um der Bewegung willen. Sie zogen nach Westen, um neue Orte zum Leben zu finden, Land zu finden, das Familien und Gemeinden ernähren konnte. Sie waren auf der Suche nach einem besseren Leben und einem Ort, wo sie sich niederlassen konnten. Im Großteil Sibiriens ist es jedoch völlig unnatürlich, sich irgendwo fest niederzulassen. Fast nirgendwo ist sinnvolle Landwirtschaft möglich, deshalb sind Orte und Städte immer abhängig von Nahrungsmitteln und Materialien, die von woanders hergeschafft werden. Sich dort niederzulassen, bedeutet deshalb, Randständigkeit zu akzeptieren. Es ist eine buchstäbliche und psychologische Abhängigkeit. Heute lebt die große Mehrheit der Bewohner der Region auf diese Art, aber es bleibt eine prekäre Existenz, immer anfällig für die Auswirkungen von Entscheidungen, die irgendwo sehr weit weg getroffen werden.

Die entsetzliche Geschichte Sibiriens kann nicht abgeschüttelt werden. Sie klebt am Land, verzerrt und versteckt es unter den geschehenen Abscheulichkeiten. Doch die dunklen Geister, die in dieser Region umzugehen scheinen, gehören nicht zu ihr; sie sind nicht die Geister des Ortes selbst, sondern eher unsere eigenen Dämonen. Westliche Zivilisation verlangt feste Siedlungen. Das ist das Verhältnis zum Land, die unsere Kultur wünscht. Aber in Sibirien haben wir es mit einem Ort zu tun, in dem ein solches Verhältnis keinen Sinn ergibt. Die Indigenen dieser Region waren Nomaden, weil Ort und Klima es verlangten. Ihre Heimat war keine feste Örtlichkeit, sie war das Land selbst, und ihre Verbindung zu dem Land – geformt durch Jagd und Herdenhaltung – war ganz anders als die unsere. Sibirien ist der ideale Verbannungsort für Europäer, weil es ein Ort ist, der der europäischen Vorstellung, wie Heimat aussehen sollte, widerspricht. In Sibirien ist festes Niederlassen selbst eine Art von Exil.

Wenn ich jetzt auf die Zeit zurückschaue, die ich in Kamtschatka verbracht habe, erinnere ich mich noch gut an die Schmerzen, die ich empfunden habe, und an die tiefe Sehnsucht nach Rückkehr. Diese Sehnsucht war der Drang, mit einem Ort eine Verbindung einzugehen und sich in ihm zu versenken. Jetzt schaue ich mit Zuneigung und Nostalgie auf Kamtschatka zurück, wie auf eine Jugendliebe, von der man seit vielen Jahren entfremdet ist. Manchmal kehren meine Träume von diesem Ort zurück, und ich frage mich, ob ich ihn je wiedersehen werde.

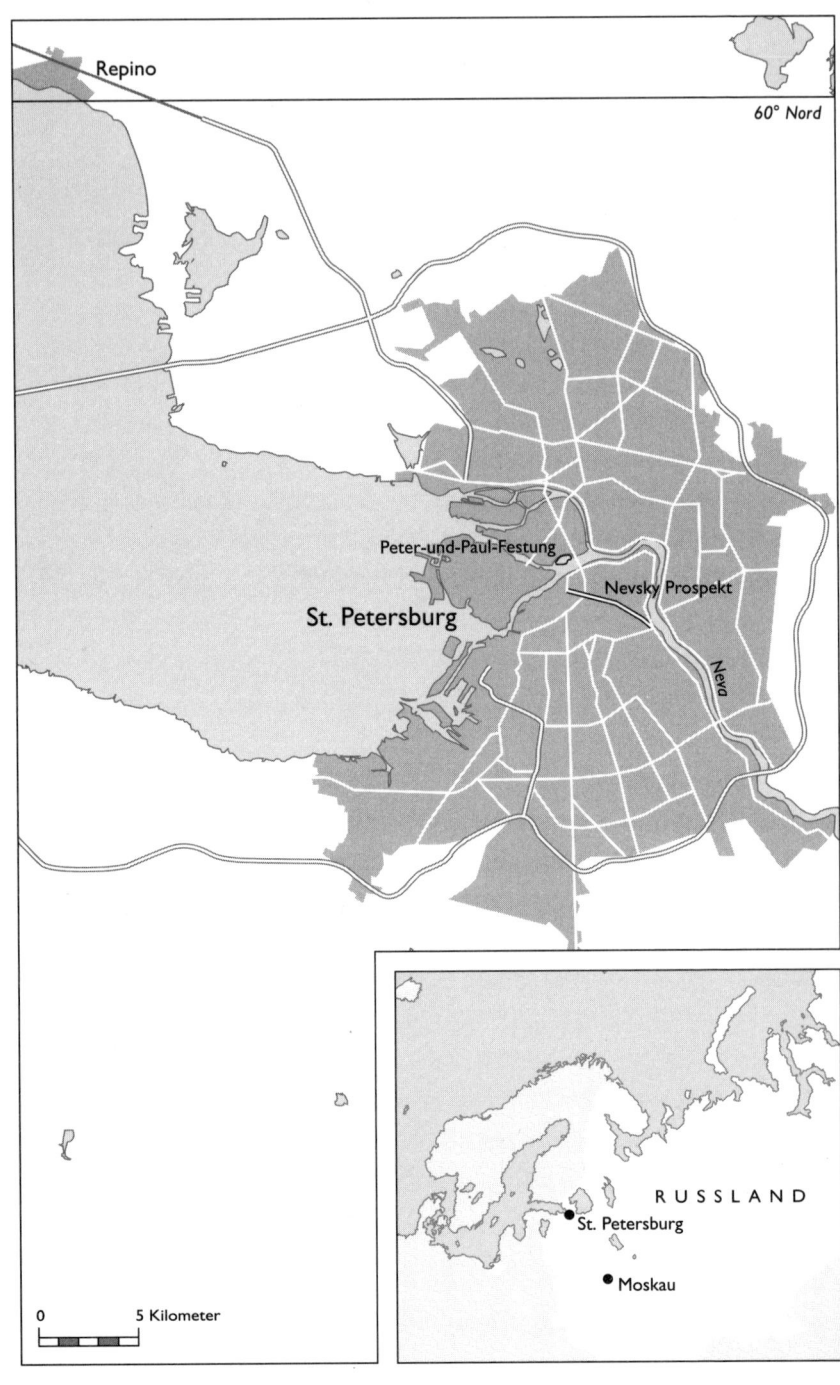

Repino

60° Nord

Peter-und-Paul-Festung

Nevsky Prospekt

Neva

St. Petersburg

RUSSLAND

St. Petersburg

Moskau

0   5 Kilometer

ST. PETERSBURG
die Stadt und der Sumpf

St. Petersburg ist eine Wunderstadt, die eigentlich gar nicht existieren dürfte. Seit dreihundert Jahren, seit ihre Fundamente in die sumpfige Erde an der Mündung des Flusses Newa gelegt wurden, haben natürliche und menschliche Kräfte sich verschworen in dem Versuch, sie zu zerstören, und mehrere Male hätten sie beinahe Erfolg gehabt. Für viele war die Stadt von Anfang an dem Untergang geweiht. Ihre Errichtung war ein Akt kaiserlicher Torheit, der nur durch einen Misserfolg gekrönt sein konnte. Es war ein Ort, der nicht dorthin gehörte, wo er gebaut worden war, ein Affront gegen die natürliche Ordnung und die Nation selbst.

Peter der Große entwarf die Stadt, als er gegen Ende des siebzehnten Jahrhunderts Westeuropa bereiste. Dort war er beeindruckt von London und vor allem von Amsterdam, und er stellte sich für sich selbst eine neue russische Hauptstadt vor. Als die lange umkämpfte Newa-Mündung 1703 von den Schweden zurückgewonnen wurde, begriff Peter sofort ihre Bedeutung. Bis dahin war die Gegend nur dünn besiedeltes Marschland gewesen, aber sie war auch der einzige Zugang, den Russland zur Ostsee hatte, und das machte sie wichtig für die Entwicklung des Landes: kulturell, militärisch und wirtschaftlich. Im Sommer dieses Jahres fing die Stadt an, in bemerkenswerter Eile Gestalt anzunehmen. Nach Peter sollte sie das Paradies auf Erden werden und Russlands »Fenster zum Westen«.

Von Anfang an war die Stadt von Vorhersagen ihrer Zerstörung geplagt. In ihren frühen Jahren warnte ein Prophet davor, dass »Gott die Stadt des Antichristen ertränken werde« und Peters eigene erste Frau Eudoxia, die er in einen Konvent verbannte, verfluchte die Stadt und verkündete, dass sie eines Tages leer stehen werde.

Manchmal schienen diese Voraussagen dicht an der Wahrheit zu sein. Im Zweiten Weltkrieg erklärte Adolf Hitler, dass er derjenige sein werde, der diese Stadt zerstörte und menschenleer machte, und mit den neunhundert Tagen der Belagerung von 1941 bis 1944 hätte er es fast geschafft. Mehr als eine Million starben in diesen Tagen, an Hunger und Krankheiten; es war eine der vielen entsetzlichen Gräueltaten dieses Krieges, ein bewusster und anhaltender Massenmord.

Und obwohl er Leningrad, wie die Stadt damals hieß, im letzten Jahr des Krieges die höchste Ehrenauszeichnung gewährte, war Josef Stalin kein größerer Freund der Stadt als sein deutscher Gegner. Nach dem Komponisten Schostakowitsch »beendete« Hitler nur, was Stalin angefangen hatte. Die Sowjets hatten die Hauptstadt des Landes nach Moskau zurückverlegt, als sie 1917 die Macht übernahmen, zweihundert Jahre nachdem Peter der Große das Gegenteil getan hatte. Dann machten sie sich daran, die Macht und den Reichtum aus der Stadt abzuziehen, die sie bis dahin angesammelt hatte. In der Großen Säuberung der dreißiger Jahre litt Leningrad enorm. Von gewöhnlichen Familien bis hinauf zu Sergei Kirow, dem Führer der Kommunistischen Partei der Stadt, wurden Zehntausende Einwohner exiliert oder exekutiert. Für Stalin war die Stadt eine Mahnung an das alte zaristische St. Petersburg. Sie war, in Nikolai Gogols Worten, »eine Fremde im eigenen Vaterland«, und nach dem Krieg machte Stalin sich daran, sie noch einmal zu vernichten. Diejenigen, die Leningrad durch die Belagerung geführt hatten, wurden ermordet; Schriftsteller, Künstler und Intellektuelle wurden in die Gulags abgeschoben. Das Leiden der Stadt ging weiter.

Es war die erste Woche im September, als ich in St. Petersburg ankam, doch der Herbst hatte sich in diesem Winkel des Nordens noch nicht festgesetzt. Ein warmer Wind blies über den Newski-Prospekt, als ich mich durch die Menge zum Fluss schob. Und obwohl es schon nach sechs am Abend war, leuchtete die Sonne noch strahlend hell und hauchte Wangenröte auf die rosafarbenen Wände des Stroganow-Palais. Die breiten Bürgersteige waren randvoll mit Menschen: Touristen in Regenjacken und Baseballkappen, hastende Geschäftsleute in Anzügen und Sonnenbrillen, Mädchen in kurzen Röcken, die Arm in Arm gingen, alte Frauen, deren Kopftücher ihre getönten Dauerwellen kaum bändigen konnten. Die Straße dröhnte von Hupen und Reifenquietschen, überdrehten Motoren, Sirenen und Schreien; Gestank aus Gullys und Auspuffen verpestete die Luft. Es war laut und chaotisch, ein wogendes Pandämonium, und ich hielt mich dicht an den Gebäuden, nervös wegen des Gewimmels und Gedränges zwischen ihnen.

Als ich die träge graue Newa zur Wassiljewski-Insel hin überquerte, blieb ich kurz bei den Rostra-Säulen stehen, die sich dort erheben, samt ihren vier Marmorstatuen, Verkörperungen der vier großen Flüsse Russlands. Früher dienten diese Säulen als öllodernde Leuchttürme der Schifffahrt, heute ist ihre einzige Funktion, den Blick wegzulocken vom dreckigen Wasser darunter. Von dort ging ich weiter in den Distrikt

Petrogradskaja und über die Fußgängerbrücke auf die Hasen-
insel und zu der Festung, in der die Stadt gegründet wurde.
Die Peter-und-Paul-Kathedrale leuchtete buttrig golden in
der Abendsonne, ihre vergoldete, nadelschlanke Turmspitze
ragte über hundertzwanzig Meter in die Höhe, wo Nebelkrähen wie schwarze Sterne vor dem blauen Himmel blinkten.
Dickflüssiges Licht sprenkelte die Bäume vor der Festung, und
die ersten gelben Blätter fielen ab, dem Wetter einen Schritt
voraus. In Gräben und auf Wegen sammelten sie sich, trocken
und knisternd unter den Schritten. Ich scharrte in dem Laub,
während ich durch den Alexandrowski-Park wanderte, und
empfand eine kindische Freude über diese unwiderstehliche
Verlockung.

So wie hier ist es nirgendwo sonst im Norden. St. Petersburg ist mit großem Vorsprung die am dichtesten besiedelte
Stadt auf oder über dem sechzigsten Breitengrad. Fünf Millionen Menschen leben inzwischen in der Stadt selbst und noch
viele mehr in der näheren Umgebung. In dieser Hinsicht, aber
auch aus anderen Gründen ist St. Petersburg eine Anomalie:
eine seltsame Stadt in einer seltsamen Umgebung, eine neue
Stadt, die aussehen sollte wie eine alte, die frühere Hauptstadt
des Reichs, die von Anfang an fremd wirken sollte. Ich war
am zwanzigsten Jahrestag des jüngsten Namenswechsels der
Stadt hier angekommen, als aus Leningrad zum zweiten Mal
in seiner Geschichte St. Petersburg wurde. Fast siebzig Jahre
lang hatte die Stadt den Namen des früheren Führers getragen,
eine Ehrung, die ihr im Januar 1924 verliehen wurde, nur fünf
Tage nach seinem Tod. Davor hatte sie Petrograd geheißen,
wenn auch nur für ein Jahrzehnt – die Russifizierung ihres
ursprünglich holländischen Namens, durchgedrückt in der
patriotischen Hysterie des Ersten Weltkriegs. In den beiden

Jahrhunderten vor 1914 hatte sie St. Petersburg geheißen. Aber die meisten ihrer Einwohner nennen sie ganz einfach »Piter«. Oft heißt es, in St. Petersburg sieht es aus wie nirgendwo sonst in Europa, weil es aussieht wie überall sonst, und darin liegt mit Sicherheit eine gewisse Wahrheit. Peter und spätere Führer engagierten Architekten aus ganz Europa, damit sie ihre jeweils eigenen Stile in die neue russische Hauptstadt brachten. Die einzige Stadt, die sie nach dem festen Willen ihres Gründers nicht nachahmen sollte, war Moskau. In den folgenden Jahrhunderten, als die Launen von Zaren und Zarinnen überall in der Stadt zu Stein wurden, erhielt St. Petersburg eine schizophrene, zusammengestückelte Aura. Neoklassizistische Paläste standen neben barocken Kirchen, flankiert von Wohnblocks im *style moderne*, wie die Russen es nennen, also Art nouveau oder Jugendstil. Die Wirkung ist zugleich berauschend und verwirrend. Das einzig durchgängige Merkmal ist Pracht. Das alles fühlt sich nicht an wie eine Stadt, die sich im Lauf der Zeit natürlich entwickelte. Es fühlt sich an wie eine Zumutung, wie eine Stadt, der man befahl zu sein – und genau das ist sie.

Am nächsten Tag schreckte der Herbst aus dem Schlaf auf. Dunkle Wolken verschmierten den Himmel, und Regen schimmerte auf dem Newski-Prospekt. Als ich von meinem Zimmer hoch über der Straße nach unten schaute, sah ich eine Parade von Regenschirmen auf und ab hasten wie ein Schwarm vielfarbiger Käfer, und ich starrte halb hypnotisiert auf die Stadt unter mir. Die ganze Welt war in Eile, und jeder, so schien es, musste woanders sein.

Als ich kurz darauf in einem Café im Erdgeschoss beim Frühstück saß, sah ich sie vorbeiziehen, mit gesenktem Kopf und hochgezogenen Schultern gegen den Regen. Ich selbst hatte keinen Schirm und kein besonderes Verlangen, nass zu werden, und deshalb wartete ich, trank Kaffee und aß Apfelkuchen. Von den Dächern draußen hingen riesige metallene Abflussrohre wie Elefantenrüssel herab und spritzten Wasser auf den Bürgersteig. Auf der Straße ratterten Trambahnen und Oberleitungsbusse auf Schienen und unter Drähten vorbei. Autos zischten über feuchten Asphalt. Alles auf dem Newski-Prospekt war in Bewegung.

Diese Avenue ist die berühmteste Durchfahrtsstraße des Landes. Sie war auch eine der ersten der Stadt, mit dem Bau begonnen wurde 1712. Sie verläuft mehr oder weniger von Westen nach Osten, beginnt an der Admiralität am Ufer der Newa und führt über drei Meilen bis zum Platz des Aufstands. Einige der herausragendsten Gebäude St. Petersburgs liegen an dieser Straße: die Kasaner Kathedrale mit ihrem Halbbogen aus korinthischen Säulen, die langgezogenen Arkaden des Gostiny Dwor, das 1753 gebaute Stroganow-Palais. Hier ist, wie überall in der Stadt, ein außergewöhnliches Spektrum von Farben zu finden, einige erdig, einige satt, einige grell. Die Steinbauten sind lindgrün, pastellblau, lachsrosa getüncht oder im Gelb der gefallenen Birkenblätter. Es gibt Farben, die ich weder davor noch danach sonst irgendwo gesehen habe.

In den letzten zwei Jahrzehnten sind die kommerziellen Aushängeschilder jeder anderen großen Straße in Nordeuropa auf dem Newski-Prospekt angekommen und haben sich hier häuslich eingerichtet. Designerläden, Kaffeeketten, Sushibars und teure Restaurants wetteifern um Aufmerksamkeit. Schaufensterdekorationen wetteifern darum, Kunden in die Läden zu locken. Heutzutage kann man sich, inmitten des menschengemachten Lärms und Trubels, nur schwer vorstellen, dass die einstigen Herrscher der Stadt lange Zeit Mühe hatten, diesen Ort der Wildnis zu entreißen, aus der er gewachsen war. Bis zur Mitte des achtzehnten Jahrhunderts wurden am Newski-Prospekt (zu der Zeit Große Perspektivstraße genannt) Hirsche und Wildschweine gejagt, und der letzte gemeldete Wolfsangriff auf einen Menschen fand erst 1819 statt. Als später an diesem Vormittag der Regen nachließ, machte ich mich auf, um durch die Straßen der Stadt zu schlendern. Und tagelang machte ich nichts anderes: zuerst frühstücken, dann gehen, normalerweise ohne feste Route oder festes Ziel. Wenn es feucht war, hielt ich mich in Innenräumen auf, in Museen oder Galerien, oder ich fuhr mit der Metro von Station zu Station. Ich machte eine Bootsfahrt durch die Kanäle, um die Dinge aus einem anderen Blickwinkel zu sehen, und mehrere Male stand ich in Kirchen und Kathedralen – Orten des Weihrauchs, des Goldes und der gebeugten Knie –, in denen Schalen überquollen von gespendeten Münzen und einmal der prächtige Gesang eines Chors über den gesenkten Köpfen der Gemeinde schwebte, wie als Beweis einer zukünftigen, besseren Welt.

An einem Tag, als es nicht aufhören wollte zu nieseln, schlenderte ich bis zum Abend durch die Eremitage, völlig überwältigt von den Räumen selbst wie auch den Kunstwerken, die sie enthielten. Die hohen Decken waren mit Fresken, vergoldeten Simsen und riesigen Kronleuchtern aus Kristallglas und Gold geschmückt. Es gab Wände in dunklem Waldgrün und Purpur, Säulen aus Marmor und Malachit, glänzende Parkettböden. Sie wirkte fast obszön, diese Konzentration von Reichtum und Pracht. Das alles hatte etwas Surreales, war zu perfekt und kontrolliert, um wahr zu sein. Voller Ehrfurcht, aber auch Unbehagen ging ich durch die Räume des Winterpalasts. Solche Schönheit, solcher Luxus, solche Ordnung. Diese Stadt ist wirklich das genaue Gegenteil des Sumpfs, auf dem sie steht. Was natürlich von Anfang an Peters Absicht war.

An anderen Tagen marschierte ich stundenlang, ohne Uhr oder Handy als Zeitmesser, bis mir Beine und Rücken wehtaten, und genoss es, ohne festen Plan zu sein. Ich hielt an, um zu essen, wenn ich Hunger hatte, oder um meine Füße in einem Café auszuruhen, und manchmal sah ich die Zeit, wenn ich auf die Rechnung schaute. Meistens schaute ich gar nicht hin. Joseph Brodski schrieb über St. Petersburg:»Da ist etwas in der körnigen Struktur des Granitpflasters neben dem beständig fließenden, dahinscheidenden Wasser, das den Sohlen ein fast sinnliches Verlangen zu gehen einflößt.« Ich spürte dieses Verlangen und ging weiter und kehrte erst in mein kleines Zimmer zurück, als es schon dunkel war. Und wenn ich mich nachts hinlegte und zu schlafen versuchte, lebte und atmete die Stadt weiter und schrie sich vor meinem Fenster heiser.

Während die Tage verstrichen, fand ich immer neue Routen durch die Stadt. Ich verließ die Hauptstraßen, ging durch Tore und Bogengänge und fand mich, so schien es, in anderen Welten wieder – Räume weit weg vom Trubel draußen. Viele der Wohnhäuser hier hatten Innenhöfe, in denen sich früher Stallungen und Dienstbotenquartiere befunden hatten. Einige dieser Höfe waren klein und klaustrophobisch, andere luftig und offen. So gut wie alle waren von beiden Seiten zugänglich, was unendlich vielfältige Möglichkeiten bot, von einer Straße zur nächsten zu wechseln. Wenn man diese Höfe betritt, wird der Verkehrslärm sofort schwächer, und wenn ein Hof durch schmale Durchgänge in einen zweiten und einen dritten führt, ist fast so etwas wie Stille zu finden.

Zuerst erkundete ich vorsichtig, wie ein Eindringling, doch mit der Zeit wurde ich forscher und wollte immer mehr sehen.

Dies war eine geheime Welt, in die Besucher nicht eingeladen waren. Hier tapsten Katzen durch die Schatten, und alte Männer standen herum und plauschten mit den Nachbarn. Manchmal gab es Efeuranken, die über die Wände wucherten, oder einen einzelnen Baum, der sich in ein Quadrat aus grauem Himmel reckte. Hier und dort waren Cafés und Gästehäuser, manchmal Läden und kleine Betriebe. In einem engen Hof fand ich einen Regenschirm-Reparaturbetrieb in einer Erdgeschosswohnung, mit einem kleinen Fenster, an das Kunden klopfen konnten. Früher waren diese Bereiche sicher heruntergekommen und schmutzig, und einige sind es immer noch. Sie waren das geheime, ärmliche Herz der Stadt. Doch heute ist die Abgeschiedenheit und Ruhe, die sie bieten, für viele so attraktiv wie die bunten Fassaden, hinter denen sie sich verstecken.

Von hoch oben, von der Kolonnade der Isaakskathedrale aus, kann man das wahre Ausmaß dieser Höfe sehen. Sie breiten sich über die Stadt aus wie ein riesiges Labyrinth der Ruhe, versteckt zwischen den Gebäuden. Ein großer Teil St. Petersburgs ist so verborgen, abseits der Straßen und auf keiner Karte verzeichnet.

Über der Erde sind es die Höfe, unterirdisch die Tunnel und Stationen der Metro. Dort unten sah ich in ratternden Abteilen Liebende sich küssen, alte Frauen lachen und Jungs in Militäruniform, die von ihren Müttern begleitet wurden. Die tief unter der Erde errichteten Stationen wurden zu Sowjetzeiten »Paläste des Volkes« genannt, und ihre Opulenz ist verblüffend. Raffinierte Designs, Mosaiken, Statuen: Sie äffen die Erhabenheit über der Erde nach. Als ich diese verborgenen Orte erkundete, sah ich eine Stadt, die sich ausdehnte und enthüllte, wie eine russische Puppe, bei der eine in der anderen steckt.

So viel von dieser Stadt wurde versteckt. Obwohl sie als perfekte Stadt entworfen war, erscheint sie heute wie eine Art Oz, wo Vorhänge Vorhänge verhüllen und Masken sich hinter Masken verstecken. Dieses St. Petersburg war früher einmal Leningrad, war einmal Petrograd, davor wiederum St. Petersburg. Aber dieser jüngste Namenswechsel war weniger eine Rückkehr oder eine Enthüllung, sondern die letzte in einer langen Reihe von Verschleierungen.

Im Verlauf der Jahrhunderte hat nicht nur die Stadt ihren Namen geändert, sondern auch Straßen und Plätze und Gebäude und Brücken. Immer wieder wurden sie umbenannt und neu erfunden. St. Petersburg wurde von den Führern des Landes als etwas Unfertiges gesehen, als Ort, der nach den Bedürfnissen der Zeit geformt und verändert werden kann. Die aggressivsten dieser Führer waren natürlich die Sowjets, die versuchten, nicht nur Namen zu ändern, sondern auch die Geschichte. Sie rissen Kirchen nieder oder nutzten sie anderweitig. Mit brachialer Ironie wurde die Isaakskathedrale in ein Museum des Atheismus umgewidmet. Die Nikolaus-Marine-Kathedrale der Altgläubigen wurde in ein Museum der Arktis- und Antarktisexpeditionen umgewandelt. Drinnen schmücken jetzt Gemälde und Fotos von gefrorenen Landschaften Wände und Decke. Religiöse Ikonen wurden ersetzt durch Dioramen und der Klerus gegen ausgestopfte Pinguine und Eisbären ausgetauscht.

Die Kommunisten erbauten Statuen und stürzten sie dann wieder vom Sockel. Sie erschufen Monumente für das selektive Gedächtnis und den schrecklichen Mangel an Zweifel. Und doch wird Stalin, der so viel getan hat, um die Geschichte dieses Ortes zu formen, heute ebenfalls versteckt. Die Tribute an ihn, die früher in der Stadt herumstanden, sind verschwunden. Sein so vertrautes Gesicht ist jetzt schwer zu finden. Und doch ist er noch da, geht unsichtbar durch die Straßen. Versteckt unter Hemden, prangen auf der Brust vieler alter Männer Tätowierungen dieses Gesichts, Tätowierungen, die früher Loyalität demonstrierten oder vielleicht Schutz boten gegen das Erschießungskommando und die jetzt nur noch in Spiegeln und in den Augen von Frauen und Geliebten existieren.

Die Bevölkerung dieser Stadt birgt Millionen von Lebenserinnerungen, und in diesen Erinnerungen stecken die Geheimnisse, die früher vielleicht zu Exil oder Tod führten und jetzt nur noch aus Gewohnheit bewahrt werden. Diese Geheimnisse sind die Träume und die Albträume der Stadt, was sie war, was sie jetzt ist und was sie hätte sein können. Millionen von Petersburgern, von Leningradern, von Petrogradern: Fragmente eines Ortes, keins größer oder kleiner als das andere. Und unter alldem liegt der sumpfige Boden und der breite braune Fluss.

Im Stadtzentrum steht, mit Blick auf die Newa, eine Statue, die mehr ist als eine Statue. Enthüllt 1782 und von Katharina der Großen Peter dem Großen gewidmet, wurde die als »Der eherne Reiter« bekannte Figur zum Symbol der Stadt selbst. Das Schicksal des einen auf ewig verwoben mit dem Schicksal der anderen. So großartig und imposant, wie man es von einem derartigen Denkmal erwarten würde, zeigt die Figur Peter auf dem Rücken eines sich aufbäumenden Pferdes, turmhoch über allen Betrachtern. Er trägt Toga und Lorbeerkranz, und unter den Hufen seines Pferdes ist eine Schlange, die das Böse und die Feinde der Nation darstellt. Entworfen von dem französischen Bildhauer Etienne-Maurice Falconet, harrte die

Figur sechzehn Jahre ihrer Fertigstellung, und der Granitsolitär seines Sockels, mit einem Gewicht von 1500 Tonnen, wurde von Tausenden von Soldaten herbeigezerrt, wenige quälende Meter pro Tag.

Die Geschichte der verfluchten Stadt und die natürlichen und menschlichen Katastrophen, die wiederholt gedroht hatten, den Fluch wahr werden zu lassen, hallen durch Petersburgs dreihundert Jahre. Und einen Großteil dieser Zeit war diese Statue Teil der Geschichte. Am berühmtesten zementierte Alexander Puschkin, in einem der bekanntesten Gedichte Russlands, die Verbindung zwischen Statue und Stadt und auch die zwiespältige Position, die sowohl Peter wie Petersburg in der nationalen Vorstellung einnehmen. »Der eherne Reiter« wurde 1833 geschrieben und spielt größtenteils während der großen Flut, die neun Jahre zuvor stattfand. Es beginnt mit dem üblichen mythologisierten Bericht über die Anfänge der Stadt und bewundert, wie dieser »Schmuck der mitternächt'gen Zone« aus »Sumpfes-Pfuhl und Waldes-Nacht« entsteht. Das Gedicht wendet sich dann dem Abend der Flut zu, als der Fluss »schäumte auf vor Wut« und »wie'n Raubtier warf sie sich auf die Stadt«. Hier treffen wir die Hauptfigur, »den kleinen Kanzelisten« Eugen, der zum Haus seiner Verlobten geht und es vom steigenden Wasser zerstört vorfindet. Das Mädchen und seine Familie sind verschwunden. Verzweifelt wandert er monatelang durch die Stadt und kehrt nie mehr nach Hause zurück. Im zweiten Teil, der mehr als ein Jahr später spielt, sehen wir Eugen vor Peters Statue stehen und »in's Sieden kam sein Blut«. Wutentbrannt schreit er den Zaren an und rennt dann entsetzt davon, während »hinter ihm, dicht hintendrein, auf eh'rnem Ross der eh'rne Reiter [jagt], mit drohend ausgestreckter Hand«.

Das Gedicht ist durchzogen von Spannungen, Ironien und Widersprüchen. Einerseits verklärt es Peter und seine Schöpfung, während es ihn andererseits als Tyrannen darstellt, der auf dem gewöhnlichen Menschen herumtrampelt. Eugen, so erfahren wir, ist der »Held« der Geschichte, aber Eugen ist verrückt, armselig und liegt am Ende des Gedichts tot da. Ist der wahre Held nicht Peter, der große Zar, der diese Stadt erschaffen und die Nation mit Stärke und List gerettet hatte?

Für Puschkins Zeitgenossen musste seine Ortswahl diese Spannungen noch deutlicher gemacht haben, war dieser Platz doch Schauplatz des missglückten Aufstands der Dekabristen von 1825 (dem Jahr, in dem sich auch der dramatische Schluss des Gedichts abspielt). Bei dieser Gelegenheit versammelten sich 3000 Soldaten und Offiziere auf dem Platz, um zu verhindern, dass Zar Nikolaus nach dem Tod seines Bruders Zar Alexander den Thron übernahm. Diese Rebellen wollten ein liberaleres, freieres Russland, mit besseren Bedingungen für ihre gewöhnlichen Landsleute. Es war ein Anliegen, für das der Dichter Sympathien hegte, und seine engsten Freunde gehörten zu den Aufständischen. Puschkin selbst wäre wohl dabei gewesen, wie er später dem Zaren sagte, wenn er zu der Zeit nicht schon im Exil gewesen wäre. Aber der Coup war ein Desaster. Mehr als tausend der Versammelten wurden von Truppen, die Nikolaus treu ergeben waren, erschossen. Von den Überlebenden wurden viele nach Sibirien geschickt, und fünf der Rädelsführer wurden gehängt. Als Folge davon verschlimmerte sich die politische Unterdrückung unter dem neuen Zaren noch, und Eugens Wutgeschrei im »Ehernen Reiter« nahm diesen letztendlich vergeblichen Protest der Dekabristen wieder auf, auch wenn er ihn nicht hundertprozentig spiegelte. Und so wurden Statue und Stadt miteinander verwoben, und in der Literatur wie im realen Leben nahm Petersburg einen dualen Charakter an: Paradies und Hölle, dem Untergang geweiht und zum Ruhm bestimmt. Diese Dualität, wie Puschkin und andere erkannten, entsprang direkt dem Charakter ihres Gründers: Held und Schurke, weiser Herrscher und gnadenloser Despot.

Peter der Große war ein Gigant von einem Mann, wörtlich und metaphorisch. Mit über zwei Metern und legendärer Kraft und Ausdauer war er rein körperlich imposant. Er war intelligent und mutig – sogar furchtlos –, und er legte den Grundstein nicht nur für diese Stadt, sondern für den modernen russischen Staat. Durch seine Weisheit, sein Geschick und seinen Scharfsinn entwickelte Russland sich aus einem rückwärtsgewandten Land in ein wichtiges und einflussreiches europäisches Reich. Aber Peter war auch eine äußerst seltsame Person, grausam und sadistisch. Es machte ihm Freude, Gefangene zu quälen – darunter auch seinen eigenen Sohn Alexander, den er persönlich folterte, weil der junge Mann angeblich vatermörderische Absichten hegte. Der Zar war fachkundig in vielen Gewerken – darunter Zimmerei und Schiffsbau –, aber zu seinen Hobbys gehörte auch die Zahnkunde, und regelmäßig zog Peter zu seinem persönlichen Vergnügen Höflingen Zähne und bewahrte diese winzigen Trophäen dann für die Nachwelt auf. Er war kultiviert und ein Vermittler der Werte der Aufklärung – er baute das erste öffentliche Museum und gründete die Akademie der Wissenschaften wie auch Russlands erste Bibliothek und Schule für Nichtadlige –, aber er war auch ein altmodischer Autokrat, von seiner eigenen Unfehlbarkeit völlig überzeugt.

Die berühmteste Eigenart des Zaren war jedoch seine Leidenschaft für »Monster«, wie er sie nannte. Denn neben Büchern, historischen Objekten und Kunst sammelte Peter auch »natürliche Kuriositäten«, lebendige wie tote. Dazu gehörten Zwerge, ein Zwitter, siamesische Zwillinge und eine Vielzahl menschlicher und tierischer Föten, ein zweiköpfiges Lamm und viele andere grausige Artefakte, die er konservierte und öffentlich ausstellte. Und als seine Begeisterung für diese Sammlung wuchs, erklärte Peter, dass seine Untertanen gesetzlich verpflichtet seien, ihm jedes dieser »Monster«, auf das sie stießen, zu spenden. Viele dieser Präparate sind auch heute noch in der Kunstkammer auf der Wassiljewski-Insel zu sehen.

Es ist schwer, an eine andere Figur der jüngeren westlichen Geschichte zu denken, die mit Peter vergleichbar wäre. Ein Mann, der so viel zu einem so hohen Preis erreichte; ein Mann, dessen Mythos – so groß er ist – von seiner Realität beinahe noch übertroffen wird; ein Mann, der eine der großartigsten Städte der Welt gründete, dies aber an einem der unwahrscheinlichsten Standorte tat. Aber hier ist er, auf dem Dekabristenplatz, wie er heute genannt wird, und schaut über den Fluss hinaus. Sich aufbäumend steht sein Pferd auf diesem Symbol des Bösen, der Schlange, und zertrampelt das Tier unter seinen Hufen. Gleichzeitig aber wird das Pferd von der Schlange gestützt, buchstäblich an Ort und Stelle gehalten von ihren Windungen – eine Eigenart des genialen Entwurfs des Bildhauers, die letztendlich zum festen Bestandteil ihrer Doppelsinnigkeit geworden ist. Die Statue feiert einen ruhmreichen Zaren, aber auch einen apokalyptischen Reiter.

In Russland ist die Frage, wer der Held von Puschkins Gedicht ist, vielleicht komplizierter als für westliche Leser, die, vor allem heute, sich eher mit dem Getretenen solidarisieren. Denn hier ist der Konflikt nicht nur ein narrativer, er ist die zentrale Spannung in der russischen Politik. Individuum gegen Staat, Freiheit gegen Macht: Diese Konflikte waren für den Dichter ungelöst, und sie sind es auch heute noch. Nach Jahrhunderten des repressiven Feudalismus und mehr als siebzig Jahren Kommunismus scheint es zumindest in westlichen Augen überraschend, dass die Russen so schnell zu einem autokratischen Führungsstil zurückkehren und mehrfach einen Führer wiederwählen, der in vieler Hinsicht den Führern ähnelt, die sie Anfang der Neunziger abgeschüttelt haben. Aber die Popularität Wladimir Putins ist unbestreitbar. Trotz Protesten aus diversen Lagern und trotz einiger verdächtiger Wahlergebnisse scheinen kaum Zweifel daran zu bestehen, dass Putin und sein Führungsstil von der Mehrheit der Russen unterstützt werden.

Während wir auf Plastikstühlen vor der Kasaner Kathedrale saßen und an bitterem Espresso von einem Kaffeebus nippten, erzählte mir Michail Volkov etwas, das mich zunächst schockierte. »Manchmal funktioniert Diktatur«, sagte er. »Manchmal braucht man diese Art Ordnung.« Ich schaute ihn an, weil ich nicht so recht wusste, ob er das wirklich so meinte oder ob er mich nur provozieren wollte. Ich antwortete nicht, sondern wartete, dass er weiterredete. »Russland ist ein riesiges Land«, erklärte er, »und im Augenblick könnte die Diktatur das Beste sein. Putin schuf aus Chaos Ordnung.«

Michail ist Ende dreißig, Englischlehrer und gelegentlich auch Fremdenführer. Er ist groß und gut aussehend und trägt eine Baseballkappe über kurz geschnittenen Haaren. Intelligent, viel gereist und gesellschaftlich liberal, entspricht er nicht dem Klischee, das ich von einem typischen Putin-Unterstützer hatte. Er sprach langsam, in fast perfektem Englisch und schien meine Überraschung zu genießen. Dann machte er eine Pause, bevor er etwas sagte, was ich als kontrovers betrachten könnte. »In den Neunzigern hatten wir Chaos«, sagte er. »Jeder war nur auf sich selbst bedacht. Die großen Ölfirmen wurden von Leuten privatisiert, die viel Geld verdienten – Oligarchen wie Roman Abramowitsch. Mit allen Mitteln, die sie hatten, versuchten die Leute, ein Haus und ein eigenes Auto zu bekommen. Dann kam Putin und sagte: ›Ich weiß, was ihr getan habt und wie ihr euer Geld gemacht habt, aber ab jetzt werdet ihr nach den Regeln spielen müssen. Und das sind meine Regeln.‹«

In Russland war der Übergang vom Kommunismus zum Kapitalismus mit Sicherheit eine chaotische Periode. Viele Leute sahen in den Neunzigern, dank steigender Inflation und Arbeitslosigkeit, ihren Lebensstandard dramatisch fallen, während andere mit ehemaligem Staatseigentum ein Vermögen machten. Korruption war weit verbreitet, und das Sicherheitsnetz des alten Systems wurde ersetzt durch das überwältigende Gefühl der Entfremdung und der Schutzlosigkeit. Die Leute konnten nicht mehr den Gewissheiten vertrauen, die sie früher gekannt hatten. Mehr als siebzig Jahre lang hatte das Land – zumindest theoretisch – ein gemeinsames Ziel und ein gemeinsames Wertesystem gehabt. Jeder Bürger war – wieder theoretisch – jedem anderen ebenbürtig. Doch als es mit dem Sowjetsystem zu Ende ging, änderte sich das. Diejenigen, die diese Veränderungen nicht direkt erlebten, können sich schwer vorstellen, welche Desorientierung so viele empfanden. Deshalb ist auch die Erleichterung schwer vorstellbar, mit der auf Putins Auftritt auf der politischen Bühne reagiert wurde. Hier war ein Mann, der ein Gegenmittel gegen diese Unordnung und Desorientierung bot; ein Mann, der behauptete, dass eine starke Staatsmacht der einzige Garant der Freiheit sei.

Und dennoch überraschte mich, wie sehr Michail bereit war,

das Geschehene zwar nicht unbedingt begeistert zu begrüßen, aber doch über seine Fehler hinwegzusehen. Er lobte Putin, seine Leistungen und seinen Regierungsstil, und tat seine Kritiker als unbedeutend ab. Er beklagte den Mangel an politischem Engagement quer durchs Land, zuckte aber nur die Schultern angesichts des Machtmissbrauchs, dessen sich die Regierung auch in seinen Augen schuldig gemacht hatte. Er ärgerte sich über das Wiedererstarken der Kirche als politische Kraft in Russland, aber er weigerte sich, Putin wegen dessen Ausnutzung der Religion zu politischen Zielen zu kritisieren. Für Michail und für viele Russen hat die Bewahrung von Ordnung und Stabilität den Vorrang vor allen anderen Anliegen.

Für den Außenstehenden mag dieses Land wie ein chaotischer und widerspenstiger Ort erscheinen. Aber dieses Gefühl haben nicht nur diejenigen, die von außen auf das Land schauen. Auch Russen sind sich dessen stark bewusst. Vielleicht ist daran zum Teil die Größe des Landes schuld, wie Michail meinte. Es wirkt zu riesig und zu disparat, um effektiv verwaltet zu werden. Doch, unabhängig vom Grund, ist bemerkenswert, dass das Wesen von Politik und Macht in Russland, trotz der Umwälzungen, die das Land zu Beginn und am Ende des zwanzigsten Jahrhunderts durchmachte, in einem sehr hohen Maße in Händen einer einzigen Person geblieben ist. Dies ist ein Land, in dem die Demokratie von vielen als ein zu instabiles System betrachtet wird, denn das beständige Hin und Her der Macht ist unvereinbar mit dem Wunsch und dem Bedarf nach Ordnung. Es ist ein Land, das in einem beständigen Kampf mit sich selbst zu liegen scheint.

Nirgendwo ist dieser Konflikt zwischen Ordnung und Chaos so offensichtlich wie in St. Petersburg (woher sowohl Putin wie seine rechte Hand Dmitri Medwedew stammen).

Diese Stadt hat von Anfang an dem chaotischen Land Ordnung aufgezwungen, war eine Manifestation menschlichen Willens und zaristischer Macht. Peter der Große zwang den Inseln und Sümpfen des Newa-Deltas gerade Linien auf. Er stellte sich Kanäle vor, wo Bäche geflossen waren, er zog Straßen durch den Schlamm. Die Großartigkeit dieser Stadt war eine direkte Reaktion auf die Schwierigkeit ihres Standorts. Es war ein Akt des Trotzes, nicht nur gegen Russlands Nachbarn, sondern auch gegen die Bodenbeschaffenheit des Landes. St. Petersburg wurde als ideale Stadt entworfen, doch für lange Zeit blieb sie ein Schlachtfeld, wo Flut und Feuer zu zerstören drohten, was Menschen geschaffen hatten. Und wie Puschkins Gedicht es beschreibt, waren häufig die Menschen auf der Verliererseite. Heute kommt einem diese Schlacht weniger wie der Kampf des Menschen gegen die Natur vor, sondern eher wie eine ewige Auseinandersetzung zwischen dem menschlichen Wunsch nach Ordnung und dem Chaos, das er erschafft: das Chaos der Armut und der Korruption, des Elends und der Unzufriedenheit gegen die Ordnung des Autoritarismus und der politischen Macht, der sauberen Straßen und der strahlenden Gebäude.

An einem regnerischen Nachmittag besuchte ich ein Museum, das dem kurzen Leben Alexander Puschkins gewidmet war, untergebracht im letzten Haus, das der Dichter bewohnt hatte, am Palastplatz. Es gab Gemälde, Briefe und Möbel wie auch verglaste Schaukästen, die Episoden seines Lebens von seiner Kindheit in Moskau bis hin zu dem Duell in St. Petersburg 1837, bei dem er angeschossen und so schwer verwundet wurde, dass er zwei Tage später starb, wiederauferstehen ließen. Das Museum war kalt und staubig, und als ein einzelner Lichtstrahl durch ein Fenster fiel, konnte ich die Staubpartikel glitzern sehen wie winzige Regentropfen in der Luft. Das Gebäude war so gut wie leer, abgesehen vom Personal – einer Armee älterer Damen in Grau-, Braun- und Beigetönen. Neben jedem Durchgang in den vielen Räumen stand ein Hocker, und auf jedem Hocker saß eine dieser Frauen. Als ich durch das Museum ging, spürte ich, wie ihre Blicke mich verfolgten und alles beobachteten. Ich bemerkte auch, dass in jedem Zimmer, wenn ich die bereitliegenden laminierten Informationsblätter in Englisch auf ihren Platz zurücklegte, eine von ihnen aufstand und das Blatt inspizierte und zurechtrückte. Missbilligendes Zungenschnalzen schien mir zu folgen, während ich mich durch das Haus bewegte, und ich bekam den Eindruck, dass ich, indem ich diese Blätter in die Hand nahm und wieder weglegte, ein Durcheinander anrichtete.

So begann ich, die Blätter eigenhändig auf den Schaukästen zurechtzurücken, sie genauso hinzulegen, wie ich sie vorgefunden hatte. Ich achtete darauf, dass jede Seite perfekt auf der anderen lag, damit kein Fehler festzustellen war. Wenn ich hinter den Durchgängen verweilte, konnte ich sehen, dass die Damen nicht in der Lage waren, ihren Impulsen zu widerstehen. Immer wenn ich weiterging, tauchte unweigerlich eine dieser Wächterinnen auf und ging zu den Blättern, nur um sie genauso vorzufinden, wie sie sein sollten. Während ich dieses eigenartige Ritual beobachtete, erkannte ich, dass die Sorgfalt, die ich an den Tag legte, nicht das war, was sie sich erhofft hatten. Sie wünschten nicht die präzise Ausrichtung, sondern das Ausrichten. Sie wollten keine Ordnung finden, sondern sie auferlegen. Ich überließ es ihnen und trat wieder hinaus in den Regen.

Ich beschloss, mit dem Zug in den Norden zu fahren. Ich wollte den Breitengrad überqueren, der am Nordrand der Stadt liegt, aber ich wollte auch für ein paar Stunden dem Lärm und dem Tumult entfliehen. Mein Ziel, das Dorf Repino, suchte ich fast, aber nicht ganz willkürlich aus. Dieser Urlaubsort am Finnischen Meerbusen, etwa zwanzig Meilen vom Zentrum St. Petersburgs entfernt, schien mir ganz gut zu passen. Er hatte ein Museum für den Künstler Ilja Repin, nach dem der Ort benannt ist, und außerdem einen weiten Blick übers Meer, der ein gutes Mittel gegen meine Stadtmüdigkeit zu sein schien.

Ich suchte mir den Weg zum Finnischen Bahnhof, an dem Lenin nach seinen Jahren im europäischen Exil 1917 nach Russland zurückkehrte und wo seine Statue noch heute steht, überzogen von Girlanden aus Taubenscheiße. Nach einer Diskussion mit dem Fahrkartenverkäufer, die länger und mühsamer war, als uns beiden lieb war, fand ich einen Platz in einem belebten Waggon. Zusammengepfercht auf gelben Plastikbänken, saßen dort *babuschkas,* die Kreuzworträtsel lösten, und junge Familien, die sich lautstark unterhielten, höchstwahrscheinlich unterwegs zu Ferienhäuschen auf dem Land.

Als der Zug den Bahnhof verließ, drängte sich eine merkwürdige Prozession von Leuten in den Waggon, die alle etwas zu verkaufen hatten. Zuerst kamen eine Auswahl an Eiscremes, dann Zeitschriften und Rätselhefte, falsche Bernsteinarmbänder, Taschenlampen, wasserdichte Overalls, russische und Piratenflaggen und springende Plastikspinnen. Einer nach dem anderen stellten sich die Verkäufer an ein Ende des Waggons und verkündeten laut, was sie zu verkaufen hatten, wie eine Stewardess bei einer Sicherheitsdemonstration. Dann gingen sie auf der Suche nach Kunden den Mittelgang entlang, doch nur wenige schienen irgendetwas zu verkaufen. Einige machten ihre Sache gut, schafften es, zugleich laut und charmant zu sein, aber andere wirkten unsicher – zu leise oder sogar zu zappelig. Vielleicht waren sie erst frisch dabei, vielleicht war es aber auch die letzte in einer Reihe misslungener Karrieren. Die schlimmsten dieser Verkäufer wirkten armselig und gedemütigt, wie zermürbt von den Anstrengungen ihrer Aufgabe.

Nach Norden ratternd, kam der Zug an einer Folge trostloser Industriegebiete vorbei, von denen einige längst aufgegeben wirkten. Bröckelnde Fabriken, Lagerhäuser und Kamine; weite Flächen voller Rost und Verfall. Nun kamen drei Kontrolleure in den Waggon, in der schicken Uniform und mit der bedrohlichen Ausstrahlung von Soldaten. Jeder suchte sofort hastig nach seinem Ticket.

Ich zeigte meins her und schloss dann die Augen, um einen Augenblick Ruhe zu haben. Als ich sie wieder öffnete, fuhren wir zwischen Kiefern und grauborkigen Birken. Hier und dort waren im Wald ein paar Häuser zu sehen, manchmal eine Ansammlung von Datschen. Einige wirkten marode und kurz vor dem Einsturz, als hätten sie schon lange keine Farbe mehr gesehen. Die anderen waren adrett und gepflegt, mit blühenden Rosen ringsherum. Diese Datschas sind seit Langem ein Teil des russischen Lebens. Im achtzehnten Jahrhundert waren es Geschenke des Zaren an treue Verbündete, Landhäuser und Anwesen, die für normale Bürger unerreichbar waren. Doch als nach der Revolution jeder Grundbesitz verstaatlicht wurde, begannen die Sowjets, Grundstücke an Gemeindeorganisationen zu verteilen. Beschränkungen wurden erlassen bezüglich der Größe der Datschas und ihrer Gärten, um den Schein von Gleichheit zu wahren, und als sie in den Neunzigern wieder privatisiert wurden, hatten sehr viele Familien eine, normalerweise in den Außenbezirken der Städte, in denen sie lebten. Diese Datschen wurden nicht nur als Rückzugsorte genutzt, um an Wochenenden und im Urlaub der Großstadt zu entfliehen, sondern dank ihrer Gärten boten sie den Leuten auch die Möglichkeit, sich selbst mit Obst und Gemüse zu versorgen, Güter, die in den wiederkehrenden Zeiten der Lebensmittelknappheit nur schwer zu beschaffen waren.

Am Bahnhof in Repino überquerte ich die Gleise und ging zu einem Parkplatz mit einem großen, modernen Gebäude – halb Restaurant, halb Supermarkt. Ich schaute mich um, suchte nach Hinweisschildern. Ich hatte mir vage vorgenommen, die Villa Penaten zu finden, in der Ilja Repin wohnte und arbeitete. Dort lebte er vom Ende des neunzehnten Jahrhunderts bis zu seinem Tod 1930. Als das Gebiet in den Vierzigern an Russland abgetreten wurde (zuvor war es Teil des Herzogtums Finnland im Russischen Reich gewesen), benannte man es nach ihrem früheren Bewohner um.

Repin war der Wichtigste und Einflussreichste der »Wanderer«, einer Künstlergruppe, die es sich zur Aufgabe gemacht hatte, die sozialen Probleme und Wirklichkeiten ihres Landes zu porträtieren. Sein berühmtestes Gemälde, *Die Wolgatreidler,* hängt jetzt im Russischen Museum in St. Petersburg. Es stellt eine Gruppe Bauern dar, die, mit Seilen um die Schultern, ein Boot den Fluss hochschleppen. Die Gesichter der Männer erzählen eine Geschichte der Unterdrückung, des Leids und der Entbehrungen. Das Bild ist zugleich schön und entsetzlich, eine Darstellung der sozialen Ungerechtigkeit, die zugleich eine deutliche Forderung nach einer Veränderung ist.

Repino wirkte wie ein kleiner Ort, aber ich hatte keine Karte, und es gab nichts, was mir die Richtung hätte weisen können. Nachdem ich ein paarmal um das Gebäude herumgegangen war, kehrte ich zum Parkplatz zurück, auf dem ältere Frauen aus Töpfen und Eimern Obst und Gemüse verkauften. In einer Ecke des Parkplatzes stand eine Anschlagtafel, und ich suchte sie nach etwas ab, das mir weiterhelfen könnte. In der Fülle von Schildern fand ich eins auf Englisch. Darauf stand einfach: »Diese Richtung«, mit einem Pfeil, der zu einem Weg in den Wald zeigte. Außer diesen beiden Wörtern war nichts, was ich verstand. Auch gab es nirgendwo einen Hinweis darauf, was in dieser Richtung zu finden sein könnte. Aber da ich viel Zeit hatte und kein spezielles Ziel, folgte ich dem Pfeil und freute mich über die mangelnde Logik meiner Entscheidung. »Diese Richtung« konnte irgendwohin führen, aber irgendwo war besser als nirgendwo, und so ging ich weiter. Ich folgte dem Weg zwischen Bäumen den Hang hinunter und bemerkte dabei die unzähligen kleinen Trampelpfade, die in den Wald abzweigten, zu unsichtbaren und unbekannten Orten. Ein leichter Regen wehte zwischen den Kiefern und tröpfelte mir an Hals und Schultern hinunter.

Als ich das Ende des Pfads erreichte, lag eine weitere Straße vor mir. Dahinter konnte ich die Sonne auf dem Finnischen Meerbusen sehen. Ich wandte mich nach rechts und ging den Uferweg entlang. Ein breiter goldener Strand erstreckt sich an diesem Teil der Küste und bietet Spaziermöglichkeiten für Besucher oder reiche Datschen- oder Wohnungsbesitzer. Hinter dem Strand mischten sich teure Restaurants und Hotels unter brandneue Wohnblöcke, einige noch unfertig und um Besitzer werbend. Wie es aussah, gab es an diesem Ort sehr viel Geld. Am Strand schaute ich zuerst aufs Wasser, und als ich mich umdrehte, entdeckte ich im Südosten die Silhouette der

Stadt, mit der funkelnden Kuppel der Isaakskathedrale deutlich sichtbar im Zentrum.

Als die Hotels und Restaurants spärlicher wurden, blieb ich stehen, machte kehrt und versuchte es in der anderen Richtung. Meine Füße und Beine wurden allmählich nass, der Sand klebte daran, und ich wurde ein wenig entmutigt. Ein paarmal ging ich von der Straße auf den Strand, um zu sehen, ob ich das Museum vom Wasserrand aus entdecken könnte, aber ich fand nichts, und so ging ich einfach weiter. Als auch hier die Gebäude spärlicher wurden, kehrte ich zu der Stelle zurück, wo ich aus dem Wald gekommen war. Ohne viel nachzudenken, nahm ich eine andere Straße, die vom Wasser wegführte, doch auch hier machte ich nach einer Weile erfolglos kehrt. Zweimal blieb ich stehen, um Passanten nach dem Weg zum Museum zu fragen, doch jedes Mal bekam ich nur ein Kopfschütteln und ein »Njet!«. Ich konnte nicht herausfinden, ob sie mich nicht verstanden hatten oder die Antwort nicht wussten. Oder ob sie es mir vielleicht gar nicht sagen wollten.

Inzwischen marschierte ich schon mehr als zwei Stunden und hatte noch immer keine Ahnung, wohin ich ging. Ich suchte nach einem Gebäude, das ich noch nie zuvor gesehen hatte, in einem Dorf, das ich nicht kannte, ohne Karte, ohne Richtungsanweisungen, ohne einen Schimmer. Da erkannte ich, dass ich es nie erreichen würde. Ich würde nicht finden, wonach ich suchte.

Ernüchtert ging ich durch den Wald zu der Stelle zurück, wo ich angefangen hatte, zu Restaurant und Supermarkt. Meine Füße waren feucht und schlammig und sandig. Ich war hungrig und gereizt. Ich schaute noch einmal auf die Anzeigentafel und das Schild mit der Aufschrift »Diese Richtung«, und ich prägte mir einen Satz ein: Das einzige Schild, das du lesen kannst, ist nicht unbedingt das richtige.

Ich überquerte die Straße zurück zum Bahnhof, stand dann auf dem Bahnsteig und wartete auf den nächsten Zug. Neben mir unterhielt sich leise ein älteres Paar. In den Händen hatte der Mann einen Weidenkorb, randvoll mit fetten goldenen Pilzen, die er im Wald gefunden hatte. Wir fuhren zusammen in die Stadt zurück.

Eines Sonntagnachmittags kehrte ich in gesprenkeltem Sonnenlicht auf der Jelagin-Insel ein, um einen Kaffee zu trinken. Die Insel ist ein beliebtes Wochenendziel, ein bewaldeter Park, in dem junge Leute Rollerblades fahren und Familien spazieren gehen. Halbzahme Eichhörnchen huschten über die Pfade, verfolgt von kreischenden Kindern. Die Laubbäume färbten sich bronzen und gelb, leuchtend in der immergrünen Vegetation, und ein kühler Wind ließ Blätter und Eicheln zu Boden rieseln.

Ich saß im Hof des Cafés und schaute zu einem großen Metallkäfig auf der anderen Seite des Mittelgangs. In dem Käfig waren drei Raben zur Belustigung der Kundschaft, doch die meisten ignorierten sie. Die Vögel standen voneinander entfernt, und jeder schaute in eine andere Richtung. Sie starrten die Vorbeigehenden an, und manchmal krächzten sie jämmerlich die Bäume an. Andere Raben gab es hier keine. Wohin ich auf dem sechzigsten Breitengrad auch gereist war, überall hatte ich Raben gesehen. Sie sind die großen arktischen Vögel, die geflügelten Indigenen des Nordens. Manchmal waren sie fast wie Begleiter auf dieser Reise gewesen, und bis zu diesem

Augenblick hatte ich mich immer gefreut, wenn ich sie sah. Verspielt und intelligent, anmutig und grausam, waren sie Kreaturen der Träume und der Albträume; sie sind Aasfresser und Akrobaten, Mörder und Künstler, Gauner und Propheten. Ich konnte nichts dagegen tun, der Anblick dieser drei Exemplare, die nach imaginären Artgenossen schrien, machte mich depressiv. Für sie war die Heimat immer in Sichtweite, doch ewig unerreichbar.

Wie viele andere bin ich von Großstädten sowohl angezogen wie abgestoßen. Ich werde gelockt von den Möglichkeiten, die sie bieten, und von der Freiheit, die sie versprechen, doch manchmal fühle ich mich einsam, vor allem bei Kurzbesuchen wie diesem. In großen Städten kann ich ohne Vorwarnung von einem Gefühl der Entfremdung überfallen werden, von einer Ahnung, dass ich, während ich hier bin, von etwas Wichtigem, sogar Grundlegendem getrennt bin. Nach meinem Studienabschluss zog ich fast zufällig nach Prag. Ich fuhr für einen Monat hin, um mich als Englischlehrer für Ausländer ausbilden zu lassen, doch am Ende meines Kurses wurde mir eine Arbeit angeboten, und ich beschloss zu bleiben. Und so sah ich mich plötzlich, fast mit einem Schulterzucken, als Bewohner einer der schönsten Städte Europas. Es ist eine Stadt, die ich im folgenden Jahr gut kennenlernte und die in mir eine große Zuneigung weckte.

Dieses Jahr war eins der glücklichsten in meinem Leben, aber es war auch eins der überraschendsten. Überraschend, weil mitten in diesem Glück, dieser Sensation des Hierseins, etwas an mir zu nagen begann. Anfangs war es nur eine unbedeutende Ablenkung, ein Eindringen in Augenblicke, in denen ich wenig zu tun hatte, und dann wandten sich meine Gedanken ohne Vorwarnung nach Norden. Aber es wurde stärker. Bis ich am Ende fast besessen davon war. Und dies war keine vage, ungerichtete Nostalgie. Das war nicht der Schmerz, den ich kannte, seit ich zehn Jahre alt war. Es war Heimweh. Es war eine Sehnsucht nach einem ganz bestimmten Ort: Shetland.

Obwohl ich die Inseln zu der Zeit schon lange Heimat nannte, glaube ich nicht, dass ich sie je als solche empfunden hatte. Jahrelang war Shetland einfach der Ort, wo meine Familie lebte und an dem ich nicht unbedingt freiwillig, sondern aus Notwendigkeit blieb. Erst in Prag fing ich an, wirklich über Heimat nachzudenken, darüber, was dieses Wort bedeutete und warum. »Woher kommst du?«, fragten die Leute mich. »Ich bin aus Shetland«, sagte ich dann. Aber was meinte ich damit? Was bedeutete dieses »aus«, jenseits der nackten Tatsache meiner früheren Ansässigkeit auf einem Archipel dieses Namens?

In Prag kam mir, ich glaube zum ersten Mal, der Gedanke, dass dieses Wort wirklich etwas bedeutete. Zuvor war meine Nostalgie immer auf Dinge gerichtet gewesen, die ich nicht zurückholen konnte: meine Kindheit, die vorüber war, einen Ort, der nie wieder Heimat sein würde, einen Vater, der tot war. Aber plötzlich verstand ich, dass da mehr war: eine Verbindung, die ich zuvor nicht erkannt oder die zu sehen ich mich geweigert hatte. Es war ein Faden oder eine Leine, mit mir an einem Ende und den Inseln am anderen. So verrückt es erscheinen mag, aber der Gedanke, dass mein Heimweh an einem konkreten Ort festgemacht werden konnte – tatsächlich an dem Ort, der fast mein ganzes Leben Heimat gewesen war –, war eine Offenbarung. Ich fühlte mich fast so, wie diese Raben sich fühlen mochten, wenn sie nach Jahren des hilflosen Schreiens in den Wald feststellten, dass die

Tür ihres Käfigs die ganze Zeit offen gestanden hatte. Und so ging ich, als mein Jahr in Prag vorüber war, nach Hause. Und das war, nehme ich an, alles, was ich je hatte tun wollen.

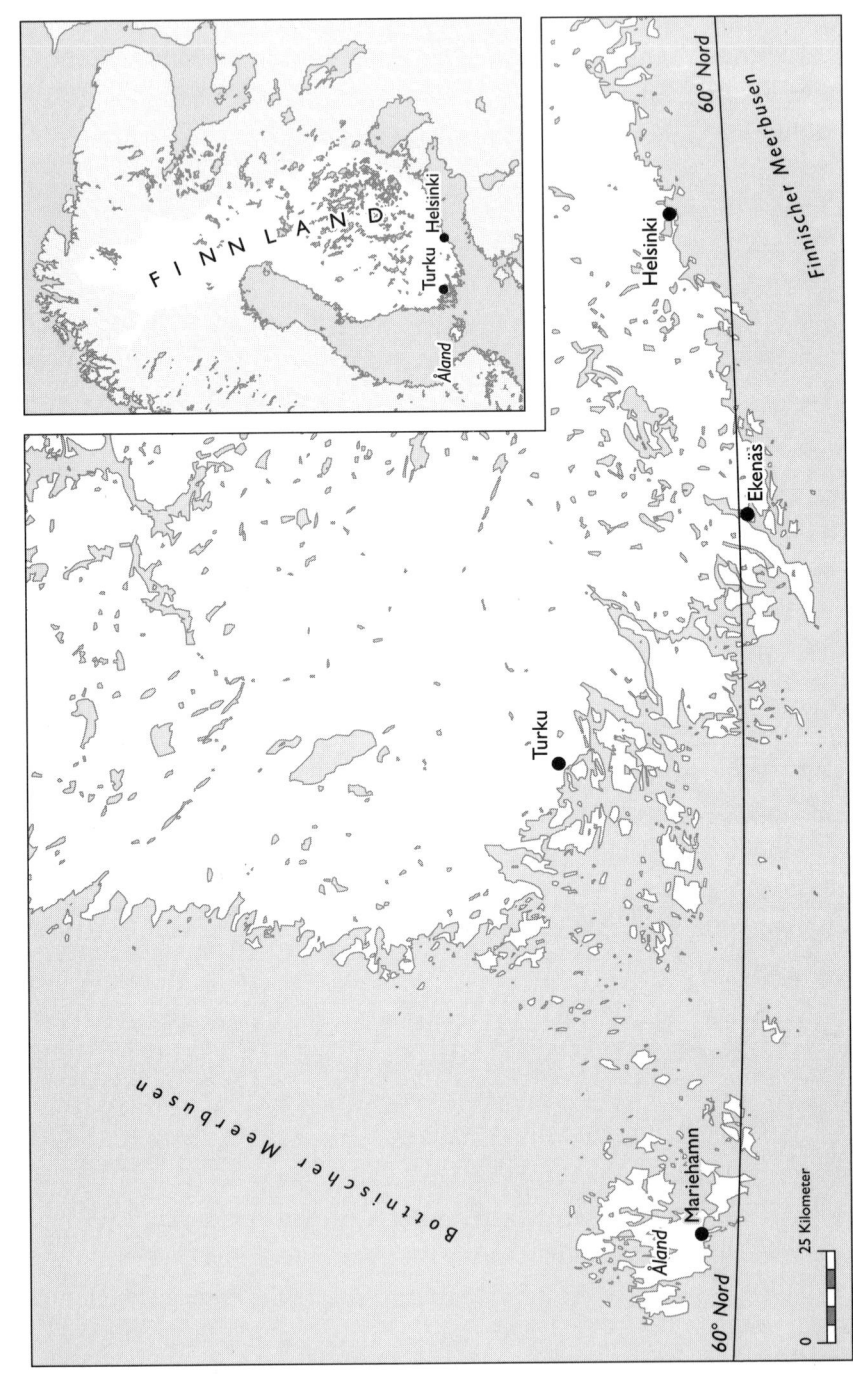

FINNLAND und ÅLAND
weder das eine noch das andere

Durch einen schmalen Spalt zwischen den Vorhängen sah ich den Morgen erwachen. Es war nach acht, aber der Himmel war noch düster und fahl hinter einem Schleier aus Schnee. Draußen hörte ich Metall über Asphalt kreischen, Pflüge, die die Straßen räumten und glatte Furchen durch den Schneefall der Nacht zogen. Ich zog die Decke hoch und blieb noch eine Weile liegen, bis ich mich bereit fühlte für den Tag.

Ich stand auf, duschte und fischte mir dann Klamotten aus meinem Rucksack. Zwei T-Shirts, zwei Paar Socken, eine lange Thermounterhose, Jeans und einen dicken Wollpullover, dann meine Jacke, Schal, Mütze und Handschuhe. Das Anziehen war ein Ritual, das ich erwartungsfroh zelebrierte, denn ich mag die Kälte. Nicht die böige, beißende Kühle Shetlands, sondern die stillen, frostigen Grade unter null; die Kälte, die die Luft ganz ausfüllt und das Tragen »vernünftiger Kleidung« verlangt. Sie hat eine Reinheit und eine Befriedigung, die aus dem Wissen kommt, dass man sie in Schach halten kann. Der Schlag eisiger Luft auf der Haut, das scharfe Aufkeuchen tief in der Lunge; das lustvolle Stechen, das Gänsehaut macht. Sie ist so sinnlich und belebend wie die schwerste tropische Hitze, und obwohl ich mich gut gepolstert und bestens vorbereitet fühlte, freute ich mich auf diesen ersten Schluck Frost.

Die Stadt Ekenäs liegt an der äußersten Spitze Finnlands, südwestlich von Helsinki, wo die Landmasse Finnlands sich in ein Gewusel aus Inselchen und Schären zerfasert. Im Sommer ist sie ein Touristenort, das Tor zum Nationalpark, der sich über 5000 Hektar des Archipels erstreckt. Camper, Kajakfahrer, Wanderer und Angler finden an diesen Küsten ihren Spaß. Aber im Winter liegen die Dinge anders. Im Winter fühlt sie sich an wie eine Stadt, die darauf wartet, dass etwas passiert. Als ich um halb zehn das Hotel verließ, war das Licht noch zögerlich, und obwohl das Gestöber des frühen Morgens aufgehört hatte, hing über mir ein bleischwerer Himmel. Nach dem hektischen Trubel St. Petersburgs war Ekenäs eine Oase der Stille. Der Schnee dämpfte alle Geräusche. Er ballte sich und umschloss, bedeckte und versteckte. Er wickelte die Stadt ein, wie die Schals und Jacken die rotgesichtigen Fußgänger einwickelten. Ein solches Wetter besteht auf Bewegung, aber dicke Kleidung und eisige Bürgersteige erzwingen etwas anderes und machen jede Bewegung schwierig. So hasteten die Gehenden der Stadt mit gesenkten Köpfen langsam in ihre jeweiligen Richtungen, während ihr Atem sich in der Morgenluft bauschte.

Als ich durch die Stadt stapfte, sah ich weiße Haufen sauberen Schnees auf den Bordsteinkanten und braune Haufen schmutzigen Schnees in den Rinnsteinen. Der Winter macht aus ordentlichen nordischen Straßen dreckige Durchlässe. Der Untergrund war rutschig und uneben. Bäume in Parks und Gärten wirkten geisterhaft in ihren weißen Mänteln. Nadelbäume krümmten sich unter der gefrorenen Last ihres Geästs.

Ich hörte, dass irgendwo in der Nähe sich noch Pflüge einen Weg durch die Stadt bahnten und den Schnee zusammenschoben, wie sie es Tag für Tag taten. Eine Sisyphusarbeit, dieses beständige Freiräumen der Straßen. Der Schnee fällt und wird aus dem Weg geschoben. Mehr Schnee fällt und wird eben-falls weggeschoben. Zeit und Geld werden verschlungen nur durch dieses Herumschubsen von Schnee, von einer Stelle zur anderen. Die Finnen reden von *sisu*, einem stoischen Durch-halten in widrigen Umständen. Es geht um Sturheit und die Weigerung, aufzugeben, was sowohl als persönliche Eigen-schaft wie als Nationalcharakter angesehen wird. Und viel-leicht könnte genau das hier ein Beispiel für *sisu* sein: die Män-ner, die jeden Morgen in ihre Schneepflüge steigen, und die Familien, die Zufahrten und Gehwege mit breiten Schaufeln räumen und es am nächsten Tag gleich wieder tun. Und dann wieder am nächsten Tag. Trotz ihrer praktischen Notwendig-keit wirkte diese heroische Wiederholung leicht absurd und er-drückend. Aber vielleicht muss man sich, wie Camus meinte, »Sisyphus als einen glücklichen Menschen vorstellen«.

Obwohl es mit größter Wahrscheinlichkeit bereits seit dem dreizehnten Jahrhundert in dieser Gegend eine Siedlung gab, fand Ekenäs' offizielle Geburt im Winter 1546 statt, durch ein königliches Dekret. Zu der Zeit war Finnland unter Kont-rolle seines westlichen Nachbarn, wie einen Großteil seiner Geschichte, und als der schwedische König Gustav Wasa be-schloss, eine neue Stadt zu gründen, um im Seehandel Tallinn (dem damaligen Reval) die Stirn bieten zu können, wurde Ekenäs als diese Stadt auserkoren. Geld, Männer und Mate-rial wurden in die Gegend geschickt, um eine schnelle und ef-fektive Entwicklung der Stadt zu ermöglichen. Und so wuchs sie. Aber Gustav war kein geduldiger Mann, und als es Ekenäs nach fünf Jahren nicht schaffte, seine Erwartungen zu erfül-len, gründete er ein Stückchen weiter im Norden Helsinki und verlagerte seine Bemühungen dorthin. Viele der früheren Be-wohner der Stadt erhielten den Befehl, in die neue Siedlung umzuziehen, und erst nach Gustavs Tod durften sie zurück-kehren.

Jahrhundertelang war der Fischfang hier der wichtigste Wirtschaftszweig, neben dem Export von Rindern, Holz und Tierhäuten. Auch Handwerker strömten in die Gegend – Schneider, Weber, Gerber und Schuster –, und die kreuz und quer verlaufenden Gassen der Altstadt tragen noch immer die Namen der Berufe, die sie früher beherbergten. Da ist die Hatt-makaregatan (Hutmacherstraße), die Smedsgatan (Schmied-straße), die Linvävaregatan (Leinenweberstraße), die Hands-makaregatan (Handschuhmacherstraße). Die Gebäude sind nach den Fischen und den Tieren benannt, die früher die ört-liche Wirtschaft antrieben: das Aalhaus, das Ziegenhaus, das Brassen-, Rotaugen- und Heringshaus.

An einigen Vormittagen fühlte Ekenäs sich demontiert an, wie von sich selbst entfernt, als würde die Stadt im Winter gar nicht so richtig existieren. Ich genoss es, diese Zeiten zu erkunden, ging in gedämpften Straßen auf und ab, vorbei an den immergleichen Schaufenstern, den immergleichen Häu-sern. Manchmal ging ich bis zum Stadtrand, wo die Bäume übernahmen, und kehrte dann wieder um. Ich überquerte die Brücke zu der kleinen Insel Kråkholmen, drehte dann wieder um und marschierte bis zum Rathausplatz, wo der süße Ge-stank von Frostschutzmittel wie billiges Parfüm aus den ge-parkten Autos stieg.

Abends wurde alles noch stiller. Eltern und Großeltern zogen kleine Kinder auf Schlitten durchs Stadtzentrum, durch Schnee, der im Schein der Straßenlaternen wie Zitroneneis leuchtete. Ein paar Spaziergänger, Hundeausführer, Jugend-liche, Paare und ich: Es war friedlich, das Draußensein an-genehm. Nur später wurde die Stille durchbrochen, wenn jugendliche Raser auf der vereisten Kreuzung vor meinem Hotel Handbremskehren übten und ihre Autos von einer Straßenseite zur anderen schlitterten.

Am stillsten war es jedoch auf den Straßen und Gassen der Altstadt, wo Schritte auf dem festgetrampelten Schnee knarzten wie Leder. An der Linvävaregatan, dem ältesten Teil, waren viele der Häuser in diesem erdigen schwedischen Rot gestrichen, während sie in den Straßen der Nachbarschaft pastellblau, pfirsichfarben, olivgrün und karamellfarben waren. Im Garten eines Hauses sah ein Dompfaff mit kräftig ockerfarbener Brust fast so aus, als wüsste er, wie perfekt er in diese farbenfrohe Ecke passte. Der Glanz der Stadt wurde vollendet durch Girlanden von Weihnachtslichtern, die über Fenstern und in Bäumen hingen. Obwohl es bereits Mitte Januar war, prangten noch Jul-Kränze an Haustüren, und elektrische Kerzenbrücken wölbten sich hinter Glas. In Großbritannien haben wir es eilig, jahreszeitlichen Schmuck zu entfernen, um eine willkürliche Tradition zu bewahren. Doch hier bleiben Lichter und Kerzen an Ort und Stelle. Sie fühlen sich an wie eine natürliche Reaktion auf die Kälte und die Dunkelheit, nicht nur an Weihnachten, sondern den ganzen Winter hindurch.

In einer schmalen Gasse der Altstadt stand ich eines Abends vor dem kleinen quadratischen Fenster eines Hauses. Von den vertikalen Verkleidungsbrettern blätterte die rote Farbe ab, was Altersnarben auf dem verzogenen Holz hinterließ. Drinnen brannte kein Licht, aber ich konnte an der hinteren Wand zwei Bilder erkennen: das eine ein Gemälde eines Segelschiffs, das andere eine Schneelandschaft. Vom Zimmer sah ich nur ein paar Details, nicht das Zimmer selbst. Das Haus wirkte verlassen, als wäre seit Jahren niemand mehr drin gewesen. Es war ein leeres Haus, das ein Stück Vergangenheit bewahrte. Ich weiß nicht mehr so recht, warum ich dieses Fenster fotografieren wollte. Vielleicht war es seine Unvollständigkeit und die Andeutung, dass das, was hinter dem Glas lag, irgendwie nicht ganz der Gegenwart angehörte. Vielleicht fragte ich mich, ob das Objektiv eventuell einfing, was ich nicht sehen konnte, ob es die Fragmente erleuchtete und zu einem Ganzen machte. Doch als ich die Kamera aus meinem Rucksack holte, war drinnen eine Bewegung, ein Schatten, der den Raum zwischen mir und diesen Bildern durchquerte. Es sah aus, als schlurfte eine Person in der Dunkelheit vorbei. Ich schrak zurück, als wäre ich bei etwas Schrecklichem ertappt worden, drehte mich um und ging weiter, verstört und mit schlechtem Gewissen. Nach wenigen Augenblicken wusste ich nicht mehr so recht, was genau ich gesehen hatte. War da wirklich ein Mensch gewesen, oder hatte ich mir das nur eingebildet? Ich weiß es noch immer nicht.

Bis zum zwanzigsten Jahrhundert hatte Finnland nie als Nation existiert, nur als kulturell unterschiedliche Region unter der Kontrolle des einen oder anderen seiner mächtigen Nachbarn. Schweden hielt das Territorium von Mitte des zwölften bis Anfang des neunzehnten Jahrhunderts besetzt, doch nach den Napoleonischen Kriegen wurde es an Russland abgetreten und wurde ein halb autonomes »Großfürstentum«. In der Folgezeit wuchs in der Bevölkerung ein kultureller und politischer Nationalismus. Obwohl das finnische Parlament seine Türen schon 1905 öffnete (und in Europa das erste war, das allgemeines Wahlrecht gewährte), dauerte es noch mehr als ein Jahrzehnt, bis das Land wirklich zu einem Land wurde. Im Gefolge der Russischen Revolution erklärte Finnland im Jahr 1917 seine Unabhängigkeit, und trotz der Gewalt, die es in der Vergangenheit vonseiten Russlands erlebt hatte, musste es letztendlich nicht für seine Unabhängigkeit kämpfen. Lenin, der sich hier vor den zaristischen Behörden in St. Petersburg für einige Zeit versteckt hatte, war ein Unterstützer des finnischen Nationalismus, und eine seiner ersten Handlungen als Führer war es, das Großfürstentum ziehen zu lassen. Wäre seine eigene Geschichte ein bisschen anders gewesen, hätte die Geschichte des Landes es auch sein können. Obwohl ein kurzer, blutiger Bürgerkrieg folgte, zwischen denen, die den neuen russischen Sozialismus nachahmen wollten, und denen, die eine Monarchie bevorzugten, entschied sich das Land letztendlich für keins der beiden, sondern wurde eine unabhängige, demokratische Republik.

Finnland wird manchmal als merkwürdiger Ort beschrieben, als einer der kulturell fremdesten Staaten Europas, und in gewissem Sinne ist das bemerkenswert. Denn obwohl es bis vor einem Jahrhundert von außen dominiert wurde, hat sich das Land eine Identität bewahrt, die seine ganz eigene ist. Diese Identität und dieses sehr reale Gefühl des Andersseins begründet sich vor allem linguistisch. Im Gegensatz zu einer häufigen Fehldarstellung ist Finnland kein skandinavisches Land, und seine Sprache hat absolut nichts zu tun mit der seiner nordischen Nachbarn oder Russlands. Genau genommen ist Finnisch nicht einmal eine indoeuropäische Sprache. Sie ist uralisch und daher mit dem Estnischen und entfernter auch mit dem Ungarischen und Sami verwandt. Doch dieses kulturelle Anderssein wird noch komplizierter gemacht durch die Tatsache, dass in Teilen Finnlands das Schwedische noch immer vorherrschend ist, wobei etwa fünf Prozent der Gesamtbevölkerung es als Primärsprache benutzen. Die südwestliche Region ist einer dieser Teile. Ekenäs ist eine schwedische Stadt, und ihr finnischer Name – Tammisaari – wird von ihren Bewohnern viel seltener benutzt. In hiesigen Cafés hörte man an den Tischen beide Sprachen, und fast jedes Schild und Etikett, fast jede Speisekarte ist zweisprachig – in Schwedisch und in Finnisch. Dieser Bikulturalismus ist anders als in Grönland. Denn auch wenn sie es einst wohl gewesen waren, sind die beiden Sprachen nicht mehr die der Kolonisatoren und der Kolonialisierten. Es sind zwei Kulturen, die nebeneinander existieren, sich eher ergänzen als miteinander konkurrieren. Und die Unterschiede zwischen den beiden haben auch nichts mit nationaler Loyalität zu tun. Schwedischsprecher in Ekenäs betrachten sich nicht als Schweden, die in Finnland leben, sondern als Schwedisch sprechende Finnen. Für mich ist das ein erfrischender Kontrast zu der allzu simplen Sicht einer nationalen Identität, die ethnisch und kulturell definiert ist. Es ist das Eingeständnis, dass Identität – auch die sprachliche Identität – immer kompliziert ist. Aber natürlich ist nicht jeder dieser Meinung.

Im Stadtzentrum zeigte eine Reihe von Stellwänden Wahlkampfplakate von jedem der acht Präsidentschaftskandidaten bei den bevorstehenden Wahlen. Zu den Kandidaten gehörten ein Vertreter der Schwedischen Volkspartei, die für die Interessen der Schwedischsprecher eintritt, aber auch ein Kandidat der Wahren Finnen, einer nationalistischen Gruppe, die sowohl Immigranten wie der schwedischen Minderheit feindlich gegenübersteht. Anhänger der Wahren Finnen haben etwas gegen die fortdauernde Verwendung des Schwedischen als offizieller zweiter Sprache und gegen den verpflichtenden Schwedischunterricht in den Schulen. Sie nähren sich von einer noch schwelenden Verbitterung über die ungerechte Behandlung des Landes durch seinen Nachbarn in früheren Zeiten. Während meines Aufenthalts wurde in einer Freitagnacht, in einem Akt stummer politischer Sabotage, eines der Plakate der Wahren Finnen von seiner Stellwand entfernt, aus einem anderen wurde das Gesicht ihres Führers Timo Soini herausgerissen, was ein schwarzes Loch hinterließ, das Einkaufende am nächsten Morgen zu zustimmendem Lachen verleitete. Obwohl man bis zum Samstagabend für Ersatz gesorgt hatte, überstanden dann auch diese Plakate die Nacht nicht unbeschadet. Wieder wurde Soinis Gesicht von einem entfernt, während auf einem anderen ein akkurater Hitlerbärtchen aufgemalt wurde. In einem Ort, der so sauber und Graffiti-frei ist wie dieser, ist ein solcher Vandalismus bemerkenswert. Ekenäs war eindeutig kein Territorium für diese Partei.

In den meisten Nationen wird die urbane, verschriftlichte Kultur höher geschätzt als die ländliche oder bäuerliche Kultur. Doch hier war bis zum neunzehnten Jahrhundert die Kultur der Stadt schwedisch, während die Kultur des Landes es nicht war. Die Finnen waren vom urbanen wirtschaftlichen Leben größtenteils ausgeschlossen, und ihre Kultur war fast ausschließlich mündlich, eine Kultur von Heim, Feld und Wald. Doch nach der Annexion durch Russland 1809 änderte sich das allmählich. Zum ersten Mal gab es das Gefühl, dass diese ländliche Kultur eine nationale werden könnte, und da die Russen bestrebt waren, den schwedischen Einfluss in diesem Territorium zu minimieren, unternahmen sie nichts gegen den neuen Nationalismus. Und mit der Zeit wuchs er.

Schlüssel für den Aufstieg einer ländlichen, nationalfinnischen Kultur war Mitte des neunzehnten Jahrhunderts die Veröffentlichung eines Versepos namens *Kalevala*. Dieses gewaltige Buch, das aus fast 23 000 Zeilen besteht, fußt auf der mündlich überlieferten Lyrik der Region Karelien und wurde gesammelt, zusammengestellt und erweitert von Elias Lönnrot, einem Arzt, der seine Ausbildung 1814 in Ekenäs begann. Lönnrot fügte Schöpfungsmythen und Heldensagen in einem Werk der Folklore und der Literatur zusammen. Es war ein bewusster Versuch, ein nationales Narrativ zu etablieren, vergleichbar mit den isländischen Sagen und den Homerischen Epen. Und obwohl das *Kalevala* international weniger berühmt ist als seine Vorgänger, besteht kein Zweifel, dass Lönnrot im eigenen Land Erfolg hatte. Das Buch hatte einen außerordentlichen Einfluss und hat ihn auch noch heute. Ein nationaler Festtag, der Kalevala-Tag, wird jedes Jahr am 28. Februar gefeiert.

Die mündliche Poesie Finnlands hatte bis ins neunzehnte Jahrhundert Bestand, nicht trotz der Tatsache, dass Finnisch eine unterdrückte Sprache war, sondern gerade deswegen. Die Verse, die Lönnrot sammelte, waren eine Art Schatz, der in Häusern und Dörfern in der gesamten Region vor Schaden bewahrt worden war. Und ähnlich wurde das Überleben des Finnischen als Sprache und als Kultur genau deswegen möglich, weil das ländliche Kernland vom urbanen Kernland des Schwedischen getrennt war. Als dann eine nationale Kultur plötzlich erdacht und erschaffen werden konnte, wurde aufgrund dieses geografischen Auseinanderklaffens das Ländliche zu ihrem Wesenskern. Die Landschaft Finnlands – die Wälder, die Seen und Inseln – war es, die die Kunst dieser Nation formte, in der Musik und in der Literatur.

Auch wenn Jean Sibelius Schwedisch als erste Sprache hatte, war er doch ein glühender finnischer Nationalist, und in seiner Karriere erschuf er Werke, die direkt vom *Kalevala* inspiriert waren. Aber es war die Natur, die ihm die Energie und die Bildlichkeit lieferte, die ihn vor allem bewegten. »Es ist dieses zum Leben Erwachen«, schrieb er, »dessen Wesen alles durchziehen soll, was ich komponiere.« Bei der Arbeit an seiner fünften Sinfonie – deren fünfter Satz das einzige Musikstück ist, das in Glenn Goulds *Die Idee des Nordens* zu hören ist, schrieb Sibelius, ihr Adagio werde eins von »Erde, Würmern und Kopfschmerzen« sein. Und als er eines Tages Schwäne am Himmel vorbeiziehen sah, fand er den Schlüssel zum Finale der Sinfonie: »Ihr Ruf derselbe Holzbläsertyp wie der von Kranichen, nur ohne Tremolo«, schrieb er. »Der Schwanenruf näher an Trompete ... ein leiser Refrain, der an das Weinen eines kleinen Kindes erinnert. Die Mystik des Lebens und die Angst des Lebens! ... Legato in den Trompeten!« Als Gould im heimischen Kanada diese Musik hörte, erkannte er darin etwas markant Nördliches, etwas, das in Einklang stand mit den Themen, die er erforschen wollte. Sie sei, sagte er, »der ideale Hintergrund für das transzendentale Ebenmaß der Isolation«.

Auf dem breiten Pier unten am nördlichen Hafen standen die Sommerrestaurants verlassen da, das Gartenmobiliar lag unter zwanzig Zentimetern Schnee. Auf der einen Seite des Piers war hinter einem Metalltor eine Mole, auf der sich zwei öffentliche Saunas befanden, eine für Männer und eine für Frauen. Auf der rechten Seite der Mole befanden sich die eigentlichen Saunen, links ein von drei Plattformen umschlossenes Meeresquadrat. Die Hälfte dieses Quadrats war mit Eis bedeckt, wie der Rest des Hafens (der geringe Salzgehalt der Ostsee bedeutet, dass sie schneller zufriert als die meisten anderen Meere). Aber eine Stelle neben dem Plankenweg wurde freigehalten von einer starken Pumpe, die von unten her blubberte. Diese wenigen Meter eisfreien Wassers waren das Schwimmbecken. In Shetland habe ich schon oft im Meer gebadet, meistens jedoch, als ich noch jung und dumm war. Es war kalt. Es war immer kalt, auch am wärmsten Tag. Auch wenn der Golfstrom den Nordatlantik milder macht, als er ansonsten wäre, merkt man davon nicht viel, wenn man zitternd und mit Gänsehaut knietief in den Wellen steht. Aber der Unterschied zwischen dieser Kälte und der Kälte im Hafen von Ekenäs beträgt wahrscheinlich mehrere Grade. Und obwohl ich gekommen war, um die Erfahrung des Saunens selbst zu machen, erfüllte mich der Gedanke, in dieses eisumrandete Wasser zu springen, ob vor oder nach der Hitze, nicht gerade mit Begeisterung. So eine Erfahrung kann man wohl erst rückblickend als angenehm betrachten: als etwas, das ich getan *hatte,* nicht als etwas, das ich gleich tun *würde.* Und mit Sicherheit nicht, während ich es tat.

Das Schwimmen sei optional, hatte man mir gesagt, was eine Erleichterung war. Aber darüber hinaus wusste ich nicht wirklich, was ich zu tun hatte. Für eine Sauna muss es doch Regeln und Verhaltensvorschriften geben, dachte ich mir. Für kulturell so bedeutende Aktivitäten gibt es immer Regeln und Verhaltensvorschriften. Ich hatte angenommen, dass andere da sein würden, deren Beispiel ich folgen konnte, um ernsthafte Verletzungen der gesellschaftlichen Etikette zu vermeiden. Aber der einzige andere Gast war eben am Gehen, als ich ankam, und so war ich auf mich allein gestellt. Irgendwo hatte ich gelesen, dass die meisten Saunas das Tragen von Badehosen nicht gestatten. Um ehrlich zu sein, eine Badehose hatte auf meiner Liste der Dinge, die ich für Finnland im Januar einpacken musste, nicht sehr weit oben gestanden, das heißt, ich hatte gar keine dabei. Öffentliche Nacktheit ist nichts, was ich schon häufig praktiziert habe, aber in diesem Fall war ich bereit zu tun, was getan werden musste, und deshalb zog ich mich aus, öffnete die Tür zu den Duschen und ging in die Sauna.

Der Raum war nur zwei Meter tief und ungefähr ebenso breit, mit Holztäfelung an allen Wänden und drei Lattenrosten, die von der Tür aus anstiegen. Auf einer Seite befanden sich zwei Fenster, und in der Ecke neben der Tür stand ein metallener Ofen. Auf dem obersten Lattenrost, auf den ich mich behutsam setzte, stand ein Eimer mit ungefähr fünf Zentimetern Wasser und einem Holzlöffel. Ich schöpfte einen Löffel voll heraus und spritzte es auf die heißen Steine. Der Ofen zischte protestierend auf. Die Temperatur stieg sehr schnell, und Dampf machte die Luft dick. Ein unbekannter süßlicher und scharfer Geruch füllte die Luft: der Geruch heißer Holzöle.

Ich lehnte mich an die Wand und schaute durch die Fenster hinaus auf das eisbedeckte Meer. Ich schwitzte aus jeder Pore, und wegen des Dampfs fiel mir das Atmen schwer. Es war entspannend, aber nicht ganz. Man konnte ruhen, aber nicht schlafen. Wieder wünschte ich mir eine Anleitung: Wie lange sollte ich in der Sauna bleiben? Sollte ich noch etwas anderes tun, außer herumzusitzen? War jetzt der Augenblick, um mich ins Meer zu stürzen? Nebenan, in der Frauensauna, konnte ich Stimmen hören – Gelächter und ein gelegentliches Kreischen –, aber ich konnte kaum kurz vorbeischauen und um Rat fragen. So entschied ich mich für einen Kompromiss und duschte stattdessen kalt. Das schien angemessen und eine nicht zu feige Alternative. Mit offenem Mund und heftig zitternd, stand ich unter dem Wasserstrahl, nur für einen kurzen Augenblick, der sich aber anfühlte wie eine Stunde, und mein ganzer Körper versuchte, sich gegen den Schmerz zu wehren. Dann stürzte ich in die Sauna zurück, während der Schweiß auf meiner nackten Haut kribbelte.

Das Ritual intensiver Hitze und intensiver Kälte wird als gesundheitsfördernd betrachtet, gut für Geist und Körper. Seit über tausend Jahren ist es in dieser Region Teil der Kultur, und seine Bedeutung spiegelt sich vielleicht in der Tatsache, dass *sauna* das einzige finnische Wort ist, das in den internationalen Sprachgebrauch Eingang gefunden hat. Die meisten Finnen haben eine bei sich zu Hause, und viele genießen sie auch am Arbeitsplatz. Dort treffen sich die Leute, sie haben Geschäftsbesprechungen, und manchmal kommen sie einfach, um allein drin zu sitzen.

Eine Sauna ist der ideale Ort, um *omissa oloissaan* zu sein, um ungestört seinen Gedanken nachzuhängen. Stilles Nachdenken ist hier so etwas wie der nationale Zeitvertreib, den man schon als Kind lernt. »Man muss alles selbst entdecken«, sagte Tooticki in Tove Janssons *Winter im Mumintal*, »und es ganz allein überwinden.« Schweigen und Innenschau sind in Finnland nicht nur gesellschaftlich akzeptiert, sondern werden als positiv und gesund betrachtet. Das sind Charaktereigenschaften, die von Leuten aus gesprächigeren Kulturen als Schüchternheit oder schlechte Umgangsformen betrachtet werden.

Saunas ahmen das nordische Klima nach – die Hitze des Sommers im Gegensatz zur Kälte des Winters –, und wenn man sie in dieser Jahreszeit genießt, deuten sie eine Art von Trotz oder Protest an. Einen kleinen hölzernen Raum mit achtzig Grad Celsius zu betreten, heißt zu verkünden, dass einem auch jetzt, im tiefsten Winter, nicht nur warm, sondern glühend heiß sein kann. Wir können uns den Schweiß von der Stirn tropfen lassen und dann wie Verrückte in eisiges Wasser springen. Ein Annehmen der Jahreszeit wie auch eine geballte Faust, mit der man ihr droht. Eine Feier des Nordens wie auch eine Flucht aus seiner Realität. Die Schauspielerin und Schriftstellerin Lady Constance Malleson ging noch weiter. Für sie war die Sauna die »Krönung jeder Erfahrung: Fegefeuer und Paradies, Erde und Feuer, Feuer und Wasser, Sünde und Vergebung«. Sie ist auch ein großer Gleichmacher und spricht deshalb den Geist des nordischen Gleichheitsprinzips an. »Alle Menschen sind gleich geschaffen«, heißt ein altes Sprichwort. »Aber nirgendwo mehr als in der Sauna.«

Nachdem ich diesen Sprung aus kalter Dusche in heißen Raum zweimal wiederholt hatte, fand ich, dass ich genug hatte. Es war merkwürdig anstrengend, und danach hatte ich das Bedürfnis, mich hinzulegen. Als ich mich in der Umkleidekabine abtrocknete und anzog, kamen zwei Männer herein. Sie waren in den Sechzigern – der eine vielleicht ein bisschen älter. Beide zogen sich schnell bis auf die Badehose aus, öffneten ohne Zögern die Tür und gingen nach draußen. Ich hörte sie ins Meer springen, und einen Augenblick später kehrten sie zurück, zogen ihre Badehosen aus und gingen an mir vorbei in den Dampf und die Hitze nebenan. Einen Augenblick überlegte ich, kehrtzumachen und mich zu ihnen zu setzen, als könnte ich meine Unbeholfenheit loswerden, indem ich die Gelassenheit der anderen teilte. Aber dann beschloss ich, das Schweigen von Freunden nicht zu stören, und ging wieder in die Kälte hinaus.

Vom Stadtzentrum aus stapfte ich knöcheltief die baumgesäumten Straßen entlang, bis am Ende der Östra Strandgatan die Bäume übernahmen. Eine Frau ging mit einem kleinen Hund vor mir in den Wald, und ich folgte ihnen auf dem Pfad. Als sie stehen blieb, um eine Prozession von Schulkindern das Hündchen streicheln zu lassen, überholte ich sie und ging unter Ästen weiter, während Kichern und Plappern durch die Stille hinter mir plätscherten. Dies war der erste der Naturparks der Stadt – Hagen –, und dahinter lagen die Inseln Ramsholmen und Högholmen, die über Fußgängerbrücken zu erreichen waren. Der Wald bestand vorwiegend aus Laubbäumen, jetzt also ohne Blätter, aber mithilfe einer Karte konnte ich einige Arten identifizieren: Eiche, Bergulme, Haselbusch, Rosskastanie, Winterlinde, Schwarzerle, Esche, Vogelbeere, Traubenkirsche. Entfernt von der Stadt mit ihren farbenfrohen Gebäuden, wirkte dieser Ort völlig monochrom. Dunkle Stämme auf weißem Boden, unter einem fleckig grauen Himmel. Und auch die Vögel – Elstern, Nebelkrähen und ein Schwarm lärmender Dohlen – brachten keine Farbe dazu.

Ohne Hast oder Ziel schlenderte ich durch Hagen und dann Ramsholmen. Der Pfad war gut gepflegt und festgetrampelt, doch um mich herum sah oder hörte ich niemanden. Während ich mich immer weiter von der Stadt entfernte, blieben als Geräusche nur noch das Rieseln und Platschen von Schneeklumpen, die von den Ästen fielen, und das gelegentliche Lärmen von Vögeln irgendwo über mir. Auch ohne Blätter war das Geflecht aus Ästen so dicht, dass ich kaum etwas sehen konnte, nur hin und wieder blitzte rechts von mir ein Splitter gefrorenen Meers auf. Als ich die zweite Fußgängerbrücke nach Högholmen überquerte, verlor sich der Pfad, doch der Schnee war noch niedergedrückt von den Stiefeln früherer Wanderer, und ich ging weiter bis zum Ende der Insel, wo ich am Strand über das graue Eis zum Archipel dahinter schauen konnte.

In Finnland wird die Vertrautheit mit der Natur nicht nur

befürwortet, sondern man wird auch dazu ermutigt, und der Staat selbst übernimmt dabei eine aktive Rolle. Der Pfad, den ich genommen hatte, war trotz der Jahreszeit gut in Schuss, und einen Großteil des Wegs säumten Straßenlaternen, also konnte nicht einmal die Dunkelheit einen Gang durch den Wald verhindern. Überall gab es Vogelhäuschen und auch Bänke, auf denen man rasten und nachdenken konnte. Das Recht, durch die Natur zu streifen, ist in den nordischen Staaten im Gesetz verankert. »Jedermannsrecht« wird das hier genannt und gestattet jedem Menschen, auf privatem Land zu gehen, Ski oder Fahrrad zu fahren, zu schwimmen oder zu campieren, ganz gleich wem das Land gehört. Nahrungsmittel wie Beeren und Pilze dürfen dort gesammelt werden, und Bootfahren und Fischen ist ebenfalls erlaubt. Eine Beschränkung dieser Rechte durch Landbesitzer ist strikt verboten. Das Recht fördert nicht die Heiligkeit des Besitzes, sondern die Verpflichtung der Landbesitzer, die Nutzung des Landes durch andere zu respektieren. Das bedeutet, dass Land zwar erworben und verkauft werden darf, dieser Besitz jedoch eingeschränkt und nicht exklusiv ist. Die Öffentlichkeit ist sich immer bewusst, dass eigentlich ihr das Land gehört und sie mit ihm verbunden ist.

Die Betonung des freien Zugangs und der Bedeutung der Landschaft in der finnischen Kultur geht zurück auf den ländlichen Nationalismus des neunzehnten Jahrhunderts. Aber im zwanzigsten und einundzwanzigsten Jahrhundert findet die tiefe Verbundenheit mit der Natur ihren deutlichsten Ausdruck in der Menge an Sommerhäusern, die übers ganze Land verstreut sind. Ungefähr ein Viertel aller finnischen Familien besitzt ein zweites Haus oder eine Hütte außerhalb der Stadt, und die meisten haben regelmäßigen Zugang zu einem Sommerhäuschen. Oft stehen sie auf einer Insel oder neben einem See, und auch wenn viele keinen Strom und kein fließendes Wasser haben, sind doch fast alle mit einer Sauna ausgestattet. Allein in dieser Region befinden sich fünftausend dieser Hütten.

Ein altes Klischee behauptet, dass die Finnen, wenn sie die Chance dazu haben, so weit wie möglich voneinander entfernt leben, und vielleicht steckt darin auch ein Körnchen Wahrheit. Vielleicht erfordert der Wunsch, nah an der Natur zu leben, eine gewisse geografische Distanz zum Nachbarn. Doch diese starke Bindung an den Ort scheint auch etwas außerordentlich Gesundes zu haben. Außerdem finde ich diese Sehnsucht nicht nach woanders, sondern nach hier ziemlich erstaunlich. Es ist eine ungewöhnliche Art der Ortsverbundenheit, die mit Sicherheit das Gegenteil von Isolation ist.

Auf dem Rückweg in die Stadt blieb ich auf der Brücke zwischen Högholmen und Ramsholmen stehen. Ich holte Schinken und Brötchen aus meinem Rucksack und machte mir einfache Sandwiches. Ich stampfte auf den Holzplanken auf, um meinen handschuhlosen Zustand etwas auszugleichen. Während ich im Stehen aß, tauchte hinter mir ein alter Mann in einer leuchtend grünen Jacke auf. Anscheinend war er während meiner Wanderung über Högholmen ganz in der Nähe gewesen, aber ich hatte ihn kein einziges Mal gesehen oder gehört.

Der Mann stellte sich neben mich und schaute über das gefrorene Wasser hinaus. Sein Gesicht war weich und faltig und ein wenig traurig, überwölbt von grauen, hängenden Brauen. Seine dunkelrandige Brille saß gefährlich weit vorn auf der Nasenspitze, und doch kniff sie seine Nasenlöcher so fest zusammen, dass er Atemschwierigkeiten haben musste.

»Ich habe nach einem Adler Ausschau gehalten«, sagte er.

»Einem Seeadler?«, fragte ich.

»Ja, einem großen.« Er streckte die Arme aus und bewegte sie langsam auf und ab, um die Flügelbewegungen eines Adlers im Flug nachzuahmen. »Heute habe ich ihn nicht gesehen«, erklärte er würdevoll. »Aber an manchen Tagen ist er da.«

Einen Augenblick lang standen wir schweigend nebeneinander und schauten beide in dieselbe Richtung.

»Na ja«, sagte er und schaute zum Himmel hoch. »Jetzt ist es schön. Aber wie lange?«

Ich lächelte und nickte, weil ich sowohl Thema wie Gefühl kannte.

»Was kommt morgen?«, ergänzte er, wandte sich zum Gehen, zögerte dann noch kurz und schüttelte traurig den Kopf. »Ich weiß es nicht.«

Als ich mit Mitte zwanzig aus Prag nach Shetland zurückkehrte, war das kein freudiges Nachhausekommen, wie ich es mir insgeheim vielleicht erhofft hatte. Es war schwierig und zögerlich, und für kurze Zeit zweifelte ich daran, ob diese Entscheidung überhaupt vernünftig gewesen war. Zu der Zeit hatte meine Mutter Lerwick bereits verlassen, war aus dem Haus ausgezogen, in dem ich meine Teenagerjahre verbracht hatte, dem Haus am Hafen. Vieles hatte sich seitdem verändert, und vieles war neu für mich. Ich war nach Shetland zurückgekehrt, weil es sich endlich wie Heimat angefühlt hatte, aber in diesen ersten Monaten war eine Menge wieder unvertraut.

Bald nach meiner Rückkehr bekam ich Arbeit als Reporter für die *Shetland Times* und fand eine kleine Wohnung in

Lerwick, wenige Straßen von dem Haus entfernt, in dem ich aufgewachsen war. Ich richtete mich ein in einem Leben, das ich, meinem Gefühl nach, mir selbst gewählt hatte, und als ich nun wieder durch die Straßen ging, wirkten diese Gebäude und diese Straßen, diese Linien und diese Räume, als wären sie mir innerlich eingeätzt.

In den folgenden Monaten schrieb ich nun jeden Tag, mehr, als ich je geschrieben hatte. Ich begann die Arbeit an etwas, von dem ich dachte, dass daraus ein Roman werden würde: die Geschichte der Rückkehr eines Mannes auf die Inseln nach vielen Jahren der Abwesenheit. In dieser Geschichte setzte sich der Mann – ich suchte mir nie einen Namen für die Figur, er war einfach »der Mann« – wieder mit seiner Heimat in Verbindung, indem er wie ein Besessener durch die Straßen und zu den Orten ging, die er früher gekannt hatte. Seine Schritte verbanden ihn nicht nur körperlich wieder mit dem Ort, sie führten ihn auch aufs Neue durch seine eigene Geschichte und die Geschichte der Inseln. Vielleicht könnte man auch genauer sagen, dass er, durch seine körperliche Verbindung, die Vergangenheit in die Gegenwart zog. Um diese Arbeit voranzutreiben, las ich Bücher über die Geschichte Shetlands. Ich las Romane und Gedichte. Ich besuchte Archive und Museen, und ich lernte viel, woran ich früher nie Interesse gehabt hatte. Mittels dieser anonymen Figur versuchte ich, einen Bezug zu finden zu einem Ort, zu dem ich früher immer eine gewisse Distanz gewahrt hatte. Nun, in dieser Zeit des Recherchierens und des Schreibens, erkannte ich etwas, das jetzt offensichtlich erscheint: dass die Geschichte, in die ich eintauchte, nicht getrennt war von mir selbst. Die Geschichte der Inseln könnte meine eigene sein. Obwohl ich zu Shetland keine Blutsverbindung hatte, da meine Vorfahren, von denen ich weiß, mit den Inseln nichts zu hatten, war das alles nicht wirklich wichtig. Die Vorfahren, die ich kenne, lebten in Norfolk und Cornwall und Irland, Orte, die ich kaum kenne. Meine Verbindung zu diesen Orten, übertragen in DNS-Fragmenten, hat kaum echte Bedeutung. Mit Sicherheit bedeutet es gar nichts im Vergleich mit den Bindungen, die ich in meinem bisherigen Leben eingegangen bin. Denn Kultur und Geschichte werden nicht durch Blut weitergegeben. Auch Identität nicht. Diese Dinge sind nicht vererbt, sie existieren nur durch Bekanntschaft und Vertrautheit. Sie existieren in Verbundenheit.

Während ich das allmählich begriff, überkam mich ein Gefühl der Erleichterung wie ein leises Seufzen, und ich konnte mir vorstellen, dass eine Sache bereinigt und etwas Kaputtes unterwegs zur Reparatur war. Tagsüber schrieb ich als Reporter über Shetlands Gegenwart; abends las und schrieb ich über seine Vergangenheit. Vertrautheit und Bekanntschaft wuchsen und in mir gleichermaßen die Verbundenheit.

In Turku, der zweiten Großstadt des Landes, bestieg ich eine dieser riesigen Fähren, die zwischen Finnland, Schweden und den Åland-Inseln pendeln. Im Terminal kamen vor der Abfahrt eine Menge Wartende zusammen, man lachte und plauderte fröhlich miteinander, und nach dem Zusteigen verteilten sie sich in Cafés, Restaurants und – am beliebtesten – dem Duty-free-Shop. Bald wimmelte das Schiff vor Menschen, die meisten beladen mit Tüten voller Alkohol und Zigaretten.

Åland ist vom finnischen Festland durch einen schmalen Streifen Ostsee getrennt, der sich nie wirklich vom Land löst.

Von Turku aus fuhren wir vorbei an bewaldeten Inseln mit bunten Sommerhäusern an den Ufern. Und obwohl die Inseln im Verlauf des Vormittags spärlicher und kleiner wurden, bis sich um uns herum beinahe offenes Meer erstreckte, gab es immer noch Holme und Inselchen, einige so glatt und unauffällig wie Walrücken, die gerade so die Oberfläche durchstoßen. Vom Boot aus sahen diese Inseln aus, als hätten sie sich eben aus dem Wasser erhoben – was tatsächlich viele getan haben. Das Land steigt hier um fünfzig Zentimeter pro Jahrhundert an, also tauchen die ganze Zeit neue Inseln auf. Und wenn sie es tun, dauert es nicht lange, bis sie von Bäumen besetzt werden. Auch noch die kleinste Schäre hat mindestens einen, der auf ihr wächst. Für mich, der aus einer Gegend kommt, in der eine so extravagante Vegetation aus der Erde gelockt und gepäppelt werden muss, war es erstaunlich, diese Überfülle zu sehen. In der Ostsee lassen Bäume ein Nein als Antwort nicht gelten.

Der sechzigste Breitengrad verläuft durch den Süden des Åland-Archipels, nicht weit von der Hauptstadt Mariehamn entfernt, wo wir gegen Mittag anlegten. Beim Aussteigen, den Rucksack über der Schulter, fiel mir auf, dass die meisten meiner Mitreisenden die eine Fähre verließen und sofort eine andere bestiegen, die in die Gegenrichtung fuhr. Für die Mehrheit, so zeigte es sich, ist die Überfahrt ganz einfach der erste Teil eines Tagesausflugs nach Åland und zurück, wobei gutes Essen und zollfreier Einkauf wichtiger sind als das Ziel. Ich trat hinaus ins graue Winterlicht der Stadt und ging zu meinem Hotel.

Wenn es Mehrdeutigkeiten in der Beziehung zwischen schwedischen Finnen und dem Staat gibt, in dem sie leben, ist die Situation in Åland eine ganze andere. Hier gibt es weniger

Mehrdeutigkeit und mehr Komplexität. Diese Inseln gehören offiziell zu Finnland, aber kulturell sind sie schwedisch und politisch autonom. Die Bewohner denken sehr eigenständig. Der Archipel hat sein eigenes Parlament, seine eigene Bank, seine eigene Flagge und ein einzigartiges Regierungssystem. Trotz einer Bevölkerung von weniger als 30 000, die sich über 65 bewohnte Inseln verteilen, hat Åland die Macht der Gesetzgebung in Bereichen wie Bildung, Gesundheit, Umwelt, Polizei, Transport und Kommunikation. Es ist in jeder Hinsicht ein winziger Staat innerhalb eines größeren und hebt sich vom größeren Staat deutlicher ab, als stur behauptet wird. Finnisch ist auf diesen Inseln keine offizielle Sprache, und die finnische Armee ist an ihren Ufern nicht willkommen.

Diese merkwürdige Situation entstand nicht wegen eines hier seit Langem gehegten Nationalismus (im Gegensatz etwa zu den Färöern), sondern war die Folge einer eigentümlichen und rückblickend betrachtet ziemlich weitsichtigen Entscheidung des Völkerbundes. Jahrhundertelang waren diese Inseln de facto ein Teil Schwedens, doch 1809 wurden sie zusammen mit Finnland von Russland annektiert. Åland wurde zu einem Teil des Großfürstentums, das bis zur Revolution 1917 Bestand hatte. Während Finnland sich in dieser Zeit daranmachte, die eigene Unabhängigkeit zu erklären, verlangten die Åländer, dass die Inseln an Schweden zurückgegeben wurden, sowohl aus Gründen der kulturellen Kontinuität als auch, damit sie unter den Schutz eines etablierten und stabilen Staates kämen. Aber angesichts der Geschichte dieser Region war das Verlangen nicht einfach zu erfüllen, und als die drei Seiten sich nicht einigen konnten, wurde die Angelegenheit an den Völkerbund weitergeleitet. Bei dem Versuch, eine Lösung zu präsentieren, die alle zufriedenstellte, einigte sich der Bund auf einen Kompromiss. Åland sollte weder bei einem Staat bleiben noch einem anderen beitreten, sondern stattdessen autonom und demilitarisiert werden. Es würde innerhalb des Staates Finnland operieren, aber sein Schwedischsein sollte im Gesetz verankert werden. Mit anderen Worten, es würde weder das eine noch das andere sein. Ein so prekärer Kompromiss hätte sehr leicht zur Katastrophe werden können, doch in diesem Fall passierte das nicht. Alles entwickelte sich sogar erstaunlich gut. Heute sind die Insulaner stolz auf ihre Autonomie und auf das, was sie daraus gemacht haben. Sie pflegen enge Beziehungen zu beiden Nachbarn, haben aber ein Gefühl der Unverwechselbarkeit und der Unabhängigkeit entwickelt und kultiviert, das jetzt, fast ein Jahrhundert später, fest verankert ist.

Mariehamn liegt auf einer langen Landzunge, mit einem tiefen Hafen auf der einen Seite, in dem die Fähren anlegen, und einem flachen auf der anderen, für Sportboote. In dem kleineren Hafen lagen teure Boote unter Plastikplanen versteckt, während sich am Kai leere Liegeplätze aneinanderreihten, die auf die Sommergäste warteten.

Ich schlenderte über die Brücke nach Lilla Holmen, einem verschneiten, bewaldeten Park, der mehr oder weniger menschenleer war. Dort stand zwischen den Bäumen ein großes Vogelhaus, in dem es von Zebrafinken, Wellensittichen, Papageien und Unzertrennlichen wimmelte, und in einer Ecke lag unbeweglich eine Schildkröte. Draußen im Park gab es Riesenkaninchen in Verschlägen und drei Pfauen, die auf mich zukamen und wie zum Protest ein Rad schlugen und mit den prächtigen Federn wippten.

Mariehamn verströmt ein unmissverständliches Selbstbewusstsein. Die Stadt fühlt sich so an wie das, was sie beinahe ist: die Hauptstadt einer winzigen nordischen Nation. Die breiten, von Linden gesäumten Boulevards, die prächtigen Holzvillen, die lebendigen, zu Fußgängerzonen umgewandelten Straßen – in Mariehamn pulsiert eine Energie, die seine Größe Lügen straft. Nur 11 000 Menschen leben hier, und doch wirkt die Stadt sehr viel größer. Sie fühlt sich kreativ und dynamisch und erfolgreich an. Im Sommer ist der Ort voller Besucher – vorwiegend Finnen und Skandinavier –, aber im Januar waren nur wenige von uns unterwegs. Anders als in Ekenäs wirkte das jedoch nicht wie ein Verlust. Hier herrschte keine Zwischenzeit, es fehlte nichts. Touristen bringen zwar Geld auf die Inseln, aber keine Zielgerichtetheit. Åland konzentriert sich auf sich selbst und seine Belange. Denn wie viele Gemeinden von 28 000 können sich zweier Tageszeitungen, zweier Privatsender und eines öffentlich-rechtlichen Senders rühmen?

Ich konnte nicht anders, als diesen Ort mit zu Hause und mit Shetlands eigener Hauptstadt Lerwick zu vergleichen. Während ich durch Mariehamns ziemlich prächtige Straßen schlenderte, dachte ich an die Straßen, in denen ich aufgewachsen war. In der Zeit, die ich sie kenne, hat meine Heimatstadt sich stark verändert, und trotz des Reichtums der Inseln wirkt sie inzwischen ein wenig heruntergekommen. Ein riesiger Supermarkt am Stadtrand hat der Innenstadt das Leben ausgesaugt. Einst Standort vieler unabhängiger Geschäfte, ist die Haupteinkaufsstraße jetzt ein Ort der Friseure und Secondhandläden, und Lerwicks Museum und das neu erbaute Kulturzentrum sind zwar hervorragend, aber wohl auch in Kontrast zum Übrigen.

Damals fragte ich mich wie schon oft, ob mehr Autonomie Shetland einige der Vorteile hätte bringen können, die Åland gesehen hat, und ich denke, vielleicht schon. Aber Ålands Erfolg wurde befördert durch zwei Faktoren, die nicht auf Shetlands Seite sind: Geografie und Klima. Diese Inseln sind nicht nur wunderschön, sie sind im Sommer auch sonnig und warm und deshalb bei Touristen sehr beliebt. Åland hat zudem das Glück, zwischen zwei wohlhabenden Ländern zu liegen, und eine Zollvereinbarung bedeutet, dass Finnen und Schweden hierher Tagesausflüge machen und mit Taschen voller billigem Alkohol zurückfahren können. Åland ist politisch autonom, aber finanziell von seinen Nachbarn abhängig. In den 1930ern war die größte Flotte Segelschiffe im Besitz des Åländer Geschäftsmanns Gustaf Erikson, und die Wirtschaft ist noch immer stark vom Meer abhängig. Die Fähren, die heute etwa eine Million Passagiere pro Jahr über den Bottnischen Meerbusen bringen, sind mit deutlichem Vorsprung die größte Industrie der Inseln.

Als ich an einem schon halb erloschenen Nachmittag herumschlenderte, betrat ich aus einem Impuls heraus das *Åland Emigrants Institute,* untergebracht in einem unauffälligen Gebäude, ein wenig zurückgesetzt von der Norre Esplanadgaten, einer der Hauptstraßen im Stadtzentrum. Irgendwo hatte ich gelesen, dass es drinnen eine Ausstellung gebe, aber das Institut sah in der Hinsicht nicht gerade vielversprechend aus, und es war auch nicht ganz klar, ob Besucher willkommen waren. Drinnen gab es kaum einen Hinweis, ob ich überhaupt am richtigen Ort war, nur ein schmaler Gang mit einem Büro am hinteren Ende, dessen Tür offen stand. Enttäuscht wandte ich mich schon wieder zum Gehen, wurde aber zurückgehalten von einer Frau, die mich zu sich winkte. »Es ist nicht wirklich eine Ausstellung«, sagte sie als Antwort auf meine Frage.

»Es sind nur ein paar Sachen. Aber kommen Sie doch trotzdem rein.«

Das Büro war beengt. Drinnen standen zwei große Schreibtische einander gegenüber, und Bücher und Akten und Ordner stapelten sich überall im Raum. Die Ausstellung bestand, wie angekündigt, aus wenigen Kleinigkeiten – einige alte Fotos, Geschirr und Orden –, aber eigentlich zeigte man mir gar nichts davon.

Stattdessen bekam ich einen Platz und eine Tasse Tee angeboten und wurde mit Fragen bombardiert.

Die Frau, die mich hereingebeten hatte, war Eva Meyer, die Direktorin des Instituts, und ihre Kollegin an dem anderen Schreibtisch war Maria Jarlsdotter Enckell, eine Forscherin. Eva war mittleren Alters, still und aufmerksam; Maria war in den Siebzigern, mit gepflegten weißen Haaren und einer Brille, die sie in der Hand hielt. Während ich an meinem Tee nippte, fragten mich die beiden Frauen nach meinen Reisen. Woher komme ich? Wo bin ich gewesen? Wohin gehe ich als Nächstes? Warum tue ich das? Wir unterhielten uns über den sechzigsten Breitengrad und über die Länder, durch die er verlief. Ihnen gefalle das Konzept meiner Reise, sagten sie mir, und die Verbindungen, die sie herstelle. Eva holte einen Globus aus einer Ecke des Zimmers und kehrte zu ihrem Tisch zurück. Während sie weiterredete, drehte sie ihn langsam und folgte mit dem Finger der Linie des Breitengrads. Beide Frauen seien vor Kurzem in Alaska gewesen, sagten sie mir, um an einer Konferenz über Russisch-Amerika teilzunehmen. Ich erzählte ihnen von meiner Zeit dort, vom Dorf Ninilchik mit seiner kleinen orthodoxen Kirche. Eva und Maria schauten einander mit aufgerissenen Augen an. »Ninilchik? Wirklich?«, fragten sie. Ich nickte und wartete auf eine Erklärung.

Ins Institut war ich um halb vier am Nachmittag gekommen, eine halbe Stunde bevor es geschlossen werden sollte. Doch um vier waren Maria und Eva erst am Anfang ihrer Geschichte. Die Stellung der Finnen in der russischen Geschichte, erklärten sie mir, sei erheblich unterschätzt worden, vor allem in Hinsicht auf die koloniale Expansion. Schließlich hatte Russland zu Beginn des neunzehnten Jahrhunderts große Schwierigkeiten, seine überseeischen Siedlungen zu bemannen. St. Petersburg war gerade einmal hundert Jahre alt, und das Land hatte ganz einfach nicht genug ausgebildete und erfahrene Seeleute. Bewohner des Großfürstentums mit seiner längeren maritimen Geschichte waren extrem nützlich und oft bereitwillige Rekruten. Die Russisch-Amerikanische Gesellschaft bot Finnen die Sicherheit eines siebenjährigen Vertrags in Alaska an, samt jährlichem Gehalt und Unterkunft. Indem sie sich als Matrosen verpflichteten, als Handwerker oder mit anderen Fähigkeiten, erhielten die Männer die Chance auf einen sozialen Aufstieg, die Chance, sich vom Schiffsjungen zum Kapitän hochzuarbeiten.

Maria erzählte mir die Geschichte eines solchen Rekruten, Jacob Johan Knagg, der 1796 in Fagervik in der Nähe von Ekenäs geboren wurde. Als er erwachsen wurde, war Finnland unter russischer Kontrolle, und da seine Mutter tot war und sein Vater wieder geheiratet hatte, beschloss Knagg, ins Ausland zu gehen. Zuerst verschlug es ihn, auf einem Handelsschiff, das dem örtlichen Eisenwerk gehörte, nach Estland, aber irgendwann – wahrscheinlich gegen Ende der 1820er – meldete er sich bei der Russisch-Amerikanischen Gesellschaft an.

1842 arbeitete Knagg auf einer Rinderfarm auf der Insel Kodiak, zusammen mit seiner Frau, die er wahrscheinlich in

Alaska kennengelernt hatte. Sechs Jahre später bewarb er sich um die Kolonialbürgerschaft – und hatte letztendlich Erfolg damit. Zu dieser Zeit erreichte er das Ruhestandsalter, und wie es üblich war, wurde er mit genug Vorräten für ein Jahr und der Ausrüstung und den Werkzeugen, die zum Bau eines Hauses nötig waren, entlassen. Die Familie Knagg wurde in die jüngste russische Siedlung in Alaska geschickt. Und in dieser Siedlung starb Jacob Johan Knagg im Sommer 1851 und hinterließ seine Frau und sieben Kinder. Diese Siedlung war Ninilchik.

Immer wieder suchten Eva oder Maria nach Dingen, um ihre Geschichte zu illustrieren. Sie zogen Akten hervor, Namenslisten und Familienstammbäume. Nach Maria waren bis zu einem Drittel der »Russen« in Alaska gar keine Russen; es waren Finnen, Esten, Letten, Dänen und Polen. Es habe den bewussten Versuch gegeben, sagte sie, diese Tatsache kleinzureden und sogar zu leugnen, weil sie nicht in Russlands offizielle patriotische Geschichte passte. Auch Historiker in Nordamerika zögerten, ihre Forschungen zu akzeptieren, erklärte Maria. Sie seien »geblendet von der Politik«. Der Großteil ihrer Arbeit sei jetzt der Versuch, zu beweisen, was sie bereits glaubte: Dass eine bedeutsame Zahl finnischer Migranten, Jahrzehnte bevor die großen Wellen der europäischen Migranten westwärts über den Atlantik schwappten, in Alaska eintrafen. Zusammen mit deren Nachfahren, die noch in Amerika lebten, spürte sie den Geschichten von Männern und Frauen wie den Knaggs nach und zog dabei neue Linien zwischen hier und dort, zwischen dem Jetzt und dem Damals.

Als um halb sieben eine natürliche Pause in dem Gespräch entstand, bestanden die beiden darauf, dass wir etwas essen müssten. »Wir werden schon etwas zusammenstellen«, sagte Eva. »Wie bei einem Picknick.« Sie zog ihren Mantel an und ging zur Tür. »Wir haben jede Menge zu essen, aber ich gehe nur schnell raus und besorge was zum Nachtisch.«

Eine halbe Stunde später setzten wir uns an einen kleinen Tisch im Gang, der mit Essen beladen war. Es gab Hähnchenschenkel, Salat, Obst und Brötchen, und dazu tranken wir Cranberry-Saft. Dann kehrten wir ins Büro und zu unserer Unterhaltung zurück.

In diesem Zimmer, das angefüllt war mit Fragmenten der Vergangenheit, schien die Zeit sich zu verdichten und auf sich selbst zurückzublicken. Der Raum war randvoll mit Geschichten von Menschen, die ihre Heimat verlassen hatten, um sich woanders ein Leben zu suchen, ob nun widerwillig oder aus freien Stücken. Er war auch randvoll mit den Geschichten jener, die hier und auf der ganzen Welt versuchten, etwas über die Vergangenheit ihrer Familie zu erfahren. Eva und Maria war es eine Freude, Menschen diese Vergangenheit zurückzugeben, ihnen zu sagen, wer ihre Vorfahren gewesen waren, warum sie weggegangen waren und wie sie gelebt hatten.

Um halb zehn, sechs Stunden nach meiner Ankunft, schickten Eva und Maria mich hinaus in den Abend und wünschten mir alles Gute für meine Reisen. In meinen Händen hielt ich die Zeichen ihrer Großzügigkeit: eine Tüte mit Akten und Papieren in einer, eine Tüte mit Bananen in der anderen.

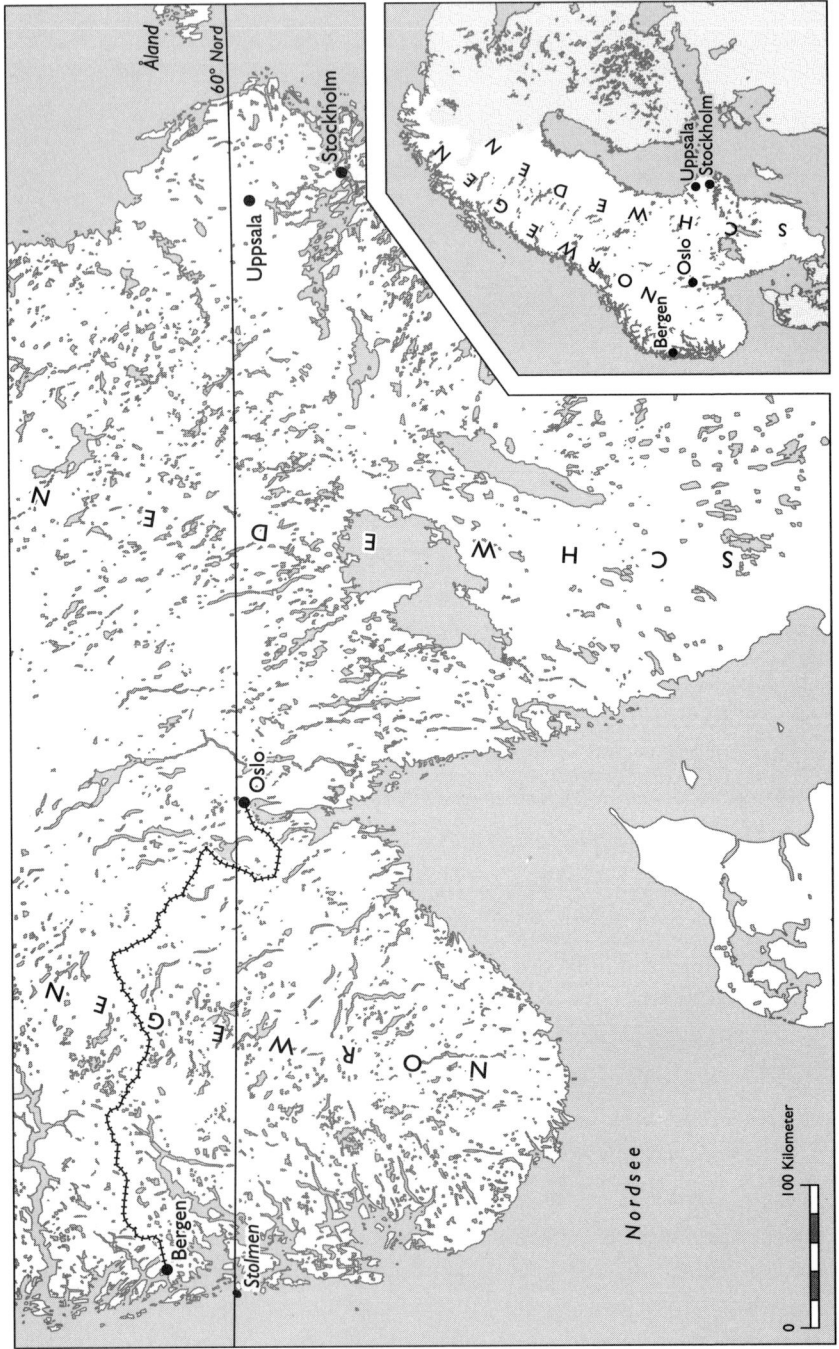

SCHWEDEN UND NORWEGEN
letzte Länder

Wie viele Universitätsstädte fühlt Uppsala sich zugleich uralt und sehr jung an. Als Zentrum des Lernens seit dem fünfzehnten Jahrhundert und der Religion seit mehr als tausend Jahren davor ist diese Stadt seit Langem das intellektuelle Zentrum Schwedens. Die Skyline der Stadt wird beherrscht von zwei historischen Wahrzeichen: der gotischen Backsteinkathedrale – das höchste Gebäude in allen nordischen Ländern – und dem erhöht gelegenen rosafarbenen Schloss nur ein paar Hundert Meter entfernt. Im Zentrum sticht ein weiteres Gebäude hervor: das Gustavium, dessen unverkennbare grün oxidierte Kuppel mit der Kugel an der Spitze in den 1660ern von Olof Rudbeck erbaut wurde. In seinem Inneren hoch über den Straßen entwickelte der berühmte Professor – dessen Karriere mit der Entdeckung des Lymphsystems begann und mit der Behauptung endete, das Schwedische sei die Sprache des Paradieses und Uppsala Atlantis – unter den Blicken seiner Studenten moderne Sektionstechniken. Die Leichen von gehängten Verbrechern wurden in den hohen Autopsiesaal gebracht und auf einen Tisch gelegt. Dort wurden sie aufgeschnitten und zerlegt, um die Teile besser zu verstehen, die zusammengenommen das Leben ausmachten.

Im Schatten dieses und der vielen anderen historischen Gebäude der Stadt leben 24000 Studenten, die einen beträchtlichen Teil der Bevölkerung ausmachen. Und auf den Kopfsteinpflasterstraßen, die vom Fluss Fyris ausschwärmen, kann man ihnen nicht entkommen. Junge, schöne Menschen versammeln sich in Bars und Cafés, die die Stadt sprenkeln; sie schlottern Arm in Arm über die Bürgersteige und posieren in ihren schwarz-weißen »Uppsala-Kappen« für Fotos. Überall fräsen ihre Fahrräder Furchen in den Schneematsch und schleudern schmutzige Bögen in die Luft. Wie Oxford, wie Prag und wie Kopenhagen ist dies eine sehr jugendliche alte Stadt.

An meinem ersten Vormittag in Schweden blieb ich am Fluss stehen, wo eine – für wandernde Rapfen erbaute – Fischtreppe seitlich am Stauwehr vorbeiführte. Dort saß eine Wasseramsel auf einer der Stufen und tauchte und täuschte wie ein winziger Boxer. Immer wieder senkte der Vogel den Kopf ins fließende Wasser und verschwand dann völlig unter der Oberfläche, kam flatternd und spritzend wieder hoch und tauchte aufs Neue, und seine weiße Brust leuchtete in der grauen Luft. Um mich herum fiel der Schnee in fetten Flocken, bauschig und wie aufgeplustert, und doch waren die Kristalle so deutlich, wie unter einer Lupe betrachtet. Ich stand da und beobachtete den Vogel, während der Schnee sich mir auf Schultern, Wangen und Wimpern legte, bis ich die Kälte nicht länger ignorieren konnte.

Im Inneren der Kathedrale, nur wenige Gehminuten entfernt, schloss ich die Tür, und Stille senkte sich herab. Der Raum war fast geräuschlos und fast menschenleer. Die einzige andere Person, die ich sah, war eine gebeugte Putzfrau, die den Steinboden schrubbte und polierte. Während sie sich mit den Augen am Boden hin und her bewegte, stand ich da und schaute in die andere Richtung, denn die hohen Säulen zogen meinen Blick nach oben, zu einem Himmel, den man eben nicht sah.

In der Kathedrale befinden sich die Grabstätten von einigen der berühmtesten früheren Bewohner der Stadt. Im Wasachor liegt König Gustav Wasa. Die Wände dieser Kapelle sind mit Gemälden geschmückt, die Szenen aus dem Leben des Königs darstellen; die sternenbesetzte Decke in einem prächtigen Türkis hängt wie eine Vergebung über dem extravaganten Sarkophag. An anderen Stellen in der Kathedrale liegen die Reliquien des heiligen Erik, eines früheren Königs, wie auch die von Brigitta, der Schutzheiligen des Landes. Der Wissenschaftler und Philosoph Emmanuel Swedenborg liegt in der Salsta-Kapelle, und Olof Rudbeck ist neben dem Hauptaltar bestattet.

Nahe des Eingangs markiert ein schlichter, schmuckloser Stein das Grab von Carl von Linné oder Linnaeus, der 1778 starb. Als Arzt, Botaniker und Biologe war er der Begründer der modernen Taxonomie. In seinem System ist jede Tier- oder Pflanzenart Teil eines Reichs, einer Klasse, einer Ordnung, einer Gattung, einer Art. Es war Linnaeus, der die Wale von den Fischen trennte, und es war Linnaeus, der die Menschen mit den Affen zusammenbrachte. Sein System spaltete die Welt und verband sie zugleich, wie auch Rudbecks Autopsien.

In diesen ersten Monaten nach meiner Rückkehr aus Prag nach Shetland, beim Arbeiten, Spazierengehen und Schreiben und meiner Wiederannäherung an die Heimat, die sich nun endlich wie eine Heimat anfühlte, glaubte ich, einen Punkt erreicht zu haben, an dem ich verweilen konnte. Jahrelang hatte ich mich gefühlt wie eine Motte, angelockt von Lichtern, die mir nichts nützten, und zurückgehalten von Glasscheiben, die ich weder sehen noch verstehen konnte. Verwirrt und verloren war ich hierhin und dorthin gestolpert. Doch jetzt war ich zurück – dort, wo ich schon vor Jahren gewesen war, doch jetzt aus freiem Willen. Dieses Mal war die Richtung meine eigene gewesen. In diesen ersten Monaten konnte ich mir nicht vorstellen, dass meine Rückkehr nur zeitweilig sein würde, dass ich in einem Jahr schon wieder unterwegs sein würde. In diesen ersten Monaten rechnete ich nicht mit Liebe.

In Fair Isle verliebte ich mich, kaum dass ich dort angekommen war. Vielleicht passierte es sogar noch früher, auf der Fähre, als wir uns der Insel näherten, als aus einem verschwommenen Klumpen am Horizont etwas Komplettes und zugleich Komplettierendes wurde, etwas, das sich anfühlte, als wäre es bereits Teil von mir und immer gewesen. Es war ein so intensives und überraschendes Gefühl wie jenes, das mich in Kamtschatka überfallen hatte – vielleicht sogar noch stärker. Nur diesmal richtete sich das Gefühl auf etwas Näheres, Erreichbareres.

Dieser erste Ausflug auf die Fair Isle dauerte nur zwei Tage, aber seine Wirkung auf mich war enorm, und in dem Jahr nach meiner Rückkehr nach Shetland fing ich an, die Insel alle zwei Wochen zu besuchen. Mein Bruder arbeitete in dem Sommer in der Vogelwarte, was mir sowohl eine Gelegenheit wie eine Entschuldigung gab. Und dann lernte ich ein Mädchen kennen, eine junge Frau. Sie war auf der Insel aufgewachsen und brachte sie mir näher. Immer wenn ich die Reise machte, per Boot oder Flugzeug, empfand ich eine Art Erleichterung, als würde ich zurückkehren an einen Ort, wo ich mehr ich selber sein konnte. Und als sich die Gelegenheit ergab, mit dieser jungen Frau auf die Insel zu ziehen, zögerte ich nicht. Für mich schien es in dem Augenblick nichts Natürlicheres und Logischeres zu geben. Und so wurde Fair Isle, drei Meilen lang und eine halbe Meile breit, von Shetland durch fünfundzwanzig Meilen Wasser getrennt, mein Zuhause.

Es unmöglich, Attraktion zu definieren. Wir werden in unsere verschiedenen Richtungen gezogen aus Gründen, die nicht zu erklären und nicht zu benennen sind. Wir begehren, was andere abstoßend finden; wir klammern uns an Dinge, die andere nicht wollen; wir sind Magneten mit unberechenbaren Polen. Was ich auf Fair Isle fand, war ein Ort, der zugleich neu und vertraut war, sowohl nah wie weit weg. Wie Fort Smith ist auch das ein Ort, der aufs Äußerste in sich selbst ruht. Obwohl es theoretisch die abgelegenste bewohnte Insel Großbritanniens ist und man an vielen Tagen des Jahres übers Wasser schauen und kein anderes Land sehen kann, fühlte sie sich für mich nie abgelegen an. Auf Fair Isle waren es die anderen Orte, die weit weg waren. Die Insel selbst war genau dort, wo sie sein sollte. Dieses Gefühl tiefster Zentriertheit und Gesetztheit passte mir hervorragend. Ich fühlte mich nicht zerrissen oder in gegenläufige Richtungen gezerrt. Hier war ein Ort, an dem ich einfach sein konnte.

Vor allem aber war es die Gemeinschaft auf Fair Isle, die mich anzog. Es waren diese Verbindungen, die die Leute miteinander und mit ihrem Ort hatten – Verbindungen, die sogar für den kürzesten Besucher offensichtlich waren. Auf Fair Isle zu leben, war anders, als irgendwo zu leben, wo ich zuvor gewesen war. Es hieß, Teil von etwas zu werden, das größer und wichtiger war als jedes Individuum. Es hieß, zu einer Gemeinschaft zu gehören, die größer war als die Summe ihrer Teile, unabhängig und doch abhängig von jedem anderen Mitglied. Auf dieser Insel, unter diesen Menschen, begann ich, ein Gefühl der Verbundenheit, das stärker, komplizierter und doch in gewisser Weise einfacher war als alles, was ich bisher erlebt hatte, zu erfahren und zu verstehen. Fair Isle war der erste Ort, an dem mein Wunsch nach Heimat willkommen war und erwidert wurde. Der erste Ort, an dem dieser Wunsch, der mich fast mein ganzes Leben lang verfolgt hatte, sich mir wirklich zu erkennen gab. Ein unbeantwortbares Sehnen nahm nun Form an, und diese Form wurde zu ihrer eigenen Antwort.

Ich zog nach Fair Isle ohne genaue Vorstellung davon, wie ich finanziell überleben könnte. Bei einer Bevölkerung von unter siebzig gibt es auf der Insel nur zwei oder drei Vollzeitjobs; jeder andere hat mehrere Teilzeitbeschäftigungen, mit denen er seinen Lebensunterhalt verdient. Jeder Dienst, der anderswo für selbstverständlich erachtet wird, muss von denselben wenigen Leuten ausgeführt werden. Jede Rolle muss gefüllt sein, sonst kann das Ganze nicht funktionieren. Meine Zeit auf der Insel fing damit an, dass ich zu einer Strickerei-Kooperative ging und lernte, eine Strickmaschine zu bedienen. Es war eine Arbeit, für ich kein besonderes Geschick hatte. In meinem ersten Winter fertigte ich Mützen und Schals, ein paar Pullover und eine Strickjacke, die dann im folgenden Sommer an Besucher verkauft wurden und irgendwo auf der Welt wahrscheinlich noch immer getragen werden. Ich blieb nicht lange beim Stricken, sobald sich andere Gelegenheiten ergaben. Als Nächstes wurde ich Straßenarbeiter – Gräben ausheben, Schlaglöcher auffüllen, Teer gießen, im Winter Split streuen –, und ein paar Tage pro Woche arbeitete ich in der Grundschule als Assistent im Klassenzimmer. Am Ende meines ersten Jahres fing ich an, ein Shetland-Magazin herauszugeben, was ich neben meinen anderen Aufgaben zu Hause erledigen konnte. Ich hielt ein paar Dutzend Schafe in der Gemeindeherde auf dem Hügel; ich meldete mich bei der Klippenrettung der Küstenwache an; und gegen Ende meines dritten Jahrs auf der Insel arbeitete ich gelegentlich als Deck-arbeiter auf der Fähre, der *Good Shepherd IV*. Fast jeden Tag konnte ich aufwachen und etwas anderes tun als am Tag zuvor. Das gefiel mir besser, als ich mir je vorgestellt hätte.

Als ich auf Fair Isle lebte, war ich stolz, Teil von etwas zu sein, von dem ich völlig überzeugt war; und ich bin da-von noch immer überzeugt, auch wenn ich nicht mehr dort lebe. Nach einer Weile bedeutete mir diese Insel mehr als jeder andere Ort; die Gemeinschaft veränderte mich fürs Leben. Wenn ich an Fair Isle denke, wie ich es fast jeden Tag tue, ist jeder Gedanke erfüllt von Dankbarkeit und Liebe, und jeder Gedanke ist geschärft durch die Erinnerung ans Weggehen. Als ich wegzog, nach drei Jahren auf der Insel, geschah das mit tiefer Traurigkeit. Aber ich tat es, weil ich ganz einfach nicht mehr völlig dort war. Im letzten dieser drei Jahre lebte ich allein, und das war alles andere als ideal. Ich fing an, Familie und Freunde in Shetland zu vermissen, und ich besuchte sie immer häufiger. Wäre Fair Isle leichter zugänglich, wäre das kein Problem gewesen. Aber Fair Isle ist nicht zugänglich. Hin- und herzureisen, ist schwierig und teuer, und das Wetter macht einem oft einen Strich durch die Rechnung. Die Insel kann zu jeder Jahreszeit tagelang abge-schnitten sein, und im Winter sogar wochenlang. Letztend-lich entschied ich mich für die meines Erachtens vernünf-tigste Lösung und kehrte nach Shetland zurück. Es war so ziemlich das Schwerste, was ich je hatte tun müssen.

Unter trüb orangefarbenen Lichtern in einer Ecke des Biblio-theksgebäudes der Universität von Uppsala, der Carolina Rediviva, hängt ein Glasschrank, und in diesem Schrank befindet sich eine Karte. Mit 1,70 Meter Breite und 1,25 Meter Höhe beeindruckt die Karte durch ihre Größe, aber auch durch ihren Inhalt. Obwohl vom Alter leicht verblasst und vergilbt, ist die Darstellung deutlich zu erkennen. Sie zeigt die nördlichsten Teile Europas – die nordischen Länder, das Baltikum, Schottland und Island –, und sie zeigt sie an der richtigen Stelle. Bekannt als *Carta Marina* und gedruckt 1539 in Italien, war dies tatsächlich die früheste Karte, die den Norden mit einer solchen Genauigkeit zeigt. Ein Meisterwerk der Kartografie, geschaffen von Olaus Magnus, einem Schweden, der im römischen Exil lebte.

Olaus Magnus wurde 1490 in Linköping im südlichen Schweden geboren. Er wurde in der Kirche unterrichtet und zum katholischen Priester geweiht, den Gustav Wasa als Diplomat in Skandinavien und auf dem Kontinent einsetzte. Doch als Ende der 1520er in Schweden die protestantische Reformation begann, waren Olaus und sein Bruder Johannes, zu der Zeit Erzbischof von Uppsala, gezwungen zu fliehen, und ihr Besitz wurde konfisziert. Die beiden ließen sich schließlich in Rom nieder, und als Johannes 1544 starb, wurde Olaus der – damals rein symbolische – Titel eines Erzbischofs verliehen. Er war nicht in der Lage, seinen Geburtsort oder sein Heimatland je wieder zu besuchen.

Doch seine Besessenheit von Schweden und dem Norden blieb. Die *Carta Marina* schuf er in den ersten Jahren seines italienischen Exils, und 1555 veröffentlichte er dann seine *Geschichte der nordischen Völker*, ein Werk in einundzwanzig Bänden, das viele der Informationen und Falschinformationen über die Region, die zu der Zeit in Umlauf waren, zusammentrug. Es umfasste Politik, Geografie, Geschichte, Naturgeschichte und Folklore, neben eigenen Beobachtungen aus seinen ausgedehnten Reisen. Lange Zeit war es das wichtigste und meistgelesene Buch, das über den Norden verfügbar war, und zusammen mit dieser Karte war es ein ausgedehnter Liebesbrief an sein Heimatland. Nach Barbara Sjoholm sind beide »Produkte der Erinnerungen und Vorstellungen eines Exilanten, zum Teil produziert, um für sein Land zu werben, und auch als Akt des Erinnerns und Sehnens«.

Die *Carta Marina* wäre fast für immer verschwunden, nachdem alle bekannten Originale bis zum Ende des sechzehnten Jahrhunderts verloren gegangen waren. Aber 1886 wurde in München ein Exemplar entdeckt, wo es sich auch heute noch befindet. Und 1961 wurde ein weiteres in der Schweiz gefunden. Es wurde sofort von der Universität von Uppsala gekauft und dorthin zurückgebracht, wohin es gehörte.

Die Karte ist außerordentlich detailreich illustriert. Jedes Land ist nicht nur mit Ortsnamen und geografischen Merkmalen versehen, sondern auch mit Gebäuden, Tieren und Menschen. Uppsala ist vorhanden, mit seiner deutlich sichtbaren Kathedrale, und ebenfalls die Burg in Raseborg in Finnland, dicht an der Stelle, wo kurz nach Fertigstellung der Karte Ekenäs gebaut werden sollte. An der Südspitze Grönlands kämpfen ein Normanne und ein Inuit miteinander; und in der östlichen Ostsee stehen sich schwedische und russische Truppen übers Wasser hinweg gegenüber. Aber die Karte vermischt, wie die Bücher, Bekanntes und Mythisches. Im hohen Norden und auf dem Meer verweben sich Geografie und Fantasie. Mehr als ein Dutzend Seeungeheuer bevölkern den Nordatlantik – einige greifen Schiffe an, andere sich gegenseitig. Mehrere dieser Kreaturen sind wahrscheinlich Wale, gezeichnet von jemandem, der noch nie einen Wal gesehen hat. Andere haben eine weniger offensichtliche Abstammung. Nach der lateinischen Legende der Karte gehören dazu »Rosmarus, ein Seeelefant« und das »grässliche Seeungeheuer Ziphius«, mit hoher Rückenflosse, Streifen, Stachelmähne und Schwimmhäuten zwischen den Pranken. An seiner Seite ist ein »weiteres grausiges Ungeheuer, Name unbekannt«. Der Ozean ist, nach der *Carta Marina,* ein furchteinflößender Ort.

Ein Stückchen links des Zentrums der Karte liegt meine Heimat. Im Gegensatz zum Umriss Skandinaviens ist Shetland ohne große Genauigkeit gezeichnet. Es sieht eher aus wie ein gekochtes, in sechs Scheiben geschnittenes Ei. »Die Hetlandischen Inseln und Bistum [sind] fruchtbares Land« erklärt die Legende, und sie rühmen sich »der schönsten Frauen«.

Aber Olaus hatte offensichtlich Zugang zu verlässlichen Informationen über die Inseln, denn einige der Ortsnamen, die er anführt, sind noch identifizierbar. Die Insel Mui an der Ostküste ist wahrscheinlich Mousa, und Brystsund ist sicher der Bressay Sound, an dessen Ufern später Lerwick erbaut werden sollte. Skalvogh ist Scalloway, zu der Zeit die Hauptstadt der Inseln, und Svinborhovit tief im Süden ist Sumburgh Head. Die kleine Insel direkt darunter – Feedero – ist Fair Isle.

Bemerkenswert an der *Carta Marina* ist die Tatsache, dass sie den Norden nicht als leere, öde Gegend zeigt, wie viele im Mittelmeerraum ihn sich damals wohl vorgestellt hatten, sondern als einen Ort, der vor Geschäftigkeit und Leben strotzt: Tierleben, Meeresleben, menschliches Leben. Dies ist eine Karte, die eher zu pulsieren als still zu liegen scheint; es ist ein ruheloses, dynamisches Bild, durchdrungen von der Energie der Welt, die sie darstellt. Niemand sonst war an diesem Vormittag neben mir im Saal, und so stand ich lange da und betrachtete sie, erkundete die Umrisse und Räume, die zugleich so vertraut und doch so ganz anders waren als die Kartografie von heute. Das Ziel dieser Karte war mehr als nur Wissensvermittlung; sie sollte zu einer Neuinterpretation des Orts inspirieren und südliche Köpfe nach Norden drehen. Trotz ihrer vielen Ablenkungen – das Schöne und das Monströse – drehte sich mein eigener Kopf immer wieder in Richtung Heimat.

An einem strahlenden Sonntagnachmittag ging ich von der Kathedrale hinunter zum Flussufer und dann nördlich auf dem Pilgerpfad auf Gamla (»Alt-«) Uppsala zu. Dies ist der Pfad, auf dem angeblich die Überreste von König Erik Jedvardsson – dem späteren St. Erik – im Jahr 1167 zu ihrer letzten Ruhestätte in der Stadt getragen wurden. Der Pfad führt am Fluss Fyris entlang, wo Stockenten zwischen bereiften Rohrkolben lauerten, und biegt dann ab in die Randbezirke der Stadt, vorbei an einer Bowling-Bahn, einem Sportzentrum und einem Parkplatz. Adrette Reihen kleiner Häuschen, alle den Winter über verschlossen, führen weiter durch baumgesäumte Sträßchen und schicke Wohnsiedlungen, deren Fenster im eisigen Sonnenlicht funkeln. Trotz der Kälte war der Pfad belebt. Kinder in Daunenjacken zogen Plastikschlitten hinter sich her, während vorneweg Eltern Kinderwagen schoben; Verliebte schlenderten Hand in Hand, Jogger keuchten vorbei, und ältere Paare machten vorsichtige Schritte, während ihre Spazierstöcke wie Elstern über das Pflaster keckerten. Wir alle gingen in dieselbe Richtung, hinaus aus der Stadt und dorthin, wo der Tag sich auftat. Über eine belebte Straße, dann eine Nebenstraße entlang, vorbei an verschlafenen Bungalows und Gärten, und allmählich veränderte sich die Landschaft. Bäume ersetzten Gebäude, und auf einer Seite des Pfads reihten sich kleine Hügel aneinander. Vor uns erstreckten sich flache weiße Felder bis zum Horizont.

Ich verließ den Pfad und ging zum Rand einer Baumgruppe, wo mehrere große Felsbrocken standen, jeder mit farbigen Kieseln obendrauf. Nach einer Broschüre, die ich in der Nähe fand, war dies ein »Ort der Meditation«, und die Kiesel waren »Perlen des Lebens«. Sie wären, so hieß es, »Hilfsmittel für moderne Pilger. Für die größte und wichtigste aller Reisen – die Reise nach innen.« Ich dachte über diese Bezeichnung nach – »moderner Pilger« – und überlegte, ob sie auf mich zuträfe. Ich hoffte nicht, denn die Rührseligkeit des Ganzen stieß mich ab. Doch die Frage blieb. Hier war ich, wandernd auf einer langen Straße, die wohin genau eigentlich führte? Auf der Suche nach was? Auf diesen Reisen war ich mir oft unsicher wegen meiner Motive und meiner Wünsche. Ich hatte oft infrage gestellt, was ich tat und was ich zu tun versuchte. Aber kein einziges Mal hatte ich mich selber als Pilger gesehen. Aber wenn ich einer war, dann entweder ein zufälliger oder ein unehrlicher, ein Pilger, der sich selbst gegen Enttäuschungen wappnete. Einige Augenblicke stand ich reglos da, während in der Nähe ein Specht pochte und zwei Kleiber an der welligen Rinde einer Kiefer kratzten.

Ich kehrte zum Pfad zurück und ging durch spärlicher werdendes Licht weiter nach Norden. Der Himmel war ein breites, wässriges Blau, durchzogen nur von Kondensstreifen, die sich über mir kreuzten. Die Sonne kauerte auf dem westlichen Horizont, und ein blasser gelber Schein zog schlaksige Schatten über die Landschaft. In diesem Licht wirkte alles klarer definiert, selbstgewisser. Die Felder waren gestreift von Loipenspuren und der Erinnerung an Pflüge. Die Stängel der letztjährigen Ernte stachen durch den Schnee wie sture Stoppeln aus einer einen Tag nicht rasierten Wange. Von hier konnte ich sehen, weswegen ich gekommen war: drei sanft gewölbte Hügel mit einer Steinkirche dahinter. Das waren die »Hügel der Könige« oder die »Royalen Hügel«, eine der wichtigsten archäologischen Stätten ganz Skandinaviens, und während ich zu ihnen schaute, überfielen mich widersprüchliche Gefühle. Das eine rührte aus dem Wissen, dass dies ein wichtiger Ort war – ein heiliger sogar. Dieses Wissen bringt ein Gefühl der Verzauberung und des Geheimnisvollen mit sich, und Gamla Uppsala hatte mit Sicherheit beides. Und gleichzeitig widersprach diesem Gefühl das äußerst gewöhnliche Erscheinungsbild dieses Ortes, die Zahmheit und Langweiligkeit des Ganzen. Die »Hügel der Könige« sind genau das – Hügel – und an und für sich weder dramatisch noch besonders spannend. Wäre nicht die Flachheit der sie umgebenden Landschaft, würde man diese Tumuli kaum bemerken. Doch so ragen sie heraus wie Wellen in einem Mühlteich.

Die Fantasie muss schon große Sprünge machen, um hier an diesem Ort die Szene heraufzubeschwören, die Adam von Bremen im späten elften Jahrhundert beschrieb. Versehen mit vielen Augenzeugenberichten, wie er behauptet, beschrieb Adam ein Heiligtum, das an dieser Stelle stand, als »gänzlich mit Gold bedeckt«. Hier »beten die Menschen die Statuen dreier Götter an«, genannt Thor, Wotan (Odin) und Frikko (Freyr), wobei der Letzte »mit einem enormen Phallus« gebaut war. Als wäre ein riesiger Penis nicht schon schlimm genug, berichtete Adam weiter, dass während der Wintersonnwendfeste in diesen Kultstätten Menschen- und Tieropfer dargebracht wurden. »[Von] jedem lebenden Ding, das männlich ist«, schrieb er, »opfern sie neun Stück, mit deren Blut es üblich ist, Götter dieser Art zu besänftigen. Die Leiber hängen sie in den heiligen Hain neben dem Tempel … Sogar Hunde und Pferde hängen dort zusammen mit Menschen.« Dieses Fest dauerte neun Tage, und an seinem Ende waren Unmengen von menschlichen und tierischen Überresten zwischen den Ästen aufgeknüpft.

Gamla Uppsala war zu der Zeit zugleich ein Ort der Macht und der Anbetung. Höchstwahrscheinlich war es auch eine der letzten Hochburgen des Heidentums in Europa. Hier behauptete sich eine deutlich nordische Mythologie gegen die stetige Ausbreitung des Christentums. Nach dem mittelalterlichen isländischen Gelehrten Snorri Sturluson war der Grund, warum das Heiligtum an dieser Stätte eine solche Bedeutung hatte, die Tatsache, dass Freyr selbst es erbaut hatte. Und der Gott – vielleicht ein König, der nach dem Tod vergöttlicht wurde – lag hier unter einem dieser Hügel begraben.

Die archäologischen Hinweise für ein Heiligtum in Gamla Uppsala sind uneindeutig, obwohl sich mit Sicherheit dort Gebäude befanden, bevor im dreizehnten Jahrhundert mit dem Bau der gegenwärtigen Kirche begonnen wurde. Es besteht jedoch kein Zweifel daran, dass die drei zentralen Hügel für Begräbniszwecke benutzt wurden, wie auch Hunderte, vielleicht Tausende anderer kleiner Hügel in der Gegend, von denen die meisten inzwischen von Landwirtschaft und Steinabbau zerstört wurden. Ausgrabungen an dieser Stelle haben bewiesen, dass hier vor etwa 1500 Jahren Menschen feuerbestattet wurden, in gewaltigen Aufschichtungen aus Stein, Holz und Schlamm. Wegen der großen Hitze dieser Kremationen bestehen die Überreste meistens nur aus Asche und verbrannten Knochen, zusammen mit Fragmenten von Beigaben, deshalb kann über die in diesen Tumuli Bestatteten kaum etwas ausgesagt werden. Aber es gibt die Hypothese, dass die Hügel tatsächlich die letzten Ruhestätten von Königen sein könnten –

vielleicht von Ane, Egil und Adils von der Yngling-Dynastie –, während die Gräber in der Umgebung Menschen von geringerem Rang enthalten.

H. A. Guerber hat die »anmutige und idyllische Mythologie« des »sonnigen Südens« in Gegensatz gestellt zu den »gewaltigen und tragischen« Mythen des Nordens. »Das Hauptthema des nordischen Mythos«, erklärte sie, »ist der ewige Kampf der wohlwollenden Naturkräfte gegen die schädlichen.« Die Götter wurden zu Repräsentanten dieser unterschiedlichen Kräfte, zu Personifikationen der Motive, der Freuden, der Sorgen und der Ungerechtigkeit der natürlichen und der menschlichen Welt. Wie das Inuit-Konzept von *sila* war dies eine Religion, die direkt den Ort widerspiegelt, an dem sie entstanden ist.

Die drei mit Gamla Uppsala in Verbindung gebrachten Götter – Thor, Odin und Freyr – sind die bekanntesten der nordischen Gottheiten. Thor ist, nach Hilda Ellis Davidson, »der typische Held der stürmischen Welt der Wikinger«. Als Sohn von Odin und der Mutter Erde selbst ist Thor gewalttätig, frech und extrem stark. Sein Hammer konnte Riesen töten, aber er konnte auch Leben bringen, und er selbst wurde »als Zerstörer wie als Beschützer« betrachtet.

Freyr, der angebliche Gründer des Tempels von Uppsala, war eine weniger widersprüchliche Gestalt als Thor. Als Bringer von Fruchtbarkeit und Frieden dürfte irgendeine Version von ihm bereits seit Tausenden von Jahren verehrt worden sein, wohl seit den allerersten Tagen der Landwirtschaft. Seit Feldfrüchte ausgesät und geerntet wurden, entwickelten sich Riten und Rituale, und zu diesen Ritualen hatten mit Sicherheit Opfer gehört. Das Leben erwuchs aus dem Tod, wie der Sommer aus dem Winter erwuchs, und hier im Norden, wo der Wechsel der Jahreszeiten extrem ist, war die Besänftigung von Fruchtbarkeitsgöttern oder -göttinnen sicher von großer Bedeutung. Wie warm der Sommer und wie gut die Ernte auch war, die Dunkelheit und die Kälte und die Angst kehren zurück. Es ist keine Überraschung, dass Freyr gerade in dieser Jahreszeit angebetet wurde, denn die nördliche Religion entstand mit Sicherheit im Winter.

Der dritte der Götter Uppsalas war, wie Thor, ein komplexer. In erster Linie war Odin zwar der Gott des Krieges, doch er wurde auch als Vater Asgards gesehen, des Reichs der Götter. Diese Prominenz machte ihn nicht notwendigerweise zu einer »guten« Gestalt, wie wir das Wort heute vielleicht verstehen mögen. In den Sagas und der nordischen Poesie wird Odin manchmal als unzuverlässig und heimtückisch dargestellt. Mächtig und weise ist er sicherlich, aber auch mehr als fähig, diese Eigenschaften zu missbrauchen. Manchmal zeigt Odin ältere, vielleicht vorackerbauliche Eigenschaften. Wie ein Schamane kommuniziert er mit den Toten und kann seine Gestalt verändern, schickt manchmal seine Seele in Form eines Tiers aus. Er bedient sich zweier Raben – Huginn und Muninn (Gedanke und Gedächtnis) –, die ihn über die Geschehnisse der Welt auf dem Laufenden halten, und seine große Weisheit ist ihm nicht inhärent, wie dem christlichen Gott, sondern durch einen Akt der Selbstaufopferung erworben. Dieses Martyrium, bei dem Odin sich für neun Tage und Nächte am Weltenbaum Yggdrasil aufhängte, lieferte die Vorlage für die Massenerhängungen, die in Gamla Uppsala stattfanden. Aus Leiden würde Weisheit entstehen, aus Tod würde Leben entstehen, aus dem Winter würde der Frühling entstehen.

Zu der Zeit, als Adam von Bremen schrieb, war Uppsala ein bereits seit Langem bestehender Sitz politischer und religiöser Macht, aber es war auch ein Ort gewaltiger Konflikte und Veränderungen. Schweden war im elften Jahrhundert mitten in der langen, schwierigen Umstellung von der alten Religion auf die neue, eine Umstellung, die noch mindestens ein Jahrhundert, vielleicht auch sehr viel länger andauerte. Was wir in Adams Beschreibung finden können, ist deshalb nicht nur eine Szene heidnischer Götterverehrung; wir sehen einen Augenblick, in dem zwei völlig unterschiedliche Weltverständnisse auf schmerzhafte Weise nebeneinander bestehen und in dem beide um die Vorherrschaft kämpfen. Obwohl der Gottmensch Jesus mit seiner Geschichte des Opfers und der Wiedergeburt den Nordmännern vertraut erschienen sein musste, war doch vieles andere in der christlichen Lehre ihnen völlig fremd. Und es ist gut vorstellbar, dass als Reaktion auf die Bedrohung durch diesen neuen Glauben die Rituale der Heiden noch strenger wurden, unflexibler und, darauf deutet zumindest Adams Bericht hin, gewalttätiger. Zur selben Zeit interagierten die beiden Religionen aber auch miteinander und borgten von der jeweils anderen. So wie das Christentum einige der alten Riten absorbierte, wie zum Beispiel das Wintersonnwendfest Jul, übernahmen auch die Heiden einige der Gewohnheiten ihrer spirituellen Gegner. Im zehnten Jahrhundert waren Amulette von Thors Hammer in ganz Skandinavien sehr populär. Einen solchen Gegenstand zu tragen, wurde damals wohl als Akt offener Missachtung betrachtet, da er die Kreuze nachäffte, die von den Christen getragen wurden.

Als ich die drei Hügel endlich umrundet und hinunter zu den Bäumen gegangen war, wo Elstern und Dohlen in den Ästen raschelten, war mir wirklich sehr kalt. Meine Wangen und die Stirn brannten, und die Finger waren in den Handschuhen taub geworden. Obwohl die Sonne orange loderte, erschien das wie eine armselige Bemühung und der Faust des Winters in keiner Weise gewachsen. Ich betrat die Kirche, um mich auszuruhen und etwas Wärme zu finden, und setzte mich in eine grün lackierte Bank in einer der hinteren Reihen. Auf der Empore spielte jemand Orgel, und der Klang dröhnte durch das Gebäude wie Donner. Vielleicht dachte der Organist, es sei niemand da, der ihn hörte, denn die Musik war laut und zerrissen und völlig anders als alles, was ich je in einer Kirche gehört hatte. Es gab dunkle Explosionen brütender Akkorde, durchsetzt von etwas, das klang wie Zirkusmelodien, die verlegen durch den Raum hüpften.

Unvermittelt brach die Musik ab, und ich hörte das Poltern des Organisten, der die Holztreppe herunterkam. Als er im Rückraum auftauchte, sah ich, dass er ein Mann Mitte vierzig in einem ordentlichen schwarzen Anzug war. Er ging zum Altar, wo sich eine ältere Frau mit dunklen Haaren und Brille zu ihm gesellte. Gemeinsam fingen sie an, die Kirche für einen Gottesdienst vorzubereiten. Sie stellte ein kurzes Kruzifix in die Mitte des Altars und holte dann zwei Kerzen, die sie links und rechts des Kreuzes aufstellte. Die Deckenbeleuchtung wurde gedämpft, die über dem Altar heller gestellt. Als die Frau aus der Sakristei zurückkehrte, hatte sie ein Mikrofon samt Kabel in der Hand, und im Rückraum der Kirche, nahe bei mir, legte sie einen Schalter um. Ein elektronisches Klicken sagte mir, dass die Beschallungsanlage jetzt eingeschaltet war. Die Frau zündete die Kerzen an und schüttelte dann das Streichholz, bis es verlöschte. Sie benutzte einen Kerzendocht an einer langen Stange, um die zwölf Kerzen hoch über dem Altar anzuzünden. Der junge Mann am Kreuz schaute von seinem Platz ganz vorn in der Kirche auf uns alle herab.

Eines Tages wird all das so weit weg und unvertraut sein wie das, was draußen zwischen den Bäumen passierte, vor tausend Jahren, oder zwischen diesen Erdhügeln, fünfhundert Jahre davor. Eines Tages werden die Ruinen dieses Gebäudes vielleicht so nichtssagend und mysteriös sein wie der Broch auf Mousa, der zu der Zeit von Christi Tod wohl noch in Gebrauch war. All diese Zeremonien, diese Rituale voller Andeutungen und Metaphern werden nicht mehr verstanden werden, ihre Bedeutung wird erodiert sein. Wie leicht wir unsere Codes verlernen; wie leicht wird aus einem heiligen Grab ein Erdhügel oder aus einem Kreuz zwei Holzbalken. Wie wenn wir versuchen, die Toten rein aus der Erinnerung wiederaufstehen zu lassen, werden unsere Interaktionen mit Orten wie Gamla Uppsala oder Mousa immer vereitelt. Denn das Ganze ist nicht anwesend in den Fragmenten, die bleiben. Es ist nicht anwesend in den Steinen oder der Asche oder den Schmuckstücken oder den Worten. Auch wenn wir ausgraben und untersuchen, Dinge zerlegen und wieder zusammensetzen, vieles wird immer unentdeckt bleiben.

Wenn ich jetzt an ihn zurückdenke, wird mein Vater mir immer rätselhafter. Ich kannte ihn nur so, wie ein Kind ein Elternteil kennt, das heißt kaum. Und manchmal, wenn meine Mutter von ihm spricht, habe ich das Gefühl, sie könnte auch einen Fremden beschreiben. Diese schreckliche Distanz, zwischen den Fragmenten, die ich noch bei mir trage, und dem Mann, der er mal war, wird mit jedem Tag größer. Die Erosion der Erinnerung lindert mit der Zeit den Schmerz, ist aber auch ein Verlust in sich. »Ich fürchte, dass Huginn nicht nach Hause kehrt«, verkündete Odin in dem Gedicht »Grimnismál«, als er sich wegen seiner beiden Raben sorgte. »Doch fürcht ich mehr um Muninn.«

Die Fähigkeiten, sich zu erinnern und zu denken, sich etwas vorzustellen, sind fest miteinander verknüpft. Sie sind die

Wurzel unserer Rettung wie unserer Angst, und die eine muss von der anderen ausgeglichen werden. In den kältesten Stunden des Winters können wir die Augen schließen und uns an Sonnenschein erinnern. Aber solche Erinnerungen wären unerträglich ohne die Vision des kommenden Sommers und des Glaubens – ob religiös oder wissenschaftlich –, dass er kommen wird. Ähnlich kann der Schmerz des Verlusts nur ertragen werden, weil wir uns an die Abwesenheit dieses Schmerzes erinnern und deshalb voraussehen können, dass wir eines Tages wieder gesund aufwachen werden. Rituale werden erdacht in den dunkelsten Stunden des Winters und des Kummers, wenn Gewissheit kaum zu halten ist und wenn wir uns nicht die Rückkehr des Sommers oder das Vergehen des Schmerzes vorstellen, sondern das Gegenteil. Durch die Wiederholung metaphorischer Handlungen kann Angst in Hoffnung übersetzt werden, so wie Erinnerung und Vorstellung durch metaphorische Handlungen in Text übersetzt werden können. Beides ist eine Art des Ordnens – die Bemühung, Ruhe aus Chaos zu formen und Bedeutung aus ihrem Nichtvorhandensein. Beides ist auch eine Form des Glaubens. Mein eigenes aus Kummer geborenes Schreiben ist da keine Ausnahme.

Hinter mir betraten drei Frauen, sich leise unterhaltend, die Kirche. Eine von ihnen warf Münzen in einen kleinen Kasten, nahm sich eine Kerze, zündete sie an und steckte sie dann vorsichtig in einen nahen Halter. Als die Gemeinde für die Nachmittagsmesse zusammenströmte, stand ich auf und wandte mich zum Gehen, blieb aber noch kurz bei den vier großen Uhren neben dem Eingang stehen. Jede dieser Uhren war hübsch gestaltet, aber keine funktionierte. Die einzige Erklärung für ihr Vorhandensein war eine Tafel, auf der in Englisch stand: »Wir alle gehen dem Tod entgegen mit einer Geschwindigkeit von sechzig Minuten pro Stunde. Diese Uhren (und die Zeit) stehen still – tut dasselbe und macht euch Gedanken über eure eigene Zeit.«

Als ich wieder nach draußen trat, glitzerte der Schnee auf den Königlichen Hügeln blau im bitteren Licht. Jede Kontur hatte einen Schatten; jede Senke und Erhebung im Land waren betont. Als ich mich wieder der Stadt zuwandte, sah ich in der Ferne die spitzen Türen der Kathedrale und das Rosa des Schlosses. Und als ich davonging, auf dem Pfad durch die Felder, fingen hinter mir die Kirchenglocken an zu läuten.

In ihrem Umgang mit der Außenwelt haben die nordischen Länder alle leicht unterschiedliche Herangehensweisen. Von den dreien, die sich auf dem Breitengrad befinden, sind Schweden und Finnland seit 1995 Mitglieder der EU, doch zuvor waren sie beide der Europäischen Gemeinschaft nicht beigetreten. Von den beiden war Finnland am begeistertsten über seinen Platz in Europa und übernahm den Euro gleich von Anfang an, während Schweden sich dafür entschied, die eigene Währung zu behalten. Norwegen hingegen hat sich völlig aus der EU herausgehalten, war aber 1949 Gründungsmitglied der NATO, während seine östlichen Nachbarn nicht beigetreten sind. Von außen betrachtet, wirkt Norwegen, dank des Auftriebs, den sein außergewöhnlicher Ölreichtum ihm seit den Siebzigern gab, wie die distanzierteste dieser Nationen, doch das täuscht. Der norwegische Ölfonds mit seinem Wert von deutlich über einer halben Billion Dollar gilt als der größte Börseninvestor Europas. Das Land mag außerhalb der EU stehen, doch seine Finger reichen quer über den Kontinent und um die ganze Welt.

Trotz dieser Unterschiede gibt es seit dem Zweiten Weltkrieg viel Zusammenarbeit und Integration zwischen den Staaten, und tatsächlich war ihre Entwicklung im zwanzigsten Jahrhundert zum Teil auch deshalb bemerkenswert, weil sie sehr ähnliche politische Wege einschlugen. In der Großen Depression der dreißiger Jahre begannen überall in den nordischen Staaten sozialdemokratische Parteien, Regierungen und Koalitionen zu bilden. Die Reaktion auf diese Krise formte die Region sozial und wirtschaftlich und tut es bis zum heutigen Tag. Ein umfassendes System aus Sozialhilfe, Rentenversicherung, sozialem Wohnungsbau und Gesundheitsvorsorge, finanziert durch hohe Steuern und parallel zu Wachstum und Vollbeschäftigung weiterverfolgt, baute diese Nationen allmählich um, aus wirtschaftlichen Hinterbänklern wurden einige der wohlhabendsten Staaten der Welt. Jeder von ihnen rühmt sich eines ausgezeichneten Lebensstandards, kombiniert mit geringer Armut und einem hohen Niveau an Einkommen und Geschlechtergleichheit. In den letzten Jahrzehnten zeigte sich eine gewisse Liberalisierung ihrer Wirtschaften, aber das Nordische Modell, wie es genannt wird, wird von Sozialdemokraten in der ganzen Welt noch immer neidisch beäugt. Es ist immer noch das Ziel, das andere anstreben.

Doch während viele eifrig bemüht sind, die sozialen Errungenschaften dieser Länder zu loben, haben andere es eilig, auf ein »dunkles Herz« innerhalb des skandinavischen Systems zu verweisen – eine Fäulnis, die droht das der Welt vermittelte positive Image zu verzehren und zu zerstören. Rechter Extremismus ist ein Teil dieser Fäulnis, und sein Anwachsen in der Region wurde von Liberalen überall auf dem Kontinent mit Bestürzung vermerkt. Ethnischer Nationalismus scheint in Ländern wie diesen irgendwie fehl am Platze, vor allem in

Schweden, das bis vor Kurzem noch das multikulturellste und migrantenfreundlichste aller europäischen Länder war. Hier hat es zweifellos eine Veränderung gegeben – einen Schwenk nach rechts und das besorgniserregende Phänomen, dass eine Minderheit der Bevölkerung sich für eine fremdenfeindliche Politik begeistert. Aber in den letzten beiden Jahrzehnten ist ethnischer Nationalismus in ganz Europa auf dem Vormarsch: Frankreich, die Niederlande, Österreich, Italien und vermehrt auch das Vereinigte Königreich erleben alle eine Zunahme der Unterstützung rechtsextremer Parteien. Der Unterschied zu Skandinavien ist der, dass solche Parteien dort eigentlich gar nicht existieren dürften. Toleranz und sozialer Zusammenhalt werden so sehr als wesentliche skandinavische Charakteristika dargestellt, dass die gegenwärtigen Trends das Bild, das der Rest der Welt von Skandinavien hat, untergraben. Paradoxerweise rechtfertigen viele nordische Nationalisten ihre Feindseligkeit gegenüber Einwanderung mit der Bedrohung, die der Multikulturalismus für die Gesellschaft darstellt, genau jene Gesellschaft, die sie so hart erarbeitet haben. Indem man diejenigen hereinlässt, deren Kultur illiberal ist, so argumentieren sie – und vor allem Muslime sind Ziel dieser verstörenden Logik –, ist der Liberalismus selbst in Gefahr.

Eine weitere Entwicklung, allerdings eher in der Fantasie als in der Realität, ist das Verbrechen. Seit Jahrzehnten wächst in der Welt der Fiktion ein paralleles Skandinavien heran, in dem Mord eine Alltäglichkeit ist. Es wurde eine literarische und eine TV-Sensation. Schriftsteller wie Stieg Larsson, Henning Mankell, Karin Fossum und andere haben ihrer Gesellschaft einen Zerrspiegel vorgehalten. Die Beschäftigung mit sozialen und politischen Realitäten ist ein Hauptmerkmal dieser »nordischen schwarzen Serie«, aber der Ort, der in diesen Geschichten dargestellt wird, ist keiner, den Besucher der Länder, in denen sie spielen, wiedererkennen würden. Sowohl Norwegen als auch Schweden haben mit die niedrigsten Mordraten in ganz Europa, und der Erfolg dieses Genres liegt zum Teil genau an diesem Widerspruch. Skandinavische Krimis entsprechen nicht dem, was ihre Leser über Skandinavien zu wissen glauben; sie entstellen und übertreiben das Rohmaterial ihrer Schauplätze und sind deshalb umso verstörender.

Es heißt, dass ein einziger Vorfall hinter der Eruption der nordischen Krimifiktion der letzten Jahrzehnte stehe: der Mordanschlag auf den schwedischen Premierminister Olof Palme im Februar 1986. Er war zu der Zeit an sich schon schockierend, aber die Tatsache, dass der Mord so viele Jahre später noch immer unaufgeklärt ist, hat eine Wunde in der Politik des Landes hinterlassen und ein Rätsel, das einfach nicht verschwindet. Je mehr Zeit vergeht, desto größer wird dieses Rätsel. 2011 hatte dann Norwegen sein eigenes katastrophales Ereignis, das sich, wenn auch in Charakter und Ausmaß sehr unterschiedlich, doch als kulturell bedeutsam erweisen könnte. Dass die Bombenanschläge in Oslo und die Schießerei auf der Insel Utøya, bei denen insgesamt 77 Menschen ums Leben kamen, von einem norwegischen Nationalisten durchgeführt wurden, der seine Taten als Angriff auf den Islam, Multikulturalismus und Marxismus bezeichnete, macht alles irgendwie noch schockierender. Nur wenige hätten je geglaubt, dass so etwas im offenen, toleranten Norwegen passieren könnte.

Außerhalb des Landes gab es die Tendenz, die Taten des Anders Behring Breivik im Rahmen der größeren Veränderungen in Politik und Gesellschaft Skandinaviens zu betrachten. Einige wiesen wiederum auf den wachsenden nordischen

Extremismus hin und auf die Abwendung der Region von ihren früheren Werten, während andere genau das Gegenteil behaupteten: dass genau diese Werte schuld und irgendwie verantwortlich seien für die kulturellen Spannungen, die zu diesem Angriff führten. In Norwegen selbst gab es jedoch beträchtlichen Widerstand gegen die Idee, derartigen Ereignissen irgendeinen Kontext zuzugestehen. Für den Krimiautor Jo Nesbø verdiente Breiviks Selbstrechtfertigung es nicht, ernst genommen zu werden. »Er repräsentiert sich selbst und nicht viele andere«, argumentierte der Schriftsteller. »Aus sozialer oder politischer Sicht ist dies kein sehr interessantes Ereignis.«

Wenn Verbrechen wie das Massaker in Norwegen oder der Mord an Olof Palme in Skandinavien wahrscheinlicher sind als in anderen Ländern, kann es vor allem daran liegen, dass die Sicherheitsmaßnahmen in diesen Ländern weniger strikt sind als anderswo. Und das ist ein Risiko, so denken viele, das erhaltenswert ist. In den nordischen Nationen zieht man die Möglichkeit einer Tragödie den strengen Sicherheitsmaßnahmen vor, die nötig wären, um sie zu verhindern; und das ist in der westlichen Welt eine erfrischende Ansicht. Als Oslos Bürgermeister Fabian Stang gefragt wurde, ob diese Haltung sich infolge der Angriffe Breiviks ändern müsse, antwortete er: »Ich glaube nicht, dass Sicherheit Probleme lösen kann. Wir müssen größeren Respekt lehren.« Jens Stoltenberg, bis Oktober 2013 Ministerpräsident des Landes, schloss sich dieser Ansicht an. »Die norwegische Antwort auf Gewalt«, sagte er, »ist mehr Demokratie, mehr Offenheit und größere politische Teilhabe.«

Bei meinem letzten Besuch in Oslo war ich mit Jeff und einer kleinen Gruppe anderer Freunde zusammen. Wir alle waren damals Studenten in Kopenhagen und reisten in unseren Osterferien durch Skandinavien. Eine Freundin aus diesem Kreis war Norwegerin, und ihre Eltern erklärten sich großzügig bereit, uns für eine Nacht zu beherbergen und zu verköstigen. Als wir an dem Abend beim Essen saßen, fragte ihr Vater jeden Einzelnen von uns, woher er sei. Neben Jeff und mir saßen ein Kanadier, eine Australierin, ein Niederländer und ein Schotte am Tisch. Ihr Vater hörte zu und nickte und stellte hin und wieder eine Frage. Als ich an der Reihe war und »Shetland« sagte, schaute er mich an und lächelte. »Soso«, sagte er. »Du bist einer von uns.« Viele Norweger halten die Verbindungen zwischen den Inseln und ihnen selbst noch immer hoch. Als Shetlander fühlt man sich in diesem Land willkommen, wie ein entfernter Verwandter, der auf Besuch kommt, oder ein zurückgekehrter Emigrant.

Bei jener Gelegenheit fühlte ich mich, wie auch jetzt, sehr nah an zu Hause. Doch diesmal war ich auch bereit zurückzukehren. Während ich, bis auf die Knochen durchgefroren, durch die prächtigen Straßen Oslos lief, fiel es mir schwer, meine Gedanken dort zu halten, wo sie sein sollten. Die stechende Kälte erschwerte die Konzentration, sie krallte sich in mein Gesicht und knisterte in den Nasenlöchern. Und wo ich auch stehen blieb, so kam es mir vor, sah ich Dinge, die mich an andere Orte erinnerten. In Oslo nähert sich der Breitengrad immer wieder sich selbst an. Er war absolut keine gerade Linie mehr, sondern ein verwirrter, verknoteter Faden, der sich mal in einer, mal in einer anderen Richtung um die Welt schlängelte.

Im Nationalmuseum brachte mich eine Ausstellung mit Arbeiten von Tom Thomson und der *Group of Seven* unweigerlich nach Kanada zurück. Diese großartigen Gemälde – von Seen und Flüssen, von dunklen, menschenleeren Wäldern – schrien förmlich nach Verehrung. Sie verlangten Stille. Für die *Group of Seven* war Landschaft etwas beinahe Heiliges, und sie als Künstler waren ihre gläubige Gemeinde.

Im Historischen Museum der Universität von Oslo wurde ich noch weiter zurückgeführt. Ausgestellt waren Kleidungsstücke und andere Artefakte von Roald Amundsens Arktisexpedition im Jahr 1903, auf der er zum ersten Mal die Nordwestpassage durchquerte. Auf einem Globus im Ausstellungsraum war die Route markiert, die er genommen hatte, von Norwegen aus auf dem sechzigsten Breitengrad nach Westen, vorbei an Shetland, vorbei am Kap Farvel, bevor er sich durch die Davisstraße nach Norden wandte. 1906, kurz nach der Unabhängigkeit seines Landes von Schweden, kehrte Amundsen von seiner erfolgreichen Reise zurück. Auf späteren Expeditionen war er der Erste, der den Südpol erreichte, vierunddreißig Tage vor Captain Scott, und 1926 stattete er dem Nordpol auch den ersten, unangefochtenen Besuch mit einem Luftschiff ab. Wie Tom Thomson verschwand Roald Amundsen später im Norden, doch im Gegensatz zu Thomson wurde seine Leiche nie gefunden.

Der Besuch des Wikingerschiff-Museums am westlichen Rand der Stadt brachte mich nach Hause zurück. Hier fiel mir wieder ein, dass in Shetland, während ich in Oslo war, das Wikingerfestival Up Helly Aa stattfand. Dieses Ereignis – ein pseudohistorischer Festumzug, der von nostalgischen Viktorianern erfunden wurde – ist einer der großen Momente im Kalender der Inseln. Jedes Jahr marschieren Hunderte von Männern (und nur Männer) mit brennenden Fackeln durch die

Straßen von Lerwick. Einige sind als Wikinger verkleidet, samt Hollywood-Helmen und glänzenden Kettenhemden, während andere Kostüme zur Schau tragen, die von Disney-Figuren bis zu lokalen Berühmtheiten reichen. Am Ende dieses Umzugs wird in einem Park im Stadtzentrum der Nachbau eines Langschiffs verbrannt. Und dann besaufen sich die Männer, was vielleicht das am authentischsten Wikingerhafte an Up Helly Aa ist. Viele Shetlander nehmen das Fest sehr ernst; andere verdrehen nur die Augen, wenn wieder einmal der Termin ansteht.

Lange konnte ich in Oslo nicht bleiben. Ich war ruhelos und ungeduldig und wollte unbedingt weiter. Als ich eines Nachmittags in einem Café saß, beschloss ich, meine Reise abzukürzen und nach Westen zur Küste zu fahren. Dort wäre ich näher an der Endstation. Vor mir stand eine mittelmäßige Tasse Kaffee und ein paar Scheiben Brot mit Konfitüre, die mich zusammen fast zehn Pfund gekostet hatten. Aus den Lautsprechern drang ein zwanzigsekündiges Fragment eines Elvis-Songs, brach ab und fing wieder an, immer wieder. Die Frau hinter der Theke schien es nicht zu bemerken, und ich hatte keine Lust, etwas zu sagen. Sooft ich hochschaute, schien sie mich anzustarren, mit einem Blick, der freundlich oder neugierig hätte sein können, es war schwer zu sagen. Die Frau hatte etwas Verwirrendes. Ihre weiße Haarpracht war zu groß für ihren Kopf und ihre Brille zu klein für ihre Augen. Ich kippte den letzten Rest Kaffee, stand auf und nickte ihr dankend zu, ging dann zum Bahnhof und buchte mir für den folgenden Tag einen Sitzplatz nach Bergen.

Der Morgen war noch trüb und grau, als wir kurz nach acht vom Bahnhof aus nach Westen fuhren, durch die Vorstädte und dann hinaus zu bewaldeten Hügeln und verschneiten Tälern. Ich bekämpfte den Drang, die Augen zu schließen, und schaute stattdessen hinaus, während wir durch die heller werdende Morgendämmerung fuhren. Bei der Stadt Drammen stieg die Sonne eben übers Wasser, an den Rändern noch weich und unsicher. Einen Augenblick lang schien sie zu ermatten oder zu schmelzen, kein Kreis mehr, sondern ein Oval, das unter der eigenen, fernen Hitze welkte. Im Hafen kräuselte sich Dampf vom Wasser hoch in den gefrorenen Tag. Ich erinnerte mich an einen nicht sehr schmeichelhaften norwegischen Witz, den ich einmal über diese Stadt gehört hatte: Lieber ein Dram (ein kleines Schlückchen Whisky) in einer Stunde als eine Stunde in Drammen. Oder so ähnlich.

An steilen Bergflanken entlang und immer wieder durch Tunnel stampfend, spuckte der Zug Eiswolken aus, wie Rauch, der aus einer Maschine quillt. Während wir in die Höhe stiegen, schienen sich die Wolken zu uns herabzubeugen. Die Gipfel waren verhüllt, und nach oben verblasste alles zu Grau. Auch aus der Nähe schien das Grün der Kiefern keine richtige Farbe mehr zu sein, sondern nur eine Schattierung von Dunkel. Die Bäume zu beiden Seiten der Gleise trugen ihre Schneelast unterschiedlich. Die Koniferen wirkten wie von seiner Schwere niedergedrückt – Nadeln und Äste zur Erde gebogen –, während die Birken zart hochragten wie Federn, die blattlosen Zweige ein perfektes Netz aus Weiß. Hier oben lag das Land wie scheintot da. Wir kamen an einem Fluss vorbei, noch nicht ganz gefroren, aber zähflüssig, dick und klumpig wie schlechte Vanillesoße. In den Bergdörfern kauerten kleine Häuser mit einem halben Meter Schnee auf den Dächern und einem Ausrufungszeichen aus Rauch über den Kaminen. Fahnen hingen schlaff an Masten. Alles war bewegungslos, bis auf den vorbeirasenden Zug. Von all diesen Dingen waren wir durch Glas und Metall getrennt und dann durch Zeit. In Sekunden waren sie verschwunden, eine flüchtige Erinnerung, als hätten sie nie wirklich existiert. Es gibt viel, was die Zeit nimmt und nie zurückgibt. Es gibt viel, was wir behalten wollen, aber verlieren, so wie es auch viel gibt, was wir verlieren wollen, es aber nicht können.

In Geilo leerte sich der Waggon beträchtlich, da viele Fahrgäste ihre Taschen und Skiausrüstung zusammensammelten und ins Freie traten. Hier, auf achthundert Metern über dem Meeresspiegel und bei fünfzehn Grad unter dem Gefrierpunkt, war die Sonne gerade erst dabei durchzubrechen. Und noch höher, bei Finse, dem höchsten Bahnhof Nordeuropas, auf über zwölfhundert Metern, klarte der Himmel endlich auf. Hier deckte der Schnee alles zu. Die Häuser waren von ihm überschwemmt. Die Zäune waren verschwunden. Es gab keine Bäume, keine Autos, nur Quads und Schneemobile, Skis und Paraskis. Von meinem Fensterplatz aus zwinkerte ich hinaus in den blendenden Tag, wo die ganze Welt vor Winter strahlte und erwartungsfroh funkelte.

Bergen muss eine der malerischsten Städte Europas sein, mit seinem windschiefen, vielfarbigen Hafenviertel und den steil aufragenden Bergflanken im Hintergrund. Aber es ist mit Sicherheit auch eine der nassesten Städte. Aus den schweren Wolken, die über den Fjorden hängen, scheint es fast dauernd zu regnen. An diesem Tag bedeckte ein ständiges Nieseln alles, und in den Straßen stand knöcheltief der Matsch. Alle traten langsam und vorsichtig auf, versuchten, nicht auszurutschen und vom Verkehr nicht angespritzt zu werden. Aber keins von beiden war völlig vermeidbar. Immer wieder mal sackte ein Kopf ab, und zwei Beine schnellten in die Höhe, begleitet von einem Aufschrei. Den glücklosen Fußgängern half man dann wieder auf die Beine, und alles ging weiter wie zuvor. Zwei Tage lang erkundete ich die Stadt, dann bereitete ich mich auf die Weiterreise vor.

Es gibt auf dieser Welt wenige Orte, von denen man eine Rückreise, die vier Busse und drei Fähren erfordert, mit Zuversicht für einen einzigen Tag planen kann. Aber in Skandinavien, wo der öffentliche Verkehr ungefähr so verlässlich ist wie die Überteuerung von Bier, zweifelte ich keinen Augenblick daran, dass eine solche Reise möglich wäre. Mein Ziel war die Insel Stolmen, ein Stückchen weiter südlich an der Küste. Es war das letzte Fleckchen Erde auf dem sechzigsten Breitengrad, bevor er sich in die Nordsee senkte und nach Shetland zurückkehrte, und es schien mir der angemessenste Ort für den Abschluss meiner Reise, bevor ich nach Hause zurückkehrte. Als ich in meinem Hotelzimmer in Bergen die Fahrpläne durchblätterte, sah ich, dass die Busse auf die Fähren abgestimmt waren und ich die Verbindungen passgenau planen konnte. Die Route nach Stolmen war ziemlich kompliziert, und mehrmaliges Umsteigen war nötig, aber die Rückfahrt war viel einfacher. Ein einziger Bus würde mich auf die Fähre und die ganze Strecke über Land bringen. An einem Tag könnte ich es ohne Probleme hin und zurück schaffen, so schien es zumindest. Wenn das Wetter passte, hätte ich sogar noch ein paar Stunden, um über die Insel zu wandern und sie zu erkunden.

Der Bus fuhr nach Süden, vorbei an Dörfern und halb zugefrorenen Fjorden, in einer dunstigen Helle wie an einem englischen Herbstmorgen. Die Sonne war ungewiss, verschleiert, dann wieder strahlend – ein himmlisches Versteckspiel. Es schien ein guter Tag zum Reisen. Die Route führte zuerst nach Süden, von Bergen nach Haljem, wo der Bus auf eine Fähre nach Sandvikvåg fuhr. Von dort nahm ich eine weitere Fähre nordwestlich nach Husavik, auf der Insel Huftarøy. Es war alles so einfach und mühelos, und nach nur ein paar Stunden war ich schon fast dort. Doch an diesem Punkt lösten sich die Pläne, die ich gemacht hatte, in Wohlgefallen auf. Kein Drama, keine Panik, sie lösten sich einfach auf. Der Anschlussbus sollte fünf Minuten nach Anlegen der Fähre in Husavik ankommen, und so stand ich wartend an der Haltestelle neben dem Terminal und genoss das Tempo des Tages. Von dieser Haltestelle aus hatte ich einen ausgezeichneten Blick auf den Bus, der sich auf der parallel zum Terminal verlaufenden Straße pünktlich näherte. Ich sah ihn über diese Straße rollen, sorgfältig jede Kurve ausfahrend, doch dann auf dieser Straße weiterfahren, ohne die Abzweigung zu meiner Haltestelle zu nehmen. Es war einer dieser statischen Augenblicke, wie wenn man die Tür schließt und sich sofort daran erinnert, dass der Schlüssel auf der anderen Seite steckt. Ein paar Augenblicke scheint es, als könnte man, wenn man nur fest genug bedauert, die Zeit zurückdrehen. Nur ein paar Schritte trennten mich von der richtigen Haltestelle auf der anderen Straße. Ein paar Minuten lang stand ich da und tat gar nichts, als könnte mir eine ungeahnte Lösung direkt vom Himmel vor die Füße fallen. Der nächste Bus fuhr erst Stunden später, zu spät, um es nach Stolmen und zurück zu schaffen. So hatte ich nur zwei Alternativen: nach Bergen zurückkehren oder weiterfahren.

Ich hasse Trampen. Ich hasse es wirklich. Vielleicht weil ich es nur tue, wenn es unbedingt nötig ist, spüre ich jedes Mal, wenn ich dazu gezwungen bin, in mir eine tiefe Erniedrigung. Und was diese Erniedrigung noch verstärkt, womit sie mich brandmarkt, ist die Tatsache, dass ich ein schrecklicher Tramper bin. Bei dem halben Dutzend Malen, die ich versuchte habe, in Europa zu trampen, war ich nur zweimal erfolgreich. Ich bin zu der Überzeugung gelangt, dass mein Gesicht irgendwie ungeeignet für diese Aufgabe ist. Es muss ein Gesicht sein, das die Leute nicht in ihren Autos wollen, weil kein Mensch je für mich anhält. Sie halten in Shetland nicht für mich an, und auf keinen Fall in Norwegen. Ich folgte der Straße, auf der der Bus verschwunden war, nach Westen, streckte meinen Daumen heraus und lächelte jedes sich nähernde Auto an. Und jedes Auto fuhr weiter, ohne mich auch nur eines Blickes zu würdigen. Nach einer guten Stunde wiederholter Zurückweisungen begriff ich, dass ich nur noch eine Alternative hatte. Die am wenigsten demütigende Option war es, die Autos zu ignorieren und einfach weiterzumarschieren.

Ich hatte keine Ahnung, wie lange dieser Marsch sein würde oder ob er mich rechtzeitig dorthin bringen würde, wohin ich wollte; und mit dieser Unsicherheit anfangen zu müssen, verstärkte meine Wut nur noch. Ich nahm jedes vorbeirauschende Fahrzeug als Beleidigung und jedes Elsterkeckern als Affront. Ich verfluchte meine Reise und die schiere Vergeblichkeit dessen, was ich tat. Ich verfluchte mich für meine Dummheit. Ich suchte nach einer Linie, die nicht wirklich existierte, auf einer Insel, über die ich nichts wusste. Frierend, sauer und entmutigt stiefelte ich durch einen Winternachmittag.

Doch im Gehen senkte sich eine belebende Hinnahme über mich. Ich stellte einen Fuß vor den anderen und bewegte mich vorwärts. Ich wusste nicht, wann ich nach Stolmen kommen würde, das stimmte; aber ich wusste, dass ich dort hinkommen würde. Und ich wusste nicht, ob ich es an diesem Tag noch nach Bergen zurückschaffte, aber irgendwann würde ich zurückkehren. Während ich so marschierte und alle Sorgen und Zweifel von mir schob, bemerkte ich die Orte kaum, durch die ich kam. Meine Gedanken waren ganz woanders und nirgendwo im Besonderen. Als ich nach etwa zwei Stunden in Bekkjarvik ankam, war ich fast so überrascht wie erleichtert, und als ich auf den Fahrplan an der Bushaltestelle am Hafen schaute, sah ich, dass in zwanzig Minuten ein Schulbus nach Stolmen abfahren sollte. Das würde mir eine gute Stunde auf der Insel geben, bevor ich die Rückfahrt nach Bergen antreten musste.

Wir fuhren von Bekkjarvik über die Brücke nach Selbjorn und dann weiter über die nächste Brücke nach Stolmen. Rotgesichtige Kinder in Schneeanzügen füllten den Bus mit Geplapper und Freude, und immer mal wieder wurde ein Trupp von ihnen in die Arme am Straßenrand wartender Eltern entlassen. Stolmen war streng und wunderschön. Felsbrocken und niedrige Bäume am Rand wichen weiter drinnen Mooren und steilen Felswänden und von Eis verzerrten kleinen Seen. Ich stieg in Våge aus, dem Ende der Straße an der Südspitze der Insel. Oben auf einem Hügel gab es einen Wendekreis, mit einem Bushäuschen auf der einen Seite und ein paar Hütten und Häusern auf der anderen. Ich trat hinaus in dünnes Licht und eine vertraute salzschwere Brise.

Nachdem der Bus wieder abgefahren war, hörte ich weder Autos noch Stimmen noch irgendwelche Maschinen – nur das intime Flüstern des Meeres wenige Hundert Meter entfernt. Der Ort sah aus wie ein Geisterdorf, doch zugleich hatte ich das Gefühl, dass jemand hinter einem Vorhang mich beobachtete. Einige der Häuser waren vermutlich Sommerhäuser, also wahrscheinlich leer. Doch andere mussten bewohnt sein. Die Insel hatte eine Bevölkerung von 200, was nicht viel ist, aber ausreichend.

Ich hatte gelesen, dass Våge das »Wirtschaftszentrum« von Stolmen sei, und so ging ich die Straße wieder ein Stück hinunter, auf der Suche nach Beweisen. Soweit ich das sehen konnte, bestand es aus einem kleinen Laden mit einer Benzinpumpe vor der Tür. Ich ging hinein und durchstöberte die Regale, nicht weil ich etwas kaufen wollte, sondern einfach nur, um hier zu sein. Der Laden war gut bestückt, wie Läden in abgelegenen Dörfern es meistens sind, und er vermittelte den Eindruck eines Ortes, an dem der Austausch von Worten ebenso wichtig war wie der Austausch von Waren und Geld. Außer mir waren zwei Angestellte und zwei Kunden im Laden. Eine davon, eine etwa vierzigjährige Frau mit langen, lockigen Haaren und einer dicken Jacke, redete leise und liebevoll mit einem älteren Mann mit Pelzkappe. Er schien Schwierigkeiten zu haben, als wüsste er nicht so recht, was er brauchte, und die Frau berührte ihn sanft am Arm. Sie machte ihm Vorschläge, dachte ich, um ihm seine Sicherheit wiederzugeben.

Die beiden Frauen hinter der Theke beteiligten sich nun an der Unterhaltung, und jede redete auf eine herzliche, vertraute Art, ohne auf die Rollen zu achten, die sie anderswo definieren würden. Obwohl die Wörter mir unbekannt waren, war der Tonfall es nicht. Das waren Nachbarn und Mitglieder einer Gemeinde: eine Verbindung, die viel tiefer war als die schwache Beziehung zwischen Käufer und Verkäufer. »Wirtschaftszentrum« war eine ziemlich unangemessene Bezeichnung für einen solchen Laden, aber ein Zentrum war er mit Sicherheit.

Als ich durch diese wenigen kurzen Gänge schlenderte, hatte ich ein tiefes Verlangen danach, so angesprochen zu werden, wie diese Menschen miteinander sprachen. Zu der Zeit war es bereits mehrere Tage her, dass ich irgendeine Unterhaltung mit irgendjemand gehabt hatte, und ich war einsam. Aber da steckte noch mehr dahinter. Mein Wunsch war weniger, zu reden, sondern erkannt zu werden. Ich wollte dazugehören, wie sie dazugehörten zu etwas, das größer war als sie selbst. In diesem Augenblick vermisste ich Fair Isle, und ich wollte zurückkehren.

Wieder draußen, ging ich mit schnellen Schritten zum Meer, über unebenen Boden, auf dem unter meinen Sohlen Eis knirschte. Knapp oberhalb der Uferlinie fand ich einen Stein, der fast bequem aussah, und setzte mich. Es wehte nur ein schwacher Wind, und die Wellen überspülten den Kies mit ungewohnter Zärtlichkeit. Im Westen fleckten die verräterischen Streifen eines Regenschauers den orangefarbenen Horizont mit Blau. Alles hier war so, wie ich wusste, dass es sein sollte: der Geruch, das Geräusch, der Anblick. Alles war vertraut.

Als ich so am Meer saß, zweihundert Meilen von zu Hause entfernt, dachte ich zurück an den Verkehr, der sich von dieser Küste nach Westen an meine eigenen Ufer gewagt hatte. An die Wikinger, die im achten und neunten Jahrhundert von hier losgesegelt waren und die es letztendlich bis nach Grönland und darüber hinaus geschafft hatten. An die Flüchtlinge des Zweiten Weltkriegs, die in Fischerbooten und anderen Kähnen transportiert worden waren, in einer Aktion, die später als der »Shetland Bus« bekannt wurde. Und dann an den Öltanker *Braer*, der 1993 die Raffinerie knapp nördlich von Bergen mit einer Fracht von 85 000 Tonnen Rohöl verließ. Er war unterwegs nach Quebec in Kanada, schaffte es aber nur bis Quendale an der Südküste Shetlands, wo er an Felsen zerschellte und seine Fracht verlor. Das passierte, fünf Jahre nachdem meine Familie nach Shetland gezogen war, und nur wenige Meilen entfernt von der Stelle, wo ich später den Breitengrad entdecken sollte.

Ich war nach Stolmen gekommen, indem ich dieser Linie einmal um die Welt gefolgt war. Hier angekommen, konnte ich nirgendwo mehr hin als nach Hause. Ich hatte natürlich die ganze Zeit gewusst, dass dies eine Reise mit nur einem möglichen Ende war. Doch konfrontiert mit dieser letzten Strecke Wasser, das den Anfang vom Ende trennte, wurde ich nervös und unsicher. Würde der Ort, an den ich zurückkehrte, derselbe sein, den ich verlassen hatte? Und wollte ich das überhaupt? Vielleicht hatte ich Antworten erwartet, aber ich hatte keine gefunden. Ich hatte nichts als Fragen. Der Himmel vor mir war wie eine Prellung, blau und violett mit einem rosa Rand. Ein Riss in den Wolken schickte Lichtfinger auf die sich schwärzenden Wellen, und die Kälte scheuerte an meinem Gesicht. Ich saß noch zehn Minuten, vielleicht fünfzehn Minuten, dann war es Zeit, zu gehen. Ich stand auf und warf einen Stein ins Wasser, auf Mousa zu, als wollte ich mich so weit nach Hause strecken, wie ich nur konnte, dann ging ich davon.

NACH HAUSE KOMMEN

Man kann fast an jedem Abend des Jahres eine Fähre nordwärts nach Shetland nehmen. Sie verlässt Aberdeen am frühen Abend und kommt am nächsten Morgen zur Frühstückszeit an. Es ist eine praktische, wenn auch nicht immer angenehme Art, zu reisen. An dem Tag, an dem ich nach Hause wollte, nach einem Flug von Bergen nach Schottland, ging jedoch keine Fähre. Das eine Schiff war zur Reparatur im Trockendock, und das andere verließ eben Lerwick in der Gegenrichtung. Stattdessen buchte ich mir einen Platz auf einem Frachter, was eine längere und weniger komfortable Reise über die Nordsee bedeutete. Aber wenigstens würde er mich ans Ziel bringen. Und so ging ich um drei Uhr nachmittags zusammen mit vier anderen Passagieren an Bord der *Hellier,* stieg Treppen hoch und folgte Gängen, die nach Diesel, Salz und kaltem Metall rochen.

Als eine Stunde später dann der Kahn vom Quai wegruckelte, bekamen wir fünf Essen serviert: Suppe, Roastbeef, Pommes, Kuchen. Ein paar höfliche Worte wurden gewechselt, aber keiner war sehr an einer Unterhaltung interessiert, und nachdem wir die Teller abgeräumt hatten, stand einer nach dem anderen auf und zog sich in seine Kabine zurück. Die Fahrt selbst würde achtzehn Stunden dauern, mit nur einem kurzen Stopp auf Orkney kurz nach Mitternacht, und kaum hatten wir die Hafenausfahrt von Aberdeen passiert, fing das Schiff an, schwer zu rollen, in einem unregelmäßigen Rhythmus. Das Krachen von Metall auf Wasser schien die Zeit aus ihrem Takt zu reißen und sie selbstbewusst vorwärtszutreiben, in die Nacht hinein.

Im Gegensatz zum Fliegen, bei dem der Augenblick der Ankunft klar definiert ist – dieses dumpfe Krachen von Reifen auf Asphalt – sind Ankunft und Abfahrt auf See weniger klar umrissen, verhandelbarer. Zu schwimmen, heißt, weder ganz abgelöst noch ganz verbunden zu sein, weder hier noch gänzlich dort, sondern, wie das Boot selbst, zwischen den Elementen treibend. Ich mag das. Das Tempo dieser Art zu reisen entspannt mich: die Trägheit der Bewegung und die Langeweile, die sich Welle um Welle und Stoß um Stoß auflöst. Auf See fühle ich mich fast, als wäre ich schon angekommen.

Der amerikanische Schriftsteller Harry W. Paige sagte, dass »Heimat nicht nur ein Ort ist, sondern ein Zustand des Herzens«. Das soll nicht heißen, dass Heimat überall sein kann, sondern dass die Beziehung zwischen Person und Ort eine emotionale ist. Wie verheiratet zu sein ist zu Hause zu sein kein passiver Zustand. Es ist ein Prozess, an dem das Herz beteiligt sein muss. Das trifft auf die Rentierhirten Sibiriens, deren Heimat Hunderte von Quadratmeilen groß sein kann, ebenso sehr zu wie auf die Bewohner eines winzigen Dorfes auf einer winzigen Insel.

Für viele Menschen ist das nicht so. Heimat ist für sie nirgendwo im Besonderen. Es ist das Haus, in dem sie ihre Habe aufbewahren und wohin sie nachts zum Schlafen gehen. Darüber hinaus reicht es nicht. Das ist der Zustand unserer Zeit. Es ist eine Ehe ohne Liebe, eine Beziehung ohne Verbindlichkeit. Und das ist mit Sicherheit eine Art Heimatlosigkeit.

Aber es gibt auch eine andere Art von Heimatlosigkeit, eine, die auf jene, die an ihr leiden, die gegenteilige Wirkung hat, und sie ist die Krankheit, an der ich von früher Jugend an gelitten habe. Für einen Großteil meines Lebens fühlte ich mich verbannt aus einem Zuhause, das nicht mehr existierte und das es in gewisser Weise nie gegeben hatte. In ihrem Buch *Die Zukunft der Nostalgie* beschreibt Svetlana Boym dieses Gefühl als »ähnlich wie unerwiderte Liebe, nur dass wir uns der Identität unserer verlorenen Geliebten nicht ganz sicher sind«. Für mich entstand dieses Gefühl mit unserem Umzug nach Shetland und wurde noch verstärkt durch den Verlust meines Vaters. Es wurde zu einem Loch, in dem ich verzweifelt versuchte, Form zu finden. Wie der Norden ist Heimat definiert durch ihr Fehlen, durch die Kluft zwischen Sehnsucht und Zugehörigkeit. Doch wie den Norden kann man Heimat nur durch Vertrautheit, durch Liebe kennenlernen.

Die Landschaft, die mich wirklich geformt hat, waren die Shetlands. Die Inseln sind der Ort, wo ich zu dem Menschen wurde, wo ich zu der Person wurde, die ich inzwischen bin. Sie sind der Ort, wo die Konflikte, die mich formen sollten, ausgefochten wurden. Dass ich diesen Ort, den ich früher hasste, zu lieben gelernt habe, ist merkwürdig und doch in sich völlig stimmig. Es war ein Prozess des Verstehens, des Vertrautwerdens und, wie ich vermute, der Vergebung, der mich hierher zurückbrachte. Letztendlich akzeptierte ich das Zentrum, um das meine Welt sich drehte, und ich wandte mich ihm zu.

Als ich frühmorgens aufwachte, stampfte die *Hellier* heftig, sie schwankte wie ein Betrunkener auf dem Weg zum Bett. Wir waren irgendwo in der Nähe von Fair Isle, schätzte ich, höchstwahrscheinlich in dem Gewässerabschnitt, den man Sumburgh Roost nennt, zwischen der Insel und dem Mainland, wo Tiden und Strömungen und Winde aufeinanderprallen. Das Wasser kann hier so wild sein, wie Wasser es nur sein kann. Irgendetwas in der Kabine krachte, sooft das Schiff einen Satz machte, ein kräftiges Knallen gegen die Wand. Leicht benommen stand ich auf, um den Grund zu finden, und tastete in der Dunkelheit am Ende der Koje. Dort war eine Leiter nur am oberen Ende der Holme an der Wand befestigt, das untere schwang wie ein Pendel im Rhythmus der Wellen. Ich hob sie unten an und klemmte sie an einer geeigneten Stelle fest, so dass sie weder fallen noch rutschen konnte, legte mich dann wieder hin und schloss die Augen.

Nun wurde das Schlingern ausgeprägter, heftiger und unangenehmer. Sachen, die zuvor noch statisch gewesen war, gerieten jetzt in Bewegung. Wenn das Schiff sich nach backbord neigte, blieben die Vorhänge vertikal und ließen einen Keil grauen Lichts herein. Ich stand wieder auf und räumte die Kabine um, weil ich Lärm und Schäden verhindern wollte. Alles, was sich bewegen konnte, kam dorthin, wo es fixiert war; alles, was Lärm machen konnte, wurde gedämpft. Ich wusste, ich würde nicht mehr einschlafen, aber wenigstens konnte ich in Ruhe daliegen und mich fast komfortabel über die letzten Meilen schaukeln lassen, bis wir an einem trüben, feuchten Morgen in Lerwick andockten. Es war ein Tag wie jeder andere, nur dass meine Reise um die Welt jetzt zu Ende war.

Während meiner Zeit auf Fair Isle fing ich an, dieses Buch zu schreiben. Meine Fixierung auf den Breitengrad und die Idee einer Reise an ihm entlang war nie verschwunden, und hier auf der Insel erkannte ich, dass ich endlich in der Lage sein könnte, sie durchzuführen. Ich brach den Roman ab, den ich Monate zuvor angefangen hatte, doch die Ideen, die in diesem Buch gewachsen waren, schwappten in das neue herüber. Das

Wichtigste für die Verwirklichung der Reise war jedoch, dass ich zum ersten Mal mein eigentliches Ziel erkannte und auch willkommen hieß. Um den sechzigsten Breitengrad zu reisen, hieß, am Ende nach Shetland zurückzukehren. Das Weggehen war möglich, weil das Zurückkommen erstrebenswert war. Als ich aufbrach, hatte ich keine Ahnung, was ich zu finden hoffte, ich wollte einfach los. Neugier, Ruhelosigkeit und Heimweh: Das waren die Dinge, die mich losgeschickt hatten, und das waren auch die Dinge, die mich in Bewegung hielten. Vielleicht hoffte ich, diese Triebe irgendwie zu befriedigen, als könnte ich, wenn ich dem Breitengrad bis zu seinem Ende folgte, gefestigt und zufrieden zurückkommen. Doch meistens ist das nicht so einfach.

Bei meinen Reisen traf ich Menschen, die wirklich gefestigt und zufrieden waren. Einige hatte immer nur an dem Ort gelebt, wo sie geboren wurden; sie waren von diesem Ort geformt und definiert worden. Andere hatte ihr Zuhause verlassen und ein anderes gefunden, zu dem sie eine tiefere Zugehörigkeit empfanden. Jeff in Alaska, Ib und Jacques in Fort Smith: Ich bewunderte ihre Gewissheit und ihre Hingabe an den Ort, den sie sich ausgesucht hatten. Es war eine Hingabe, die, in jedem Fall, erneuert und verstärkt wurde durch ihr Engagement, in Gedanken und in Taten.

Aber am Breitengrad hatte ich auch solche gefunden, die – in Vergangenheit und Gegenwart – entfremdet waren: politische und religiöse Exilanten; indigene Völker, deren Kulturen untergraben worden waren. Und vielleicht ist im Norden Entfremdung ausgeprägter als woanders. Denn im Norden sind Landschaft und Klima kompromissloser. Sie verlangen von jenen, die bleiben, Lebensweisen, die dem Ort zu eigen sind. Und obwohl es inzwischen einfacher geworden ist, diese Ansprüche zu ignorieren, hat Entfremdung, wo man auch sein mag, immer einen Preis.

Ein paar Monate nach dem Abschluss der hier in diesem Buch beschriebenen Reise passierte etwas mit mir. Es wäre vielleicht nicht hilfreich, ihm hier einen Namen zu geben, denn zwischen derartigen Befindlichkeiten und den Etiketten, die man ihnen aufdrückt, spürt man immer eine Kluft. Wie auch immer, es war ein Bröckeln von Gewissheiten und eine fortschreitende Erosion von Dingen, von denen ich erwartet hatte, dass sie ganz blieben. Mich überfiel ein überwältigendes Gefühl der Desorientierung, und ich spürte, wie ich sank, so wie ich sechzehn Jahre zuvor an jenem Tag vor dem Fenster auf die Knie gesunken war. Ich weiß nicht, ob das Ende meiner Reisen der Auslöser dafür gewesen war, was als Nächstes passierte, auch wenn ich die beiden Sachen in meinem Kopf nicht völlig entwirren kann. Irgendwie schien mich meine Rückkehr genau an den Punkt zurückzubringen, an dem ich begonnen hatte: zu Trauer und zu Verlust und zum Fehlen einer Richtung. Was auch immer der unmittelbare Auslöser war, die Folge war ein Jahr, in dem ich kaum schreiben konnte, und mehrere Monate, in denen ich überhaupt nicht arbeiten konnte. Es war ein Jahr, in dem ich wieder einmal ein Zuhause verließ und eine Partnerin, der ich sehr am Herzen lag. So nach innen gerichtet, wie ich war, verlor ich Freundschaften, die ich nicht verlieren wollte. In dieser Zeit fühlte ich mich geplagt von einer Dunkelheit, die ich seit meiner Jugend nicht mehr erlebt hatte, und einer Hoffnungslosigkeit, die ich meinte längst hinter mir gelassen zu haben.

Das überraschendste Ergebnis dieser Zeit der Traurigkeit und der Verwirrung sollte allerdings erst noch kommen. Seit meiner Rückkehr aus Prag zehn Jahre zuvor war ich sicher gewesen, dass ich in Shetland bleiben würde. Ich war stur in dieser Gewissheit und kritisch den Freunden gegenüber, die, wie ich es sah, den Verlockungen des Anderswo nachgaben. Der Drang, sich zu verändern, kommt und geht, sagte ich ihnen. Man bleibt zu Hause und sitzt es aus. Doch als ich am Ende dieses Jahres anfing, aus meinem eigenen Schatten aufzutauchen, verließ ich Shetland und fing wieder an zu schreiben. In *Die Idee des Nordens* erklärte Wally Maclean: »Man kann über den Norden erst reden, wenn man ihn verlassen hat.« Und vielleicht hatte er recht, denn in den Monaten nach meinem Weggang war ich in der Lage, dieses Buch zu vollenden. Endlich wurde mir klar, was ich zu sagen hatte.

Es gibt Augenblicke im Leben, an die erinnert man sich ganz anders als an andere. Sie werden in Gedanken wieder und wieder und wieder durchgespielt, als würde, indem man es tut, die Geschichte irgendwie anders ausgehen. Aber das passiert nie. Die Geschichte endet immer gleich. Das Auto rollt immer vom Parkplatz und kommt nie zurück. Ich war sechzehn, als mein Vater starb, und ich habe mehr als mein halbes Leben ohne ihn gelebt. In weiteren sechzehn Jahren werde ich älter sein, als er je wurde. Ich konnte damals nicht entscheiden, wie dieser Tag ausgeht; und ich konnte es später nicht ändern. *60° Nord* ist eine Geschichte, deren Ende meine Entscheidung war.

Wenn ich an den Anfang zurückblicke, zu diesem kleinen Jungen vor dem Fenster in Lerwick, der sich seinen Weg um den sechzigsten Breitengrad erträumte, dann tut er mir leid. Er ist verloren, kummervoll und allein; oder wenigstens glaubt er, dass er verloren ist, was fast dasselbe ist. Wenn ich könnte, würde ich die Arme nach ihm ausstrecken und ihn an den Schultern fassen. Ich würde ihm sagen, dass er sich eines Tages wieder unversehrt fühlen wird. Ich würde ihm sagen, dass er seinen Weg nach Hause finden wird, so unmöglich das im Augenblick auch erscheinen mag.

DANKSAGUNGEN

Peter Davidson ermutigte mich, als die Idee alles war, was ich hatte. Er las die frühesten Kapitel und führte mich geduldig auf den richtigen Weg. Ohne seine Freundlichkeit wäre dieses Buch wahrscheinlich nie geschrieben worden.

Auf meiner Reise waren die folgenden Menschen besonders hilfsbereit und gastfreundlich: Rie Oldenburg in Narsaq; Hilary LeRoy-Gauthier, Shawn Bell und Sam Stokell in Fort Smith; Eva Meyer und Maria Jarlsdotter Enckell in Mariehamn; und vor allem Jeff und Cassandra Raun in Anchorage.

Zahlreiche Freunde unterstützten mich auf die eine oder die andere Art, aber Jordan Ogg, Amy Liptrot, Martin MacInnes, Rob Duncan, Ruth Cockshott und Charlene Storey verdienen eine besondere Erwähnung. Wie auch meine Freunde bei der Akustiknacht Nice 'n' Sleazy in Glasgow, die mir durch die letzten Monate des Schreibens mit Songs und guter Gesellschaft halfen.

Danke an meine Agentin Jenny Brown; an Esther Woolfson für ihre unschätzbaren Anregungen; an Gavin Francis; an meinen Lektor Tom Johnstone; und an alle bei Polygon/Birlinn. Danke auch an Creative Scotland, den Scottish Book Trust, Emergents, Shetland Arts und den Arts Trust of Scotland.

Ich fing mit dem Schreiben dieses Buchs an, als ich noch auf Fair Isle lebte. Meine Liebe zu diesem Ort und dieser Gemeinde wird mein Leben lang Bestand haben, wie auch meine Dankbarkeit den Menschen dort gegenüber. Auf der Insel fühlte ich mich wirklich zu Hause und tue es immer noch, auf eine Art, wie ich es nirgendwo sonst empfunden habe; und mein Verständnis dieses grundlegenden Begriffs – Zuhause –, der das Herzstück dieses Buchs ist, wurde von meiner Zeit dort geformt.

Danke schließlich an meine Familie, die es mit mir ausgehalten hat.

Anmerkung des Autors

Drei Personen, die in diesem Buch zitiert werden, wussten nicht, dass unsere Gespräche veröffentlicht werden könnten. Deshalb habe ich ihre Namen geändert.

ABBILDUNGEN

Shetland: Mousa Broch

Grönland: Treibeis bei Nanortalik

Kanada: Pelikane auf dem Slave River

Alaska: Lachsfischer auf dem Kenai River

St. Petersburg: Der eherne Reiter

Finnland: Die Altstadt von Ekenäs

Schweden: Gamla Uppsala (Alt-Uppsala)

Norwegen: Stolmen

KARTEN

Penguin Random House Verlagsgruppe FSC® N001967

1. Auflage
Deutsche Erstausgabe Dezember 2022
btb Verlag in der Penguin Random House Verlagsgruppe GmbH,
Neumarkter Straße 28, 81673 München
Copyright © der Originalausgabe 2016 Malachy Tallack
Copyright © der Fotos 2016 Malachy Tallack,
außer den genannten anderen Quellen
Copyright © der deutschsprachigen Ausgabe 2022 btb Verlag
in der Penguin Random House Verlagsgruppe GmbH, München
Umschlaggestaltung: buxdesign | München
Covermotiv: © Getty Images/Gabriel Gersch
Satz: Uhl + Massopust, Aalen
Druck und Einband: GGP Media GmbH, Pößneck
JT · Herstellung: sc
Printed in Germany
ISBN 978-3-442-71917-4

www.btb-verlag.de
facebook.com/btbverlag